A vicenda

A vicenda
Cultura

Romana Capek-Habeković
University of Michigan, Ann Arbor

Claudio Mazzola
University of Washington, Seattle

McGraw-Hill Higher Education

Boston   Burr Ridge, IL   Dubuque, IA   New York   San Francisco   St. Louis
Bangkok   Bogotá   Caracas   Kuala Lumpur   Lisbon   London   Madrid   Mexico City
Milan   Montreal   New Delhi   Santiago   Seoul   Singapore   Sydney   Taipei   Toronto

Published by McGraw-Hill, an imprint of The McGraw-Hill Companies, Inc., 1221 Avenue of the Americas, New York, NY 10020. Copyright © 2009 by The McGraw-Hill Companies. All rights reserved. No part of this publication may be reproduced or distributed in any form or by any means, or stored in a database or retrieval system, without the prior written consent of The McGraw-Hill Companies, Inc., including, but not limited to, in any network or other electronic storage or transmission, or broadcast for distance learning.

This book is printed on acid-free paper.

1 2 3 4 5 6 7 8 9 0 VNH/VNH 0 9 8

ISBN   978-0-07-327435-5
MHID   0-07-327435-6

Editor in Chief: *Michael Ryan*
Publisher: *William R. Glass*
Sponsoring Editor: *Christa Harris*
Director of Development: *Susan Blatty*
Marketing Manager: *Jorge Arbujas*
Editorial Coordinator: *Margaret Young*
Media Project Manager: *Ron Nelms*
Production Editor: *Leslie LaDow*
Manuscript Editor: *Steven Patterson*
Design Coordinator: *Margarite Reynolds*
Interior Designer: *Carolyn Deacy*

Cover Designer: *Asylum Studios*
Photo Research Coordinator: *Nora Agbayani*
Photo Researcher: *Christine Pullo*
Art Editor: *Ayelet Arbel*
Illustrator: *Sally Mara Sturman*
Production Supervisor: *Richard DeVitto*
Supplements Production Supervisor:
    Louis Swaim
Composition: *10/12 Palatino by Aptara, Inc.*
Printing: *45# Publishers Matte Plus by
    Von Hoffman Corporation*

Cover: Photo © Giovanni Trambusti, Photos of Italy, 2007. info@photosofitaly.it.; www.photosofitaly.it

Credits: The credits section for this book begins on page 221 and is considered an extension of the copyright page.

Library of Congress Cataloging-in-Publication Data

Capek-Habekovic, Romana, 1948–
   A vicenda : cultura / Romana Capek-Habekovic.
      p. cm.
   Includes index.
   ISBN-13: 978-0-07-327435-5 (alk. paper)
   ISBN-10: 0-07-327435-6 (alk. paper)
 1. Italian language—Textbooks for foreign speakers—English.   2. Manners and customs.
I. Title.
PC1129.E5C355 2008
458.2′421—dc22

                                                                    2007051528

The Internet addresses listed in the text were accurate at the time of publication. The inclusion of a Web site does not indicate an endorsement by the authors or McGraw-Hill, and McGraw-Hill does not guarantee the accuracy of the information presented at these sites.

www.mhhe.com

Brief Contents

Contents

Capitolo 7   Una laurea? A cosa serve?   95

Capitolo 12 Lo spazio privato   169

Preface

Benvenuti!

Benvenuti to *A vicenda*, a comprehensive Italian language program for intermediate-level students. The authors, Romana Capek-Habeković and Claudio Mazzola, have developed this communication- and culture-based program for intermediate Italian in response to their own desire—and that of their students—for engaging, contemporary materials that present current issues and modern-day situations and language as a point of departure for dialogue in the classroom. The readings and activities in *A vicenda* address topics that interest students and have an impact on their lives, from globalization and Italy's role in the European Union to college life and relationships with peers.

Class-tested materials

As the authors began developing, and then testing, in their classrooms the materials that would later become *A vicenda*, they quickly discovered how many Italian language instructors were seeking a similar program, and *A vicenda* soon became a reality. The authors shared their materials as they were being written, which resulted in other instructors and their students reviewing and classroom-testing activities and other features of the text. The suggestions and critiques of these instructors and students have greatly enhanced the material, and the authors are grateful for their gracious and generous participation in this process.

The *Lingua* and *Cultura* volumes

A vicenda is a two-volume program. *A vicenda: Lingua* is the core volume, and focuses primarily on language acquisition and the development of all four language skills. The contextualized grammar sequence is based on practical communication and contains a wealth of activities that promote skill development in Italian. *A vicenda: Cultura* is the companion volume, and it offers authentic readings from Italian newspapers, magazines, and literary texts, along with author-written texts, accompanied by reading strategies and activities, as well as additional vocabulary development and language practice. By separating the culture and grammar components of *A vicenda* into two distinct yet complementary volumes, the authors have been able to develop in greater detail the thematic fabric of the respective volumes, thereby providing students with a broader context for learning Italian. Instructors can use both volumes or only one, depending on the goals of their course and the number of contact hours they have with students.

Motivating students

After years of teaching, the authors realized to what extent challenging, creative, and culture-based language exercises motivate a student toward proficiency in a foreign language. They found that exercises limited to repetitive drills and simple answers do not solicit students' opinions and quickly lead to boredom and passivity. *A vicenda* is an interactive text where discussion-based activities are culture-inspired and prompt students to converse and share opinions.

A vicenda and the "Five Cs"

A vicenda is a user-friendly, flexible, and engaging language program that consistently addresses the "Five Cs" of foreign language learning, as expressed in the *Standards for Foreign Language Learning:** Communication, Cultures, Connections, Comparisons, and Communities, all of which enable students to build on and perfect their listening, speaking, reading, and writing skills while developing the cultural competence and sense of global citizenship so necessary in today's world. By presenting Italy through the eyes of Italians, the author team of *A vicenda* has devised a program that enables students to gain proficiency in Italian as they identify with the interests, worries, and aspirations of their Italian counterparts, and learn the idiomatic words and expressions commonly used in Italy today.

Hallmark features of *A vicenda*

Years of teaching experience have shaped the authors' belief that an intermediate language program in Italian should have the following attributes, all of which are found in the pages of *A vicenda*.

- **Focus on life in Italy today**   Chapter themes deal with social issues, such as the changing role of family and demographic makeup of Italy, and present the Italian perspective on the given issue.

- **Build on first-year grammar**   Students often view second-year language courses as recycled first-year material. A certain degree of recycling cannot be avoided and is pedagogically justified, but what *A vicenda* offers goes beyond a simple review of already mastered patterns. Structures are grouped in ways that give students the necessary tools for immediate communication. For example, the simple past tense *passato prossimo*, which is a cornerstone of the language, is presented in Chapter 3 of *Lingua*, and such grammar points are expanded upon for the intermediate student by introducing new elements and fine-tuning those already touched on in first-year texts.

---

*The executive summary of *The Standards for Foreign Language Learning: Preparing for the 21st Century* can be found on the website of the American Council on the Teaching of Foreign Languages, at www.actfl.org.

- **Offer a broad cultural context**   *A vicenda* presents Italy as a complex country where traditions sharply contrast with modern-day life. In a world where technology allows information to be exchanged between cultures in an instant, students of Italian now have greater access to learning about Italian popular culture. *A vicenda* answers the questions that students are curious to ask—such as what everyday life is like for a college student in Italy. Pop culture is integrated into the materials, and Internet-based activities provide students with the means to find out more about a particular subject.

- **Provide a wealth of authentic and author-written readings**   Most intermediate-level students enjoy the challenge of reading texts that are more complex than those offered in an introductory program. *A vicenda* has an abundance of such texts, each dealing with a topic interesting to and appropriate for today's students. Each reading is followed by a series of activities that fosters communication and solicits students' opinions on a particular issue by asking them to compare and contrast their country's customs with those of Italy.

- **Focus on the development of writing skills**   An important part of developing writing skills in intermediate-level students is to choose topics that are of personal interest to them. Each chapter ends with the *Scriviamo!* section, which provides topics related to the chapter theme. Students are guided through different phases of the writing process and are given the opportunity to be creative and freely express their opinions and ideas in their written compositions.

Also available to students

Manuale di esercizi

The *Manuale di esercizi* that accompanies *A vicenda* is thematically coordinated with the *Lingua* volume and offers an abundance of both aural and written exercises. All the activities included in the *Manuale di esercizi* are designed to provide additional practice with the vocabulary and grammar presented in *A vicenda* as well as further develop students' writing skills through additional extended guided writing assignments.

Audio Program

The Audio Program provides the recordings that accompany the *Manuale di esercizi.* These recordings are available free of charge on the *A vicenda* Online Learning Center. They are also available for purchase on audio CD.

Online Learning Center (www.mhhe.com/avicenda)

The Online Learning Center to accompany *A vicenda* provides students with access to the complete Audio Program.

Available to instructors

Online Learning Center (www.mhhe.com/avicenda)

The Instructor Edition of the Online Learning Center provides access to the Audioscript (a transcript of the Audio Program), as well as the answer key to the *Manuale di esercizi*, teaching suggestions, and other instructor resources. Instructors can also access the Audio Program from the instructor side of the Online Learning Center.

Acknowledgments

Writing a textbook (and in this case, two textbooks) is a complex and difficult process that depends on many individuals, not only the authors. Among the more important individuals are the reviewers that provide very welcome feedback to the authors as they are developing their materials. The insight and suggestions of the following reviewers have helped ensure that *A vicenda: Lingua* and *A vicenda: Cultura* meet the highest standards and provide both instructors and students with material that meets the needs of today's learning environment.

Grateful acknowledgment is made to the following instructors of intermediate Italian. The appearance of their names on this list does not necessarily constitute their endorsement of the text or its methodology.

Armando Di Carlo, *University of California, Berkeley*
Lorenza Marcin, *University of Richmond*
Simonetta May, *Pasadena City College*
John McLucas, *Towson University*
Risa Sodi, *Yale University*
Maria Galli Stampino, *University of Miami*
David Ward, *Wellesley University*
Sandy Waters, *Rutgers University*

Within the McGraw-Hill family, the authors would like to acknowledge the contributions of the following individuals: Linda Toy and the McGraw-Hill production group, especially Leslie LaDow, our production editor, for her amazing ability to coordinate the work of multiple people with unfailing grace and good cheer, as well as her invaluable suggestions and generosity of spirit. We would also like to thank our art editor Ayelet Arbel, and Sally Sturman, who created the beautiful illustrations, as well as Nora Agbayani and Christine Pullo, our photo researchers, for the beautiful images they found for *A vicenda.* We are grateful to our designers, Violeta Diaz, Carolyn Deacy, and Margarite Reynolds, for the beautiful four-color design and the lovely covers, as well as Louis Swaim and Rich DeVitto for their invaluable assistance on various aspects of manufacturing. We would also like to thank the McGraw-Hill editorial and marketing groups; in particular, Margaret Young, our editorial coordinator, whose excellent Italian language skills were especially helpful, and Susan Blatty, Director of Development, for her sharp editorial eye and very useful insights. We wish to thank our marketing manager, Jorge Arbujas, and our marketing coordinator, Rachel Dornan, who have worked tirelessly to make sure that *A vicenda* reaches as many instructors as possible and receives the best possible reception. Finally, we would like to thank our executive editor, Christa Harris, with whom we have worked from the very start and who has supported *A vicenda* in all its stages, from idea to published textbook, and William R. Glass, our publisher, and Michael Ryan, our editor-in-chief, for their support of both *A vicenda* and intermediate Italian materials as a whole.

Acknowledgments

About the Authors

Romana Capek-Habeković received her Ph.D. from the University of Michigan. She teaches language, literature, and culture courses. She is the author of Tommaso Landolfi's *Grotesque Images* and the co-author of *Insieme* (McGraw-Hill), a program for intermediate Italian. She is also the co-author of *Taped Exercises for Basic and Intermediate Italian* (McGraw-Hill). She has published articles on twentieth-century Italian authors including Massimo Bontempelli, Giose Rimanelli, and Antonio Tabucchi. Her work has appeared in many scholarly publications. Presently, she is teaching and directing the Italian Language Program at the University of Michigan.

Claudio Mazzola, a native of Milan, received his *Laurea* from the University of Milan and his Ph.D. from the University of Washington, Seattle. He has taught in major universities and colleges such as the University of Michigan, Vassar College, and the College of the Holy Cross. Presently he is Senior Lecturer in Italian at the University of Washington where he teaches Modern and Contemporary Italian Literature and Italian Cinema. He is the author of several textbooks, including *Insieme* (McGraw-Hill) and *Racconti del Novecento*, as well as a number of articles, primarily on contemporary Italian cinema.

Ancora oggi per molti italiani il balcone è la loro finestra sul mondo: gli piace guardare e essere guardati.

Strategie per la lettura: Recognizing cognates

Lettura 1: «Famiglia: come eravamo, come siamo»

Lettura 2: «Noi, la prima coppia gay ufficialmente "pacsata"»

Attualità: I diritti civili

Una storia complicata

Parte I

Alex è uno studente di ventidue anni. Da due anni frequenta l'Università Statale a Milano; per Alex però studiare non ha molta importanza. L'università per lui è soprattutto un modo per essere indipendente. I suoi abitano a Como, hanno un appartamento proprio sul lago, e lui adesso subaffitta un appartamento con Lele nella periferia di Milano. Ancora oggi i suoi sono contrari a questa sua scelta, ma ora Alex è libero di andare e venire come vuole anche se il papà si lamenta sempre del tipo di vita che fa Alex.

Lele, il compagno di appartamento di Alex, è di Verona ed è un tipo piuttosto **schivo**[1], introverso, **un vero lupo solitario**[2] insomma. Viene da una famiglia abbastanza agiata: hanno un negozio di alimentari in un paesino vicino a Verona. Alex lo conosce abbastanza bene perché seguono gli stessi corsi di Storia dell'arte dall'inizio dell'anno accademico. Al contrario di lui, Lele prende gli studi molto seriamente. Gli piace andare a lezione, gli piacciono tutti i corsi che frequenta mentre ad Alex non piace niente di quello che fa. Anche se sono molto diversi, fanno parecchie cose insieme: cucinano, puliscono la casa a turno e qualche volta escono insieme durante il fine settimana, vanno in discoteca o semplicemente in birreria.

Da qualche giorno, Alex sente che da parte di Lele c'è una certa diffidenza, una distanzi; c'è qualcosa che non **quadra**.[3] Alex intuisce che Lele ha paura di parlare di qualcosa, ma non sa esattamente cosa. Di recente Lele torna a casa e non apre bocca e le loro cene spesso sono molto silenziose. A volte Alex accende la televisione per rompere la monotonia e spesso litigano perché a Lele la televisione dà fastidio.

Da un po' di tempo frequentano un gruppo di ragazzi stranieri con il quale si trovano bene. Un paio è cinese e uno è australiano, sono molto simpatici. Non sono studenti, hanno tutti un lavoretto che permette loro di sopravvivere: i ragazzi cinesi aiutano i rispettivi genitori nel loro negozio mentre l'australiano fa il barista in un pub. Lele ha cominciato da pochi giorni uno stage alla Pinacoteca di Brera. Esce la mattina presto e lavora dalle 9.30 alle 12.30. Dice che non gli fanno fare niente di importante: fotocopiare documenti e rispondere al telefono; comunque per Lele è sempre un'esperienza nel campo che interessa a lui.

Una di queste mattine quando Lele esce presto, Alex decide di fare una cosa piuttosto strana ma che è più forte di lui: per sapere qualcosa di più su Lele, Alex va a **curiosare**[4] in camera dell'amico. Tutto è in ordine, molto in ordine. A Lele piace che tutto sia sempre a posto. Alex guarda in giro, è la prima volta che entra nella camera di Lele. Ci sono i soliti poster di film americani famosi, un sacco di DVD e CD e anche due computer portatili. Vero che Lele è un **patito**[5] di computer ma Alex non capisce che cosa se ne faccia Lele di due computer. In un angolo della camera, in parte nascosto da un armadio a muro, c'è un poster di John Wayne. È una tipica foto dell'attore americano tratta da uno dei suoi molti film western, è vestito da sceriffo e dietro di lui si vede il classico manifesto con scritto WANTED. Ma invece della solita foto del bandito ricercato che John Wayne insegue, c'è la stampa di un vera **foto segnaletica**[6] di Lele della polizia di un paese o città che Alex non riesce a leggere perché è stata cancellata. Ha la data di qualche giorno prima. Alex esce dalla stanza più perplesso che mai e si domanda se Lele sia chi dice di essere oppure se abbia una doppia vita.

[1]**schivo** *reserved, shy;* [2]**un vero lupo solitario** *a true loner;* [3]**quadra** *fits;* [4]**curiosare** *to snoop;* [5]**patito** *enthusiast;* [6]**foto segnaletica** *mug shot*

Hai capito?

Rispondi alle domande in modo completo.

1. Chi sono Alex e Lele?
2. Di dove sono?
3. Da quanto tempo abitano insieme?
4. Dove si sono conosciuti?
5. Da dove vengono i loro nuovi amici?
6. Perché Alex ha deciso di frequentare l'università?
7. Che tipo di persona è Alex?
8. Cosa scopre un giorno Alex nella camera di Lele?
9. Secondo te, perché Alex è rimasto perplesso dalla sua scoperta?

Dialoghiamo!

 Siamo tutti diversi. In coppia create un dialogo tra Alex e Lele che metta in luce il loro carattere diverso. Seguite l'esempio.

> *Esempio:* ALEX: Oggi proprio non mi va di andare a lezione
> perché quel professore non mi piace.
> LELE: Sei un viziato…

Lettura 1

«Famiglia: come eravamo, come siamo»

I. Prima di leggere

A. Strategie per la lettura

Recognizing cognates. This chapter's reading, *«Famiglia: come eravamo, come siamo»*, summarizes a recent study of a typical Italian family, and discusses changes that occurred within its structure in recent years. The article contains some words that may be unfamiliar. The first step in learning how to read a foreign-language text is to keep in mind that you don't have to stop reading every time you encounter a new word. You may be tempted to use the dictionary, but relying on it continually will not help you become a better reader. It is much more important to learn how to navigate your way through a text without looking up unfamiliar words.

The first useful landmark you will need to identify is the cognate—a word whose forms and meaning are similar in both languages. One obvious example is **famiglia** (*family*) from the title of the article.

Read over the following sentences, which are adapted from the chapter reading. First try to guess the meaning of the underlined words, then that of the entire sentence.

1. Chiara Saraceno <u>rifiuta l'idea</u> che <u>la famiglia</u> sia <u>in crisi</u>.

2. <u>L'instabilità coniugale</u>—<u>separazioni</u> e <u>divorzi</u>—è molto meno <u>presente</u> che in altri paesi.

3. Le nonne di <u>nuova generazione</u> non hanno <u>occasione</u> di andare in pensione presto come <u>in passato</u>.

4. Siamo <u>una società</u> che crede se <u>la mamma</u> lavora, il bambino in età <u>prescolare soffre</u>.

B. Attività contestuali della pre-lettura

 1. La mia famiglia. Con un compagno / una compagna descrivete le vostre famiglie cercando di entrare nei dettagli (se preferite, potete anche inventarli). Per esempio: parlate dei rapporti con i vostri genitori; quelli tra vostro padre e vostra madre; se andate d'accordo con vostra sorella o vostro fratello; quali attività fate tutti insieme; se avete rapporti con altri parenti e come sono questi rapporti.

Cominciamo: —Io vado d'accordo con mia madre…
—Io invece litigo…

2. Una foto di famiglia. Porta a lezione la tua foto favorita in cui c'è almeno un membro della tua famiglia. Descrivi ai tuoi compagni in quale occasione è stata fatta la foto, chi è la persona nella foto e spiega perché hai scelto proprio questa foto.

Cominciamo: —Mio zio è la persona più buffa della mia famiglia. In questa foto si è vestito con un costume…
—Questa è la mia sorellina…

 3. Il divorzio. Il divorzio in Italia è ormai comune (anche se in generale gli italiani preferiscono la separazione legale) ma non come negli Stati Uniti. In gruppi parlate degli aspetti positivi e quelli negativi del divorzio. Raccontate qualche episodio interessante di un divorzio che avete vissuto direttamente (nella vostra famiglia o in una famiglia di amici).

Cominciamo: —Secondo me, la gente si sposa con troppa leggerezza. Che ne pensi tu?
—Sono d'accordo però questo non vuol dire che…
—Dite delle stupidaggini. I miei genitori si conoscevano solo da pochi mesi…

C. Lessico ed espressioni comunicative

Sostantivi

l'asilo nido *nursery, daycare*
l'atteggiamento *attitude*
l'aumento *increase*
il docente *university professor*
l'esigenza *demand*
l'Occidente *the West*
il tasso di fecondità *birth rate*

Aggettivi

affettuoso *affectionate*
egoista *selfish*
ritardato *delayed*
trasbordante *overwhelming*

Verbi

accadere *to happen*
accudire *to look after*

allontanare *to remove, to lessen*
badare *to take care of*
concordare *to agree*
permettersi *to afford*
rifiutare *to refuse, to reject*
rovinare *to ruin*
soccorrere *to help, to assist*
soffrire *to suffer*
sostenere *to support*
sottrarre *to remove, to take away*

Espressioni comunicative

eccome *yes indeed, sure*
fa chiedere agli studiosi *makes the experts wonder*
in compenso *to make up for it*
mancheranno all'appello *will not be available*

Vocabolario attivo

A. Quattro chiacchiere. Completa le seguenti frasi usando le parole incluse nel **Lessico ed espessioni comunicative.**

1. —Senti Chiara, ho un grosso problema. Comincio a lavorare domani e non so a chi lasciare mio figlio. Conosci un buon _____ dove potrei portarlo?
   —Mi dispiace, ma non sono più molto aggiornata su queste cose. Sai, i miei figli sono ormai grandi e le loro _____ sono diverse. Vogliono praticare molti sport dopo la scuola e non gli importa niente se io sono stanca di portarli a destra e a sinistra. E mio marito non mi aiuta, è proprio _____.

2. —Anna, chi _____ ai tuoi figli quando viaggi per lavoro?
   —Mia madre. È così gentile, quando può mi dà una mano, _____ sempre quando ne ho bisogno.

3. —Cosa è successo al lavoro oggi Ivano?
   —Ah, niente di grave. Qualche volta _____ di mal di testa.
   —Forse ti è venuto mal di testa perché hai saputo che non ti hanno dato _____ di stipendio.

4. —Carlo, con questo tuo _____ negativo, non troverai mai un lavoro!
   —E già, devo cambiare. Bisogna che trovi un appartamento, perché i miei non mi possono più mantenere anche se fino ad ora mi _____ con tutto quello che ho deciso da fare.

(continued)

5. —Lucia, non ti sembra che i padri siano più _____ con i figli di una volta?

—Hai ragione, finalmente non _____ più il loro affetto, anzi _____ volentieri ai bimbi senza lamentarsi come facevano una volta.

B. Contrari. Trova le parole con i significati opposti alle parole date.

1. avvicinare → _____

2. non essere d'accordo → _____

3. proibirsi → _____

4. accettare → _____

«Famiglia: come eravamo, come siamo»

Chiara Saraceno, **docente**[1] all'Università di Torino, uno dei grandi esperti italiani sul tema della famiglia, **rifiuta**[2] l'idea che la famiglia sia in crisi. «Non è dimostrata dalla realtà. La famiglia in **Occidente**[3] cambia, come è ovvio, ma in Italia cambia meno. A parte il basso **tasso di fecondità**[4], i pochi figli, tutti gli altri indicatori di trasformazioni da noi sono contenuti. L'instabilità coniugale — separazioni e divorzi — è molto meno presente che in altri paesi; il numero delle convivenze senza sposarsi, **fa chiedere agli studiosi**[5] stranieri come mai l'Italia ne registri così poche. Certo, c'è un **aumento**,[6] ma è molto minore di quanto **accada**[7] in altri paesi occidentali. **In compenso**[8] c'è una solidarietà familiare, tra generazioni, che è tra le più alte del mondo».

La solidarietà con i genitori, in parte, potrebbe essere obbligata, legata al sostegno[9] **economico…**

«In parte, sì. Perché se i genitori non aiutassero i figli, se non li **soccorressero**[10] al momento di comprare una casa, se **non badassero**[11] ai loro bambini piccoli… Se non ci fossero queste cose saremmo **rovinati**[12]. Perché in Italia sono proprio queste cose che integrano servizi sociali che non ci sono».

Dunque non esiste una crisi?

«Se ci fosse crisi, crede che i figli uscirebbero sempre più tardi da casa? Semmai c'è una crisi nella formazione delle nuove famiglie, che è **ritardata**[13]».

Ma è vero? C'è chi nega che sia una novità, in Italia. Su questo ha scritto il sociologo Marzio Barbagli, per esempio.

«Stimo molto Barbagli, ma su questo punto abbiamo una piccola polemica. Lui dice che in Italia, in passato, i figli maschi uscivano di casa anche più tardi, e che in molti casi non uscivano affatto, trasferendo la nuova famiglia nelle case paterne. Ed è vero. Ma poi aggiunge che, quindi, non c'è nessuno scandalo e che tutto va come al solito. Su questo non

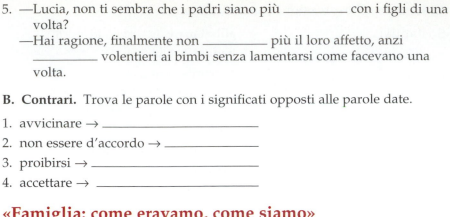

I nonni babysitter: una figura che sta scomparendo nella società italiana.

[1]**docente** *university professor;* [2]**rifiuta** *rejects;* [3]**Occidente** *the West;* [4]**tasso di fecondità** *birth rate;* [5]**fa chiedere agli studiosi** *makes the experts wonder;* [6]**aumento** *increase, rise;* [7]**accada** *it occurs;* [8]**In compenso** *To make up for that;* [9]**sostengo** *support;* [10]**non soccorressero** *didn't help;* [11]**non badassero** *didn't care for;* [12]**rovinati** *ruined;* [13]**ritardata** *delayed, late in coming*

concordo. Io non credo sia positivo, anche perché le poverette che sposeranno questi maschi accuditi fino ad allora, che vita faranno?»

Ci sono grandi differenze tra il welfare familiare in Italia e nel resto d'Europa?

«Sì, eccome.[14] Per esempio sul sostegno ai costi dei figli siamo ultimi insieme a Spagna, Grecia e Portogallo».

Poi ci sono i servizi. Anzi, non ci sono.

«Questo è il punto. E i servizi, penso agli **asili nido**[15], hanno il doppio effetto benefico: consentono alla madre di lavorare, **allontanando**[16] il rischio di povertà, e sono cause di parificazione».

In Italia ci sono pochi nidi?

«Pochissimi, meno del 10%, in termini di posti, rispetto alla fascia d'età da 0 a tre anni. Tra pubblico e privato e, comunque, pagando, mediamente da 250 a 550 euro al mese a seconda del tempo lungo o breve. I giovani hanno stipendi bassi, spesso non possono **permetterseli**[17]. E poi non si trova posto».

E il 90% restante, come fa?

«Intanto solo la metà delle madri lavora. Poi ci sono i nonni, le baby-sitter… Le nonne di nuova generazione lavorano più spesso e non hanno occasione di andare in pensione presto come in passato. Tra non molto **mancheranno all'appello**».[18]

Tutte queste cose spiegano da sole, il nostro record di non fecondità?

«Non da sole. C'è anche una questione culturale, in parte indotta comunque dalla mancanza di servizi o dalla loro qualità. Siamo una società che, al 70%, crede che, se la mamma lavora, il bambino in età prescolare **soffre**».[19]

È un pregiudizio?

«Pensiamo che le cure materne siano insostituibili. Certo, se ci fossero ottimi servizi diffusi, la cultura cambierebbe. Se ci fossero orari di lavoro amichevoli, aperti alle esigenze delle madri, la cultura cambierebbe».

Gli stipendi dei giovani sono un problema per chi vuole fare famiglia.

«Uno studio ha dimostrato che spesso i giovani escono di casa e poi sono costretti a tornarci. Non c'è dubbio».

E il rapporto genitori-figli. Dicono che è troppo stretto, un po' morboso…

«È cambiato, perché si ha meno paura di essere **affettuosi**[20] e questo credo sia positivo. Senza eccessi, certo. Anche i padri oggi sono affettuosi e non sentono più questo **atteggiamento**[21] come un fatto anomalo. I padri italiani, che non fanno nulla a casa, hanno accettato di aumentare solo il tempo in cui **accudiscono**[22] ai figli».

---

[14]**eccome** *indeed so;* [15]**asili nido** *daycare centers;* [16]**allontanando** *lessening;* [17]**permetterseli** *afford them;* [18]**mancheranno all'appello** *they won't be available;* [19]**soffre** *suffers;* [20]**affettuosi** *affectionate;* [21]**atteggiamento** *attitude;* [22]**accudiscono** *they look after*

E i nonni? Sembrano anche loro presi da un improvviso affetto.

«Perché hanno pochi nipoti. Sono rari. E ci sono nonni potenziali, sempre più numerosi, che temono di non averne affatto. Io sono nonna da poco e vedo un bambino, quello di mia figlia, circondato da un affetto **trasbordante**,[23] dei genitori e di quattro nonni. Si dice che le famiglie sono diventate **egoiste**.[24] Ma non è affatto vero. Anzi, io credo che a volte ci sia troppa famiglia. Cito ancora uno studio, per stare ai fatti: è dimostrato che le madri lavoratrici non **sottraggono**[25] tempo ai figli. Tagliano sui lavori domestici, sulle amicizie, su tutto. Ma non sui figli. Non mi pare un segno di crisi della famiglia».

(adattato da *La Reppublica*, 23 settembre, 2005, autore Attilio Giordano)

[23]**trasbordante** *overwhelming*;   [24]**egoiste** *selfish*;   [25]**sottraggono** *take (time) away from*

II. Comprensione della lettura
Hai capito?

A. Vero o falso? Di' se le seguenti affermazioni sono **vere** o **false**, poi con la parola data forma una frase che spieghi la tua scelta. Segui l'esempio.

Esempio: Chiara Saraceno è un'esperta di questioni sulla famiglia   V   F
perché è una professoressa all'Università di Torino.

1. Secondo Chiara Saraceno la famiglia italiana non è in crisi   (V)   F
perché gli indicatori ___SONO CONTENUTI___.

2. In Italia sono aumentate le convivenze ma ___MOLTO___   (V)   F
meno ___CHE IN ALTRI PAESI___.

3. La solidarietà con i genitori è collegata ai bisogni economici   (V)   F
dei figli perché i servizi sociali ___NON CI SONO___.

4. I figli escono di casa sempre più tardi perché _____   (V)   F
è ritardata ___la formazione di nuove famiglie___.

5. Lo Stato italiano non aiuta le famiglie con figli infatti gli   V   (F)
assegni _____.

6. I giovani non possono pagare per mandare i loro figli agli asili   (V)   F
nido di fatto _____ non permettersi _____.

7. Presto non ci saranno più nonni disponibili a curare i loro nipoti   V   (F)
perché _____ in pensione _____.

8. Gli italiani credono che se la mamma lavora il bambino soffre   (V)   F
forse _____ orari di lavoro amichevoli _____.

9. I bassi stipendi dei giovani sono un problema per le nuove   V   F
famiglie forse _____ tornare in famiglia _____.

10. I padri sono affettuosi con i figli perché ___NON HANNO più___   (V)   F

B. Fa' la scelta giusta. Basandoti sulla lettura combina in modo logico le frasi della prima colonna con quella della seconda. Otterrai delle affermazioni che descrivono in breve alcune caratteristiche della famiglia italiana oggi.

1. Gli indicatori di trasformazione della famiglia italiana:
   - a. numero figli e divorzi
   - b. numero di nonni
   - c. numero di abitanti

2. Quello che i genitori italiani fanno per i figli:
   - a. pagare per le vacanze
   - b. curare i nipoti
   - c. pagare per la macchina dei figli

3. Chi cura i nipotini?
   - a. i papà
   - b. le nonne
   - c. gli asili nido

4. Le mamme italiane hanno bisogno di…
   - a. assegni dello Stato.
   - b. nonni più disponibili.
   - c. orari di lavoro flessibili.

Attività comunicative

 A. I nonni cambiano o no? Con un compagno / una compagna parla del ruolo dei nonni nelle vostre famiglie. Confrontate le vostre esperienze con quello che avete letto sui nonni in Italia oggi. C'è qualche differenza tra il ruolo dei nonni in Italia e nel vostro paese?

Cominciamo: —I miei nonni non mi hanno mai curato.
—La mia nonna, che è italiana, insisteva sempre che io rimanessi con lei ogni fine settimana.

 B. I problemi con i nonni / babysitter. Con un compagno / una compagna fa' una lista dei possibili problemi che nascono quando i nonni curano i loro nipotini.

Cominciamo: —Mia madre diceva sempre che la nonna mi comprava troppi regali.
—Anche i miei genitori erano contrari a comprare sempre giocattoli, e spesso litigavano con i miei nonni.

 C. Chi trova un asilo nido, trova un tesoro. In gruppi, spiegate perché è difficile trovare un asilo nido in Italia e descrivete com'è la situazione nel vostro paese. Dite se siete andati da piccoli in un asilo nido, vi ricordate cosa vi piaceva e cosa odiavate? Parlatene.

Cominciamo: —Dato che mia madre lavorava a tempo pieno, mi portava ogni mattina alle sette all'asilo nido. Odiavo alzarmi presto.
—Anch'io odiavo alzarmi, però una volta lì mi piaceva giocare con gli altri bambini.

D. Facciamoci un'opinione. In gruppi rispondete alle seguenti domande in base a quello che sapete della situazione delle famiglie italiane.

1. Come mai, secondo voi, i nonni sono ancora le persone che più spesso curano i nipoti?
2. Questa soluzione può creare dei problemi? Quali?
3. Perché in Italia è così difficile trovare un asilo nido?
4. Pensate che le persone che fanno le babysitter in Italia sono le stesse che lo fanno nel vostro paese?

Lettura 2

«Noi, la prima coppia gay ufficialmente "pacsata"»*

I. Prima di leggere

A. Attività contestuali della pre-lettura

1. Opinioni. Con un compagno / una compagna parla delle unioni gay. Che ne pensi? Secondo te, esiste la possibilità di un totale inserimento di un'unione gay all'interno della società? Quali passi sono stati fatti finora e quali bisogna ancora fare?

Cominciamo: —Mi dispiace che molte persone non accettino ancora le unioni gay…
—Anche a me, ma posso capire alcune delle ragioni…

2. Film socialmente impegnati. Il cinema ha spesso rappresentato gli omosessuali con stereotipi a volte anche volgari e spesso esclusivamente comici. Avete visto dei film in cui c'era questo tipo di caratterizzazione? Avete visto invece film dove l'omosessualità veniva rappresentata in modo serio e posta come un importante problema sociale? Fate degli esempi.

Cominciamo: —Ho visto un film italiano con Marcello Mastroianni e Sophia Loren in cui Marcello recita il ruolo di un omosessuale romano durante il fascismo.
—Ah sì, so di quale film parli ma non mi ricordo il titolo, …

*****Pacsata** derives from PACS, which stands for **Patto Civile di Solidarietà,** a definition that indicates a couple that has, according to the law existing in a state, all the rights of a married couple.

B. Lessico ed espressioni comunicative

Sostantivi

la coppia di fatto *legal couple*

la firma *signing; signature*

l'impiegato *office worker*

l'indissolubilità *stability*

i lavoratori autonomi *self-employed people*

il mezzo *means*

l'operaio *blue collar worker*

il permesso *permit, permission*

la rottura *break up (of a relationship)*

le scale *stairs, steps*

la scelta *choice*

la valenza positiva *positive value*

il vicino *neighbor*

Verbi

dichiararsi *to declare oneself*

pesare *to burden, to weigh upon, to oppress*

Espressioni comunicative

al pari di *equal to*

essere un passo avanti *to be a step forward*

intanto *first of all*

magari *maybe*

prendere atto *to notice*

tutto sommato *all things considered*

Aggettivi

arretrato *backward*

debole *weak*

genovese *from the city of Genoa*

Vocabolario attivo

Dal vocabolario. Completa le frasi dopo aver consultato il **Lessico ed espressioni comunicative.**

1. Signorina, bisogna mettere anche _____ alla fine del modulo.

2. Per un bambino, due genitori che divorziano rappresenta una _____ molto difficile da superare psicologicamente.

3. Quella ditta tratta i propri dipendenti molto bene e sia gli _____ che gli _____ hanno dei benefici molto buoni.

4. Anche quando marito e moglie non vanno più d'accordo, la _____ di rompere una famiglia è sempre molto difficile soprattutto se ci sono dei figli.

5. __ mio _____ di casa è molto _____ nelle sue vedute delle coppie gay. Non gli piace vedere i nostri vicini Marco e Francesco né scendere né salire _____ quando passa lui.

6. Secondo me, ognuno può fare _____ propria _____ come vivere. Io non ho chiesto ai miei _____ per sposare mio marito, anche se non gli piaceva.

7. Avere gli stessi diritti come gli altri cittadini _____ per tutte le coppie gay che in Italia sono ancora discriminate.

8. La società italiana è ancora abbastanza chiusa nei confronti degli omossessuali anche se _____, si può dire che sono stati fatti molti progressi rispetto al passato.

9. Però, bisogna continuare la lotta con tutti i _____ disponibili per avere una società tollerante e aperta.

10. Le azioni _____ non susciteranno mai nessun risultato positivo e tutti dobbiamo _____ delle differenze che esistono tra varie unioni. _____ il mio vicino pensasse così!

«Noi, la prima coppia gay ufficialmente "pacsata"»

Un evento eccezionale: la firma di un Pacs fa sempre notizia e i paparazzi accorrono numerosi.

È la coppia omosessuale più famosa d'Italia, una delle prima a organizzare una cerimonia pubblica in occasione della **firma**[1] di un Pacs all'ambasciata francese. Alessio De Giorgi, **genovese**,[2] e il suo compagno, il francese Christian Panicucci, rispettivamente 35 e 40 anni, sono una **coppia di fatto**[3] registrata in Comune a Pisa.

   Che problemi ha una coppia di fatto omosessuale? Risponde De Giorgi: «**Intanto**[4] non può sposarsi. Anche se, **tutto sommato**[5] credo che non lo farei comunque, perché mi pare che il modello dei Pacs, l'accordo civile, sia più in linea con i nostri tempi. Il matrimonio aveva ragione di esistere in una società organizzata diversamente, con unioni spesso combinate dai genitori e l'**indissolubilità**[6] della coppia. Oggi non è più così né per i gay né per gli eterosessuali».

L'Italia ha assorbito l'idea della coppia gay?

«Parzialmente. Le diffidenze sono ancora molte. Abbiamo un **vicino**[7] omofobo che non saluta per le **scale**.[8] **Magari**[9] anni fa avrebbe chiamato

[1]**firma** *signing;*   [2]**genovese** *from Genoa;*   [3]**coppia di fatto** *legal couple;*   [4]**Intanto** *First of all;*
[5]**tutto sommato** *all things considered;*   [6]**indissolubilità** *stability;*   [7]**vicino** *neighbor;*   [8]**scale**
stairs;   [9]**Magari** *Maybe*

la polizia, oggi si limita a manifestare così la sua omofobia. Soprattutto, ancora, anche chi approva queste unioni, chi le capisce, non riesce comunque a vederle come una cosa stabile, **al pari di**[10] un'unione tra uomo e donna. Sembrano sempre temporanee, provvisorie».

E non è vero?

«Se è vero, solo in parte, lo si deve proprio a questo contesto, che discrimina ancora e condiziona. Ma sono sempre di più quelli che **si dichiarano**[11] e la vita è difficile più per gli omofobi che per noi. Sono loro a sentire la maggior disapprovazione sociale».

Problemi sul lavoro, burocratici?

«Sul lavoro no, siamo entrambi **lavoratori autonomi**.[12] La burocrazia discrimina molto, soprattutto se c'è una **rottura**.[13] Nessuna garanzia per il più **debole**,[14] nessun diritto per un sopravvissuto, nessun **permesso**[15] se il tuo compagno è malato. È scandaloso. Paghiamo le tasse come tutti, ma abbiamo minori diritti. E non tutti i gay sono stilisti: ci sono gli **operai**,[16] i professionisti, gli **impiegati**,[17] i baristi. Meno **mezzi**[18] hai, più la discriminazione **pesa**».[19]

Quella di vivere a Pisa è stata una scelta[20]?

«Qui si sta meglio, ma non è una scelta in questo senso. Certo, c'è ancora molto Sud **arretrato**,[21] dove credo tutto sia molto più difficile per una coppia gay. E anche in certe zone del Nord come nel Veneto, o nella mia Liguria, dove non va poi molto meglio. **Prendere atto**[22] delle differenze, della loro **valenza positiva**,[23] **sarebbe un grande passo avanti**.[24] A cominciare dallo Stato».

(adattato da *La Reppublica*, 23 settembre 2005, autore Attilio Giordano)

II. Comprensione della lettura

Hai capito?

A. Da rispondere. Dopo aver letto il testo rispondi alle seguenti domande in modo completo.

1. Perché Alessio e Christian hanno organizzato una manifestazione?
2. Che tipo di coppia è quella formata da Alessio e Christian?
3. Quali sono i problemi oggi di una coppia gay in generale?
4. Perché Alessio e Christian non si sposerebbero anche se potessero?
5. Cosa fa il loro vicino per manifestare la sua omofobia?
6. Dove vivono e perché hanno scelto quella città?

[10]**al pari di** *equal to;* [11]**si dichiarano** *declare themselves;* [12]**lavoratori autonomi** *self-employed people;* [13]**rottura** *break up;* [14]**debole** *weak;* [15]**permesso** *permission;* [16]**operai** *blue collar workers;* [17]**impiegati** *office workers;* [18]**mezzi** *means;* [19]**pesa** *burdens;* [20]**scelta** *choice;* [21]**arretrato** *backward;* [22]**Prendere atto** *Taking notice of;* [23]**valenza positiva** *positive value;* [24]**sarebbe un grande passo avanti** *would be a big step forward*

B. Da completare. Completa le frasi con la parola adatta tra le seguenti.

hanno dei mezzi	**rottura**
indossolubilità della coppia	**unioni combinate**
lavoratore autonomo	

1. Per una coppia gay una _____ è sempre più problematica che per una coppia regolarmente sposata, perché non hanno gli stessi diritti.
2. Una volta i matrimoni erano il risultato di _____.
3. Forse è più difficile essere gay e essere un _____ perché c'è meno protezione sociale.
4. Non tutti _____ per affrontare le spese di un divorzio.
5. Nella società contemporanea l'_____ è una cosa che non ha più rilevanza sociale.

C. Affermazioni chiave. Con un compagno / una compagna leggi le seguenti affermazioni tratte dal testo e insieme commentatele. Discutete poi le vostre idee con gli altri studenti per arrivare a determinare l'importanza di queste affermazioni.

1. "Non tutti i gay sono stilisti".
2. "La vita è più difficile per gli omofobi che per noi omosessuali".
3. "Paghiamo le tasse, ma abbiamo meno diritti".
4. "Prendere atto delle differenze… sarebbe un grande passo avanti. A cominciare dallo Stato".

Attività comunicative

A. Facciamo un'opinione. Gli italiani prendono il matrimonio molto seriamente. Anche se adesso si sposano molto di meno, sposarsi è resta comunque un evento importantissimo nella vita religiosa e culturale degli italiani. Prova a completare le seguenti frasi cercando di fornire una risposta dal punto di vista «culturale» degli italiani. Se non sei in grado di completare una frase, cerca di farti un'opinione discutendo in classe con qualche studente/studentessa che ha le informazioni che ti mancano.

1. Fare un matrimonio religioso significa che

   _____.

2. Fare un matrimonio civile significa che

   _____.

3. Due persone si separano quando

   _____.

4. Due persone divorziano quando

   _____.

5. La cerimonia in un matrimonio religioso consiste in

   _____.

6. Mentre invece in un matrimonio civile consiste in

   _____.

B. Scelte difficili. Assieme a un compagno / una compagna completa le frasi nel modo più logico in base alle vostre conoscenze sull'argomento. Commentate le scelte possibili in base al fatto che le coppie vivano o in Italia o nel vostro paese.

1. Franco e Maria si vogliono sposare ma non hanno molti soldi, sceglieranno il matrimonio _____ perché _____.

2. Marina e Giorgio non vanno più d'accordo. Marina è rimasta molto delusa dall'esperienza matrimoniale e quando deciderà di rompere il matrimonio sceglierà di _____.

3. Marianna e Federico provengono da famiglie molto ricche, vogliono sposarsi _____ perché _____.

4. Alessandro e Rita divorziano perché Rita ha trovato un uomo più intelligente e onesto e lo vuole sposare. Rita sceglierà _____ perché _____.

 C. Dite la vostra… senza peli sulla lingua (*to be sincere, not to hold back*). Partendo dalle affermazioni fatte da Alessio e Christian assieme a un compagno / una compagna aggiungete la vostra opinione alle seguenti affermazioni.

1. Oggi il matrimonio non ha ragione di esistere perché la società è organizzata in modo diverso da una volta.

2. Il Sud d'Italia è ancora arretrato quando si tratta di accettare l'omosessualità.

3. Il vicino di casa è omofobo e non saluta sulle scale.

4. Le coppie gay hanno meno diritti delle altre coppie.

Attualità

I diritti civili

A. I diritti gay. Fa' una ricerca in Internet cercando siti in difesa dei diritti degli omosessuali. Verifica quali sono gli elementi più importanti che caratterizzano questi siti. (Per esempio: Che cosa propongono questi siti? Si indirizzano solo agli omosessuali? Si parla anche di cultura?)

B. Volontariato. Fa' una ricerca in Internet trovando degli indirizzi particolari di associazioni volontarie che vanno da quelle ambientaliste a quelle che si curano degli anziani. Scegline una e descrivi l'attività di questa associazione.

Scriviamo!

Before you start writing in Italian, consult Appendix III, which will guide you through different steps in the writing process. Avoid writing your first draft in English and then translating it into Italian. You will miss the point of the assignment—to practice your Italian—and will lose time trying to accommodate English structures and vocabulary you may not yet have mastered in Italian.

A. Una festa famigliare tipica. Descrivi con occhio attento una tipica festa americana (Thanksgiving, il quattro luglio). Come si comportano i vari parenti? C'è un'atmosfera genuina o falsa? Che cosa si fa di solito a queste feste? Ti piace partecipare?

B. La famiglia nel cinema contemporaneo. Descrivi un film in cui viene rappresentata una tipica famiglia americana. Quali sono gli aspetti positivi e negativi messi in evidenza dal film?

C. Un'ingiustizia. Parla di un episodio che hai visto o di cui hai sentito parlare di persone che sono state discriminate per il loro orientamento sessuale.

La scalinata di un'università italiana. Il luogo perfetto per incontrarsi e parlare di esami ma non solo.

Strategie per la lettura: Using clues to anticipate
  content

Lettura 1: «Adolescenti melting pot»

Lettura 2: «Ragazzi ma che freddo fa»

Attualità: Campagne sociali e politiche

«Adolescenti melting pot»

I. Prima di leggere

A. Strategie per la lettura

Using clues to anticipate content. In **Capitolo 1,** you learned that cognates allow you to use your knowledge of English to determine the meaning of new vocabulary.

Another useful strategy for guiding yourself through a text is to use clues to guess its meaning before even starting to read. First look at the title and the first two sentences of each paragraph. From these simple markers you can often make predictions about the content of the reading.

What subject do you expect to be covered? What kind of information do you expect to find, and what do you already know about the topic? Use this information to help orient yourself as you proceed from paragraph to paragraph.

Take a quick look at the first paragraph of this chapter reading and the first sentence of each subsequent paragraph, and try to answer the following questions.

1. Who is Zhou Qi and what is her origin?
2. Where is via Paolo Sarpi located, and why is it well known?
3. Who is Gina's fiancé, and do her parents know about their relationship?
4. What does Yong Peng do, and what is his other name?

Once you have answered these questions, you should be able to predict topics that might come up in the reading. Discuss your guesses with two or three classmates. Then read the text in its entirety and see whether your pre-reading predictions were accurate.

B. Attività contestuali della pre-lettura

 1. Un gruppo di amici. In coppia parlate da chi è costituito il gruppo di amici con il quale studiate o quello con cui uscite per divertirvi. Ci sono più ragazzi o ragazze? Perché? Sono tutti americani o ci sono dei giovani di altri paesi e/o di altre culture? Cosa fate insieme? Dove andate?

Cominciamo: —Mi piace conoscere nuove persone, sono molto estroverso/a.
—Io invece preferisco uscire con amici che conosco da anni, che posso dirti, sono un po' timido/a.

2. Integrati o no? In gruppi di tre o quattro persone provate a elencare, per esperienza diretta o per sentito dire, gli elementi più difficili di integrazione per un giovane cresciuto in un ambiente culturale diverso da quello americano. Secondo voi l'integrazione è facile? Come avviene? È più facile integrarsi per un ragazzo o per una ragazza? È giusto mantenere qualcosa della cultura d'origine? Che cosa? Si deve continuare a parlare la lingua madre o esclusivamente adottare quella nuova?

    Cominciamo: —Il mio compagno di stanza è d'origine coreana, però nato a Cleveland. Si considera però americano.
                      —Ma che dici, mia nonna è italiana e io dico a tutti che sono italiana, anche se sono nata a Montreal.

3. Senza ideali. È vero che la generazione di giovani che oggi hanno tra i 18 e i 25 anni è senza ideali e senza interessi? In gruppi parlate della vostra esperienza e di quella di altri giovani che conoscete. È veramente importante avere ideali? Perché?

    Cominciamo: —Che triste, Richard non ha nessun'idea del suo futuro e non si interessa veramente di niente.
                      —Forse è depresso. Io ci penso spesso al mio futuro…

C. Lessico ed espressioni comunicative

Sostantivi

l'abito *clothes, clothing*
l'addetta *person in charge*
l'anatra *duck*
la compagnia *company, group*
la lingua *language; tongue*
le lumachine *little snails*
il mugugno *protest*
la spensieratezza *thoughtlessness*
la traversa *intersection, crossroad*

Aggettivi

all'antica *old-fashioned*
dritto *straight*
maggiorenne *of age, adult*
severo *strict*

Verbi

aspettarsi *to expect*
contare di *to intend to (do something)*

dare una mano *to help, to lend a hand*
fare finta *to pretend*
gestire *to run (a business)*
litigare *to argue*
prendere in giro *to make fun of*
scimmiottare *to imitate*
scuotere *to shake*
urlare *to shout, to yell*

Espressioni comunicative

con il cavallo basso *low-waisted (pants)*
in maniera pesante *in an offensive manner*
per davvero *for real*
per via della scuola *because of school*
sta per compiere diciotto anni *she is going to be eighteen*

Vocabolario attivo

Dialoghi-lampo. Guarda il **Lessico ed espressioni comunicative** e completa le frasi usando la forma corretta della parola.

1. —Ciao, Franco, ieri ho conosciuto tua nonna. L'ho trovata interessante e le sue idee sono proprio progressiste, non è _____ per niente.
   —Ti ho detto che è più moderna dei miei genitori che sono troppo seri e _____. Vogliono che io faccia tutto quello che mi dicono.

2. —Claudio, non posso crederci che i tuoi _____ che tu rimanga a casa con loro per sempre, fatti una vita tua!
   —Hai ragione. Ultimamente non andiamo d'accordo per niente, _____ e _____ quasi ogni giorno anche per delle sciocchezze.

3. —Patrizia, cosa fa il tuo fidanzato? Lo vedo sempre portare _____ elegantissimi.
   —Sai com'è, lui ci tiene alla bella figura e ora _____ in proprio un'agenzia di viaggi.

4. —Tiziano, perché non mi saluti più e _____ di non vedermi?
   —Non voglio più parlarti perché ogni volta che ti chiedo aiuto non sei mai disposto a _____.

5. —Povera Sandra, molti italiani la _____ perché non parla bene l'italiano.
   —Sono stupidi. Molti immigrati parlano più di una _____. Non dovrebbe frequentare quella _____ di ragazzi così ignoranti.

6. —Mangio tutto il pollame eccetto _____, ha troppi grassi.
   —Non preoccuparti, ho comprato il pollo.

7. —Com'è buffo quel ragazzo con i capelli _____, chissà quanto gel si mette.
   —Perché tu com'eri da giovane? Critichi sempre tutti!

«Adolescenti melting pot»

Il numero di giovani d'origine cinese nati in Italia è in crescita.

Si chiama Zhou Qi, ma il suo nome italiano è Gina. **Sta per compiere diciott'anni**[1] e studia Scienze sociali a Milano. È nata qui, papà e mamma cinesi, immigrati da oltre vent'anni, **gestiscono**[2] un laboratorio di **abiti**[3] da donna. **Severi**[4] con questa figlia, adolescente italiana? Gina **scuote**[5] la testa e sorride, no, non troppo: «In settimana la sera esco. Certo, senza fare tardi, sai **per via della scuola**.[6] Il sabato invece non ho orari». I luoghi? «Niente di più normale: con gli amici italiani i pub, di solito sui Navigli, o la discoteca. Con quelli cinesi spesso si va al ristorante, ma solo dove si mangia cinese **per davvero**:[7] **lingua d'anatra**,[8] **lumachine**,[9] certe verdure che in italiano non so neppure come si chiamano». Amici italiani e amici cinesi come lei: Gina ha provato anche a organizzare uscite in comune, «ma ognuno sta più volentieri con la propria **compagnia**»[10] dice, «perché comunque i modi di pensare sono diversi». In cosa? «Per esempio, la responsabilità verso la propria famiglia. Noi la sentiamo di più». Nessun'altra comunità di immigrati ha una componente così forte di under 18. Uno su tre ha fatto le scuole in Italia.

Incontro Gina al bar Messina, in una **traversa**[11] di via Paolo Sarpi, da sempre il cuore della Chinatown milanese. Lei non vive qui, sta a Niguarda, nord di Milano, dove adesso, dice «ci sono un po' più di asiatici di un tempo». Del resto sono parecchie le cose cambiate negli ultimi anni. Quando faceva le scuole elementari spesso **era presa in giro**.[12] Oggi capita meno e «mai **in maniera pesante**».[13] «Ogni tanto i ragazzi,

[1]**Sta per compiere diciott'anni** *She is going to be eighteen;*   [2]**gestiscono** *they run;*   [3]**abiti** *clothing;*
[4]**Severi** *Very strict;*   [5]**scuote** *shakes;*   [6]**per via della scuola** *because of school;*   [7]**per davvero** *for real;*
[8]**lingua d'anatra** *duck tongue;*   [9]**lumachine** *snails;*   [10]**compagnia** *group;*   [11]**traversa** *intersection;*
[12]**era presa in giro** *she was made fun of;*   [13]**in maniera pesante** *in an offensive way*

per strada, mi dicono cose del tipo "Cin-iu-la", **scimmiottando**[14] la mia **lingua**[15], e la cosa finisce lì. Io mi sento diversa da loro, ma non in senso negativo. La nostra è la prima generazione che si è integrata davvero. I miei genitori, ancora oggi, frequentano solo amici cinesi».

Gina è fidanzata con un ragazzo, anche lui cinese, uno della compagnia. «Ai miei non ho detto nulla. Mia madre l'ha capito, ma **fa finta**[16] di non saperlo. Lei pensa che sono giovane e che devo avere in testa solo la scuola», anche se le sue cugine, che pure stanno in Italia, si sono sposate a 19 e 22 anni. «Prima di sposarmi vorrei aspettare di essere laureata e di avere un lavoro. Ma se non mi sposassi sarei considerata una strana. Ho una parente sui trent'anni, sta da sola e la famiglia, preoccupata, non fa che presentarle uomini». Per quanto riguarda il lavoro, invece, nessuna imposizione, al massimo qualche **mugugno**,[17] di tanto in tanto: «Aiuto i miei solo quando in laboratorio c'è molto da fare». Molti adolescenti lo fanno la comunità d'origine **si aspetta**[18] più di quanto gli italiani si aspettino dai propri figli. Non c'è la totale **spensieratezza**[19] dei coetanei italiani. Gina al suo futuro ci pensa spesso: «Spero di diventare art director, oppure **addetta**[20] alle pubbliche relazioni. E vorrei fermarmi qui, in Italia. In Cina ci sono stata molte volte con i miei, ma i genitori ti fanno vedere solo quello che vogliono loro. Tra poco sarò **maggiorenne**[21] e **conto di**[22] andarci una volta da sola. Ma solo in vacanza: perché mi sento cinese, ma è a Milano che sono nata e cresciuta».

Hu Yong Peng, ovvero Jumbo

Ha più o meno 15 anni e studia ragioneria. Suo padre è immigrato in Italia da adulto, e oggi ha un ristorante in cui Jumbo **dà una mano**[23] il sabato sera, e gli altri giorni per due o tre ore. Ma quando la sua amica Marika lo chiama sul cellulare perché ci raggiunga, può farlo subito e senza problemi.

Ha i capelli tenuti **dritti**[24] dal gel e i pantaloni **con il cavallo basso**.[25] E più amici italiani che cinesi: «All'inizio erano soprattutto compagni di scuola, che poi mi hanno presentato altri. Con loro vado in centro, oppure al cinema, ma solo di giorno, perché i miei non vogliono che esca la sera. Sai, sono persone un po' **all'antica**[26] e se esco e torno tardi va a finire che un po' **si litiga**».[27] E infatti anche Jumbo, proprio come le sue coetanee, in casa sta bene attento a tenere segrete le storie con le ragazze. Anche a lui Milano piace, e anche per lui le cose non sono sempre facilissime. «A volte la gente, per strada, mi **urla**[28] "Cinese!", così, senza un motivo. Ma si tratta quasi sempre di ragazzi, raramente di adulti. Secondo me gli italiani sono un po' razzisti, anche se a me non sono mai successi episodi gravi. E a scuola vado d'accordo con tutti». Jumbo in Cina ci va una o due volte all'anno, non parla il mandarino ma il dialetto della sua regione. Si sente orientale, dice, «per l'aspetto fisico, per la lingua e anche per la cucina. Ma penso che il mio futuro sia qui, mi sento integrato, ci sto bene, è la mia città». Vorrebbe fare l'università ma non ha ancora scelto a quale facoltà iscriversi.

(adattato da *D*, supplemento di *La Repubblica*, 7 maggio 2005, autore A. Radaelli)

---

[14]**scimmiottando** *imitating*;   [15]**lingua** *language*;   [16]**fa finta** *she pretends*;   [17]**mugugno** *protest*;   [18]**si aspetta** *expect*;   [19]**spensieratezza** *thoughtlessness, thoughtless behavior*;   [20]**addetta** *head*;   [21]**maggiorenne** *of age*;   [22]**conto di** *I intend to*;   [23]**dà una mano** *helps out*;   [24]**dritti** *straight*;   [25]**con il cavallo basso** *low-waisted*;   [26]**all'antica** *old-fashioned*;   [27]**si litiga** *one argues*;   [28]**urla** *yell*

II. Comprensione della lettura
Hai capito?

A. Da rispondere. Dopo aver letto la lettura rispondi alle seguenti domande in modo completo.

1. Perchè Zhou Qi si fa chiamare Gina?
2. I genitori sono severi con lei?
3. Dove va con gli amici italiani? E con quelli cinesi?
4. Perché i due gruppi che Gina frequenta non escono insieme?
5. Sono molti i giovani adolescenti cinesi in Italia?
6. È stato facile per Gina andare alla scuola elementare?
7. Cosa dicono i ragazzi per strada per scimmiottare la lingua madre di Gina?
8. Qual è la cosa più importante per Gina, secondo la madre?
9. Perché è un problema sposarsi tardi?
10. Che cosa si aspetta la comunità cinese dai giovani?

B. Manca qualcosa. Leggi un'altra volta la prima parte del testo dove si parla di Gina e completa le seguenti frasi.

1. La mamma e il papà di Gina _____ da più di vent'anni.
2. Durante la settimana Gina _____ per via della scuola.
3. I giovani cinesi _____ verso la famiglia.
4. Nel quartiere di Niguarda _____ di un tempo.
5. I genitori _____ amici cinesi.
6. Gina _____ quando c'è molto da fare.
7. In Cina i genitori _____ quello che vogliono.

C. Dal vocabolario. Completa le frasi con le seguenti parole ed espressioni tratte dal **Lessico ed espressioni comunicative** usando la forma corretta della parola.

aspettarsi	mugugnare	scimmiottare
contare di	prendere in giro	spensieratezza
cresciuta		

1. Gina è molto intraprendente, _____ andare in Cina da sola.
2. I genitori _____ perché lei esce fino a tardi alla sera.
3. Gina è _____ a Milano ma non le piace.
4. Per gli italiani l'adolescenza è un periodo di _____.
5. I genitori di Gina _____ che lei si sposi presto.
6. Gina si arrabbia quando gli italiani _____ la sua lingua madre.
7. Quando era piccola i bambini italiani _____ Gina perché era cinese.

D. Risalire alle domande. Le seguenti frasi sono le risposte a precise domande. Cerca di formulare la domanda di cui la frase scritta qui sotto è la risposta.

Esempio: Jumbo parla bene italiano. → **Come** parla italiano Jumbo?

1. Il padre di Jumbo ha un ristorante.

2. Jumbo si veste alla moda.

3. Per strada la gente prende in giro Jumbo.

4. Se Jumbo torna a casa tardi litiga con i genitori.

5. Jumbo non parla il mandarino.

6. A Milano Jumbo ci sta bene.

7. Jumbo non ha ancora scelto cosa fare all'università.

E. Combinazioni. In base alla lettura combina in modo logico le affermazioni della colonna A con le parole della colonna B.

A	B
1. Jumbo è disposto a…	a. scusare chi dice «cinese».
	b. non tornare tardi.
	c. dare una mano al ristorante.
2. Jumbo non è disposto a…	a. trasferirsi.
	b. raccontare le sue storie sentimentali.
	c. definirsi italiano al 100%.

Attività comunicative

 A. Intervista. Prepara un'intervista ai due ragazzi della lettura. Fa' loro domande che approfondiscano alcune delle loro affermazioni. Utilizza alcune delle seguenti parole: **genitori / lingua cinese / luoghi di divertimento / aiutare in casa.** Poi in piccoli gruppi confrontate le domande e immaginate le possibili risposte.

Cominciamo: —Non ho capito se ti piace di più uscire con ragazzi italiani o cinesi?
—Io esco con tutti e due, però…
—Mi sento più vicina a…

 B. Uno straniero in Italia. Dividetevi in piccoli gruppi e immaginate di essere dei ragazzi americani/canadesi/australiani che escono con alcuni ragazzi italiani. Voi volete andare da una parte ma i vostri amici italiani vogliono andare da un'altra parte. Costruite un dialogo cercando di usare alcune delle espressioni che avete imparato.

Cominciamo: —Ci piacerebbe andare in un ristorante indiano, che ne dite?
—Boh, non mi piace per niente il cibo indiano. È troppo piccante…

Lettura 2

«Ragazzi ma che freddo fa»

I. Prima di leggere

A. Attività contestuali della pre-lettura

 A. Di cosa si parla? Prova ad elencare gli argomenti di cui parli con i tuoi amici, sia quelli dell'università che quelli fuori dall'ambiente universitario. Parlate di sport? Di ragazzi/e? Di politica? Cercate di capire e discutere come mai parlate soprattutto di certi argomenti e dite se secondo voi questo rivela un certo atteggiamento della gioventù d'oggi.

Cominciamo: —Quali ragazzi ti piacciono?
—Questo è facile, alti, biondi e che sappiano scherzare. E a te?

 B. Divertimenti. Il modo di divertirsi spesso rivela un certo background culturale. Come si divertono i tuoi amici? C'è differenza tra gli amici dell'università e quelli che frequenti quando sei a casa dai tuoi genitori?

Cominciamo: —Vedo ancora i miei amici del liceo, e tu?
—Io no, ho trovato dei nuovi amici all'università.

B. Lessico ed espressioni comunicative

Sostantivi

la canna *marijuana joint*
la cotta *infatuation, crush*
la cuffia *headphones, earphones*
l'imbuto *funnel*
la mamma chioccia *mother hen*
i sconquassi *problems*

Aggettivi

impietoso *merciless*
infranto *broken*
mongolfiero *full of hot air, without substance*
scoppiato *that broke out (took place)*
spaventato *afraid*
svaporato *evaporated, disappeared*
tiepido *lukewarm*

Verbi

allungare *to pass out, to pass around*
assomigliare *to look alike*
atterrare *to land*
baloccarsi *to amuse oneself*
calare *to diminish, to lessen*
galleggiare *to float*
incidere *to impress*
ritagliarsi *to model oneself*
sbloccare *to unblock, to make available*
scorrere *to pass, to go by (time)*
sparare *to blast (play at high volume)*

Espressioni comunicative

a forza di *because of*

dando fiato *reviving*

di loro *of their own*

fare muro *to resist, put up resistance*

hanno allenato fior di muscoli *they developed strong muscles*

le leziosità tardo-adolescenziali *late adolescent affectations*

Vocabolario attivo

A. Una coppia innamorata. Guarda bene il **Lessico e le espressioni comunicative** e completa le frasi usando la forma corretta della parola.

1. Rosella è innamorata di Giorgio, ha proprio _____ per lui.

2. Le piace ascoltare la musica e si mette _____ per non disturbare Giorgio mentre studia.

3. Una volta Rosella ha conosciuto i genitori di Giorgio ma l'incontro non era molto cordiale, si potrebbe descrivere come _____.

4. Giorgio era _____ all'idea che Rosella lo lasciasse dopo aver conosciuto i suoi.

5. Rosella si è resa conto che Giorgio _____ più a sua madre che a suo padre.

B. Significati simili. Dalle espressioni date cerca di arrivare a una delle parole contenute nel **Lessico ed espressioni comunicative** e poi inserisci la parola trovata in una delle frasi che seguono.

Definizioni

a. passare temporalmente

b. alzare il suono di qualcosa

c. passare un oggetto a un'altra persona

d. avere le stesse caratteristiche di qualcun'altro

e. qualcosa scomparso nel nulla

1. Quando sono solo in macchina _____ la musica al massimo.

2. Il tempo _____ e noi non ce ne accorgiamo.

3. Senza i soldi necessari il mio progetto è _____.

4. Se lo guardi puoi vedere che mio marito _____ moltissimo a sua madre.

5. Se mi _____ i miei occhiali riesco a leggere cosa c'è scritto sul foglio.

«Ragazzi ma che freddo fa»

L'amore? Va e viene, se viene. Storielle senza troppi **sconquassi**.[1] La politica? Per carità. A meno che non si tratti di pace nel mondo. Gli amici? Quelli sì, importanti. La famiglia? Benino. Con mamma e papà che non si scandalizzano se ci si chiude in camera con la ragazza e che, magari, **allungano**[2] pure una **canna**.[3] Lo studio? Sì, ma poi? A parlare di lavoro **cala**[4] la depressione.

Così **scorre**[5] la vita di Valerio, vent'anni, di buona famiglia e bravo ragazzo a sua volta, con pochi sogni e parecchia noia, interrotta dalla musica **sparata**[6] in **cuffia**[7] dall'iPod, le notti folli del sabato sera e qualche romanzo popolato da suoi simili che **si baloccano**[8] tra le **leziosità tardo-adolescenziali**.[9] E Valerio potrebbe chiamarsi Andrea, Luigi, Lorenzo. Potrebbe vivere a Roma come a Torino. E se si chiamasse Federica o Camilla cambierebbe poco. Starebbe meno attaccata a Internet, parlerebbe meno di calcio e passerebbe più ore al telefono con le amiche a raccontarsi l'ultima **cotta**.[10]

Ritratto **impietoso**[11] di una gioventù **tiepida**,[12] che si innamora poco, quando sui giornali rimbalzano le acrobazie erotiche di vecchietti, e in TV è tutto un parlare d'amore e sentimenti che li lascia ancora più freddi? Ragazzi emotivamente anoressici, anche nelle passioni politiche, che scendono poco in piazza, mentre i loro genitori **hanno allenato fior di muscoli**[13] **a forza di**[14] marciare contro quello o quell'altro. Sì, ma. Molti ma. «Perché adesso è un momento terribile per essere giovani», come titola la giornalista Anja Kamenetz il suo pamphlet sulla «Generazione debito» americana, per la quale il sogno made in USA di mobilità sociale, sicurezza familiare e welfare sembra **svaporato**[15] nel nulla. Ma lo è ancora di più in Italia, dove la generazione precedente **fa muro**[16] e lo Stato fa ben poco per farli crescere, **sbloccando**[17] sì l'accesso al lavoro, ma solo quello precario. Tutta colpa dello Stato, allora, che per la prima volta dal dopoguerra confeziona per i giovani prospettive più cupe di quelle offerte ai loro genitori? Sì, ma. Altri ma.

Perché **di loro**,[18] questi ragazzi, non sembrano metterci mica tanto. «Non hanno le stesse ambizioni della generazione precedente, l'idea della carriera come affermazione sociale sta declinando, il lavoro visto come luogo strumentale, cioè che dà da vivere. Rimane il mito del successo, che però **si ritaglia**[19] sul modello televisivo. Ma il punto è che davanti a un futuro incerto, la risposta giovanile suona come una sorta di adattamento».

Osserva il ricercatore Ricardo Grassi, «la famiglia neutralizza anche le carenze dello Stato», **dando fiato**[20] al familismo, altro bel prodotto made in Italy, e restringendo inesorabilmente l'orizzonte dei propri figli. «Non solo oggi cala l'interesse verso la politica, ma anche il volontariato è in crisi. Perché, se la vita di un ragazzo si concentra in una relazione molto ristretta, che spazio rimane per gli altri?» si chiede Grassi.

I giovani italiani si sentono spesso alienati da sé stessi e dalla società il che è evidente nel loro atteggiamento menefreghista verso la vita.

[1]**sconquassi** *problems;* [2]**allungano** *pass around;* [3]**canna** *joint;* [4]**cala** *lessens;* [5]**scorre** *goes;* [6]**sparata** *blaring, blasting;* [7]**cuffia** *earphones;* [8]**si baloccano** *amuse themselves;* [9]**leziosità tardo-adolescenziali** *late adolescent affectations;* [10]**cotta** *crush;* [11]**impietoso** *merciless;* [12]**tiepida** *lukewarm, unexciting;* [13]**hanno allenato fior di muscoli** *they developed strong muscles;* [14]**a forza di** *because of, by;* [15]**svaporato** *disappeared;* [16]**fa muro** *is resisting;* [17]**sbloccando** *unblocking, making available;* [18]**di loro** *of their own (future);* [19]**si ritaglia** *they model themselves;* [20]**dando fiato** *reviving*

Perché i ragazzi italiani non scendono in piazza come hanno fatto i loro coetanei francesi? Che sono sì giovani, ma ancora prima cittadini. Eppure, al pari dei ragazzi americani, anche i ribelli d'Oltralpe fanno i conti con il loro «sogno **infranto**[21]», il cui primo segnale è stato la protesta **scoppiata**[22] in questi ultimi anni. Ma c'è dell'altro. Un recente volume della psicoterapeuta Françoise Sand, «I trentenni», disegna un'inedita e amara foto di gruppo.

«Generazione **mongolfiera**[23], che sembra **galleggiare**[24] nel tempo, senza alcuna fretta di **atterrare**[25]», scrive Sand. Convinta di «vivere in un mondo in cui tutto può accadere» e, a parte la «scocciatura» del lavoro, impegnata a «godersi il presente». Figli di «genitori che fanno di tutto per **assomigliargli**[26] il più possibile», i nati tra il 1968 e il 1978 fluttuano in un «labirinto» abitato dalla dispersione del loro desiderio. «Più che tiepidi o labirintici, i ragazzi di oggi mi sembrano **spaventati**[27]», spiega Diana Norsa, psicanalista. «In questa fragilità, che non vuol dire mancanza di riflessività ma blocco dello slancio istintuale, molto conta un'adolescenza che inizia presto e non finisce mai».

Ma non dimentichiamoci che se non si arriva a **incidere**[28], la responsabilità è solo nostra; «impossessiamoci dei meccanismi della comunicazione» dice Matteo Renzi, autore di «Tra De Gasperi e gli U2», e continua: «in politica e altrove. Perché su questo piano siamo imbattibili. Internet è sempre più centrale nel mondo attuale e, a differenza degli altri media, stimola un sano protagonismo. Basta vedere il successo dei blog. E non dimentichiamoci che Google l'hanno inventato due ragazzini. E hanno cambiato il mondo».

Basterà, ce la faranno i «no adult land» a uscire dalla passività, che non è frutto solo **dell'imbuto**[29] generazionale, della **mamma chioccia**[30] o dello Stato bastardo? Riusciranno, insomma a «partorire la propria vita», come augura Françoise Sand?

(adattato da *L'espresso*, 21 maggio 2006, autore Adriana Polveroni)

[21]**infranto** broken;   [22]**scoppiata** that broke out;   [23]**mongolfiera** empty;   [24]**galleggiare** to float;   [25]**atterrare** to land;   [26]**assomigliargli** resemble them;   [27]**spaventati** afraid;   [28]**incidere** to impress;   [29]**imbuto** funnel;   [30]**mamma chioccia** mother hen

II. Comprensione della lettura
Hai capito?

A. **Vero o falso?** Scegli tra **vero** o **falso** e giustifica la tua decisione.

Esempio: A Valerio piace la musica   <u>V</u>   F
             soprattutto se la musica **sparata** dal suo **iPod.**

1. I giovani non si interessano di politica,   V   F
   solo se _____ pace _____.

2. Con i genitori i rapporti sono abbastanza buoni,   V   F
   soprattutto se _____ in camera con _____.

3. Valerio è un ragazzo diverso dagli altri,   V   F
   anzi _____ Andrea, Luigi _____.

4. Le ragazze si comportano più o meno come i ragazzi,   v   f
   magari _____ calcio _____.

5. Lo Stato offre ai giovani la possibilità di trovare lavoro facilmente,   v   f
   ma _____ precario _____.

6. La generazione di oggi può essere definita mongolfiera,   v   f
   cioè _____ non ha fretta di _____.

B. Da rispondere. Rispondi in modo completo alle seguenti domande.

1. Secondo l'articolo i giovani sono ancora interessati a fare carriera?
2. Cosa è il successo per i giovani?
3. Come mai il volontariato è in crisi tra i giovani?
4. Cos'è il familismo?
5. Perché i ragazzi italiani non scendono in piazza come i francesi?
6. Perché si dice che l'adolescenza dei giovani italiani non finisce mai?
7. Perché la psicanalista Diana Norsa pensa che i giovani siano spaventati?
8. Cosa pensa Matteo dell'Internet?
9. Perchè Google è preso come esempio?
10. Che cosa si augura l'autore dell'articolo alla fine?

Attività comunicative

 A. Perché? In coppia guardate il risultato dell'indagine su questa tabella (p. 30). Provate a spiegare, in base alle informazioni che avete, le singole risposte e la percentuale di giovani che vi aderisce. Alcune possibili domande:

1. Come mai una bassa percentuale di giovani si considera politicamente impegnata?
2. Cosa vuol dire «essere politicamente impegnato»?
3. È scomparso completamente l'interesse per la politica?
4. Come fanno a tenersi informati i giovani?
5. Che significato ha dire che «la politica mi disgusta»?
6. Le percentuali nelle risposte non variano molto tra le persone dai 18 fino ai 34 anni, come mai?

Molto meglio il disimpegno

Quale di queste frasi esprime meglio il suo atteggiamento nei confronti della politica?

	18–20	21–24	25–29	30–34	TOTALE
Mi considero politicamente impegnato	3,5	4,2	6.2	2,6	4,1
Mi tengo al corrente della politica, ma senza impegnarmi personalmente	41	41,9	42,4	42,6	42,2
Penso che bisogni lasciare la politica a chi ha più competenza di me	34	30,7	26,6	28,3	29
La politica mi disgusta	21,2	22,9	24,7	26,2	24,4
Non indica	0,3	0,4	0,1	0,3	0,2
Numero di intervistati	367	528	814	939	2.648

(18–34enni:% rilevazione 2004)
Fonte Banca Dati Istituto IARD

 B. Intervista. Molto spesso una buona intervista dipende dalla qualità delle domande. Se volete scoprire cosa pensano i giovani della politica provate a preparare in gruppi di tre o quattro studenti delle domande specifiche che riescano a scoprire qualcosa di approfondito sul comportamento dei giovani. Poi fate le domande agli altri gruppi e quindi commentate i risultati.

Cominciamo: —Ti interessa la politica?
—Sì, molto. Seguo tutto ciò che succede sulla scena politica.
—Ma che, non me ne frega niente di politica…

Attualità

Campagne sociali e politiche

In rete. Cerca in Internet un sito di un'organizzazione italiana giovanile. Ti sembrano seri i loro progetti? Quali campagne sociali e politiche hanno promosso?

Scriviamo!

A. **Vivere in una cultura diversa.** Quali sono le attività quotidiane più difficili da accettare per qualcuno che va a vivere in un paese straniero? Racconta della tua esperienza se sei stato/a all'estero oppure racconta di qualche studente straniero che è venuto ad abitare nel tuo paese.

B. **Un'esperienza di volontariato.** Molti giovani fanno lavori di volontariato sia nel loro paese che all'estero. Se tu appartieni a questo gruppo o conosci qualcuno che è attivo come volontario/a descrivi le tue o le loro esperienze. Parla del tipo di lavoro che hai fatto, per quale organizzazione, come ti sei sentito/a dopo aver completato il lavoro e così via. Spiega anche perché consideri il volontariato importante.

C. **Perché ho o non ho un ideale in cui credo.** La tua generazione è spesso accusata di essere passiva, indifferente e menefregista. Ma non tutti i giovani sono così. Parla del tuo punto di vista riguardo ai tuoi coetanei e alle tue proprie idee esistenziali. Hai degli ideali in cui credi? Quali sono? Come vuoi realizzarli?

Capitolo 3 L'Italia oggi

La vita nelle grandi città italiane è sempre movimentata e stressante.

Strategie per la lettura: Skimming for basic information

Lettura 1: «La Pinacoteca invisibile»

Lettura 2: «All'ultima spiaggia»

Attualità: Tre grandi musei

A puntate

Una storia complicata

Parte II

Tornando verso la sua camera Alex si ricorda improvvisamente che qualche giorno prima era successo qualcosa di strano mentre mangiavano insieme in salotto. Erano circa le 8.30 di sera e Lele era tornato a casa di cattivo umore, era molto taciturno. Per cercare di rendere meno tesa la cena Alex stava per chiedere di accendere la televisione quando ha capito che Lele era più preoccupato del solito e accendere la televisione sarebbe sembrata una provocazione. La pasta, preparata da Lele con un sugo di pomodoro vecchio di almeno cinque giorni, era difficile da **mandare giù.**[1] Non c'era né vino né birra, ma solo sana acqua clorata del rubinetto. In casa non c'era molto altro. Dentro al frigo c'era del latte che era ormai burro e sopra c'erano invece un paio di banane che avevano visto tempi migliori. In questi momenti Alex si domandava perché continuasse a stare in quell'appartamento con Lele. Forse era meglio se uno dei due andasse via. Forse era meglio mangiare a casa con i propri genitori e farsi stressare dal padre con le sue solite domande sul suo futuro, i soldi e di quanto la sorella Valentina fosse migliore di lui.

Mentre rifletteva su tutto ciò in un silenzio quasi religioso, ognuno sopraffatto da chissà quale pensiero, il suono fastidioso del citofono ha rotto il silenzio. È stato come un **fulmine**[2] a ciel sereno. Lele si è alzato **di scatto,**[3] ha detto poche parole irriconoscibili dentro il citofono e poi ha riappeso. Ha preso la giacca dall'attacapanni all'entrata e ha detto che scendeva un attimo per parlare con qualcuno, forse ha detto un amico, Alex non aveva capito bene. Alex si è **precipitato**[4] alla finestra per vedere se riusciva a **scorgere**[5] con chi stesse parlando Lele. Davanti al marciapiede c'era una macchina della polizia ma era troppo buio per vedere la persona con cui Lele stava parlando. Dopo circa dieci minuti Lele è ritornato e aveva l'aria ancora più tesa di prima, ha guardato Alex con un'aria strana, ha detto che non aveva più fame ed è andato in camera sua. Alex, che invece **aveva una fame da lupi,**[6] ha buttato subito via la pasta, non aveva mai mangiato niente di più **schifoso**[7] e ha preso istantaneamente la decisione di cercare qualcosa di buono da mettere nello stomaco. Si è messo rapidamente la giacca e stava uscendo quando Lele ha aperto la porta della sua camera e gli ha detto se voleva andare a mangiare una pizza fuori. Ovviamente Alex non gli ha fatto notare che poco prima Lele aveva detto che non aveva più fame. In quel momento, l'importante era trovare qualcosa da mettere sotto i denti.

Così sono andati in pizzeria dove hanno incontrato Wang e Bo, i due amici cinesi, **reduci**[8] da una giornataccia passata ad aiutare i genitori in

[1]**mandare giù** *to swallow;* [2]**fulmine** *flash of lightning;* [3]**di scatto** *suddenly;* [4]**si è precipitato** *rushed;* [5]**scorgere** *get a look at;* [6]**aveva una fame da lupi** *was very hungry;* [7]**schifoso** *disgusting;* [8]**reduci** *returning*

negozio, hanno raccontato vari episodi buffi di incomprensione culturale tra italiani e cinesi. Lele si è rilassato e ha cominciato a parlare con loro, a mangiare una bella pizza e bere della birra irlandese. Improvvisamente Lele sembrava molto **ciarliero**[9] e scherzoso. Un comportamento abbastanza anomalo per lui. Quella è stata la prima volta che Alex ha visto Lele un po' **brillo**,[10] ma per lui era un gran **sollievo**[11] mangiare e poter parlare, ridere, discutere. E difatti, dopo la pizza, sulla strada per tornare a casa, Lele, quasi irriconoscibile, ha confessato a Alex qual era il vero problema.

[9]**ciarliero** *chatty, talkative;*   [10]**brillo** *tipsy;*   [11]**sollievo** *relief*

Hai capito?

A. Le parole nuove. Completando le seguenti frasi avrai una migliore idea del significato delle parole nuove e del loro uso. Se necessario usa il dizionario. Come seconda parte dell'esercizio, scrivi delle frasi nuove che contengono le parole discusse.

1. Una persona **taciturna** è _____
2. L'aggettivo **clorato** proviene dalla parola _____
3. I **rubinetti** si trovano _____
4. Il sinonimo dell'aggettivo **sopraffatto** è _____
5. Il **citofono** è _____
6. L'**attaccapanni** serve per _____
7. **Precipitarsi** vuol dire _____
8. Il sinonimo del verbo **scorgere** è _____
9. Cosa fa una persona **ciarliera?** _____
10. Il sinonimo dell'aggettivo **brillo** è _____

B. Verifichiamo! Decidi se le seguenti affermazioni sono **vere** o **false** e spiega la tua scelta.

1. Alex e Lele mangiano in salotto.   V   F
2. La conversazione tra loro era molto vivace.   V   F
3. Lele ha preparato un'ottima pasta.   V   F
4. Il frigo era semivuoto.   V   F
5. Dopo aver parlato al citofono con qualcuno, Lele è uscito.   V   F
6. Ha incontrato qualcuno per strada.   V   F
7. Alex non aveva più fame.   V   F
8. Lele vuole mangiare una pizza.   V   F
9. Al bar la cena era ancora molto silenziosa.   V   F
10. Lele era taciturno e di cattivo umore.   V   F

Dialoghiamo!

 Due cene diverse. In gruppo create due dialoghi diversi. Prima quello tra Lele e Alex durante la loro cena non molto interessante e poi quella completamente diversa tra Alex, Lele, Wang e Bo. Gli amici sono in una pizzeria. Cercate di immaginare di che cosa parlano. Seguite gli esempi.

> **Dialogo 1** ALEX: Ma non potevi preparare qualcosa di meglio, questa pasta fa schifo!
> LELE: Ma tu, hai fatto la spesa?

> **Dialogo 2** ALEX: Che fame da lupi che ho!
> WANG: Anch'io, ma sono così stanco perché...

Lettura 1

«La Pinacoteca invisibile»

I. Prima di leggere

A. Strategie per la lettura

Skimming for basic information. A quick, efficient way to gain an overview of an authentic text is to skim for important ideas, facts, dates, figures, and so forth. The opening sentences of a paragraph often provide a general idea of the information contained in the body of that paragraph. By looking for key words or phrases, you can anticipate content or determine the author's primary concern.

Look at the underlined key phrases below from the first two sentences of the chapter reading. These key words convey information that should allow you to answer the following questions: What is **la Pinacoteca di Brera?** When do you have to call the museum? What happens if you telephone a few minutes after the official hours?

> Se un giornalista inglese vuole contattare la direzione della Pinacoteca di Brera, «grande museo per fama e rango», deve chiamare entro le 15 e 30. Perché se telefona tra le 15 e 31 e le 19 e 30 gli sembrerà di aver chiamato il numero di un posto remoto, tanto rustico, autarchico, menefreghista è il tono di chi risponde: in quegli orari, infatti, poiché sono smontate le due centraliniste della Soprintendenza, risponde a turno, distratto dalla lettura di un giornale sportivo, uno degli ottanta custodi del palazzo milanese.

Now glance at the last paragraph of the reading. Try to identify words or phrases that help you identify the author's conclusion.

> Domanda-tabù: se Brera fosse gestita dal Comune, anziché dallo Stato, avrebbe più successo? «No», risponde Philippe Daverio, il noto connoisseur che è stato assessore alla Cultura, «i milanesi non sanno più dov'è

la loro identità. I musei comunali sono anche peggio. <u>Brera, per qualità di opere, potrebbe diventare il quarto o quinto museo d'Europa, ma a nessuno importa nulla. Qui la meta museale più importante è Prada</u>».

What could Brera become? According to Philippo Daverio, what is the reason for the museum's decline?

By extending this technique to other parts of a text, you can often pick up the most important points. They can help guide you as you read in greater detail to gain familiarity with new vocabulary terms and linguistic structures.

B. Attività contestuali della pre-lettura

1. Quello che conosco. Descrivi alla classe un museo della tua città o della tua università. Che tipo di museo è? È di recente costruzione? Chi lo gestisce? È pubblico o privato? Che tipo di attività offre? Fa pubblicità nella comunità? Ha un sito Internet? Com'è? Sai se ha molti visitatori o è in crisi finanziaria?

Cominciamo: La mia università ha un museo archeologico...

 2. I grandi musei. New York, Boston e Washington sono le città americane con il maggior numero di musei. Dividetevi in coppie e analizzate e confrontate alcuni dei musei di queste città. Usate materiale che avete raccolto voi durante una visita e/o usate il loro sito Internet. Ricordate che il sito Internet è molto importante perché è il modo più diretto per farsi pubblicità. Scegliete anche musei che non siano musei d'arte (ad esempio, un museo di storia naturale, un museo sulle scoperte scientifiche, ecc.).

Cominciamo: L'anno scorso sono andato/a a New York e ho visto una mostra...

 3. Modernizzare un museo. Immaginate un museo con una buona collezione di quadri, disegni e schizzi che però è in crisi finanziaria. Il museo è stato gestito in modo tradizionale: non ha un negozio di souvenir, non fa pubblicità, ecc. Dividetevi in gruppi e fate un elenco delle cose che dovreste fare per migliorare la situazione, per farlo conoscere meglio alla comunità e per attrarre turisti da altre città.

Cominciamo: Io comincerei con il sito che...

C. Lessico ed espressioni comunicative

Sostantivi

l'addetto stampa *press agent*

le campagne mirate *carefully planned advertising campaigns*

il capolavoro *masterpiece*

il/la centralinista *telephone operator*

il/la custode *custodian*

il/la menefreghista *a person who couldn't care less*

il rango *rank, class*

Aggettivi

allettante *attractive*

autarchico *independent*

dignitoso *decent, not bad*

di richiamo *appealing*

staccato *behind*

surclassato *outclassed, outdone*

Verbi

affiancare *to add, to place side by side*

puntare *to count on, to rely*

smontare *to finish a shift*

strabiliare *to amaze*

tradire *to reveal*

Espressioni comunicative

andarci (esserci) quattro gatti *to have few people in attendance*

togliere il fiato *to take one's breath away, to amaze*

Vocabolario attivo

A. Significati e contrari. In base alla frase data fornisci (*provide*) una definizione con parole tue e poi trova il contrario.

1. Uno studente menefreghista è una persona che _____.
   Il contrario è _____.

2. Uno spettacolo musicale di richiamo è uno spettacolo _____.
   Il contrario è _____.

3. Un sito Internet dignitoso è un sito che _____.
   Il contrario è _____.

4. Un prezzo allettante è un prezzo che _____.
   Il contrario è _____.

5. Una mostra visitata da quattro gatti è una mostra che _____.
   Il contrario è _____.

B. Dialogo incompleto. Completa ogni frase con una parola o espressione adatta del **Lessico ed espressioni comunicative.**

CARLO: Ho fatto la prenotazione per andare a vedere «Il Cenacola» (*The Last Supper*) di Leonardo. Non si può più andare quando si vuole. _____ fanno entrare solo se hai un appuntamento.

FRANCA: Sì lo so, comunque io l'ho già vista, è un'opera così bella che _____.

CARLO: Pensa che _____ con cui ho parlato al telefono non sapeva niente. È ovvio che era nuovo e _____ anche una certa emozione nel parlare. Dovrebbero mettere persone più esperte in quei posti.

FRANCA: Ma sai che queste telefonate adesso non sono _____ direttamente dai musei ma da società private e loro _____ tutto su fare soldi e della qualità del servizio non gliene importa niente.

CARLO: E poi credo che questi telefonisti abbiano dei turni massacranti, spesso montano e _____ i turni a ore incredibili.

FRANCA: Mah, forse era meglio quando si faceva la fila

CARLO: Non si faceva la fila, vuoi dire, visto che noi italiani non abbiamo mai saputo fare la fila!

«La Pinacoteca invisibile»

Milano: Il palazzo che ospita le gallerie della Pinacoteca di Brera.

Ospita tanti **capolavori**.[1] *Eppure Brera attira pochi visitatori. E non ha spazio per mostre. Così il museo è in declino.*

Se un giornalista inglese vuole contattare la direzione della Pinacoteca di Brera, «grande museo per fama e **rango**»,[2] deve chiamare entro le 15 e 30. Perché se telefona tra le 15 e 31 e le 19 e 30 gli sembrerà di aver chiamato il numero di un posto remoto, tanto rustico, **autarchico**,[3] **menefreghista**[4] è il tono di chi risponde: in quegli orari, infatti, poiché sono **smontate**[5] le due **centraliniste**[6] della Soprintendenza,* risponde a turno, distratto dalla lettura di un giornale sportivo, uno degli ottanta **custodi**[7] del palazzo milanese.

Brera ha un problema di comunicazione. E il problema **tradisce**[8] un paradosso. Il paradosso di Brera. Da un lato, è una delle più squisite collezioni pubbliche d'Italia, con capolavori **di richiamo**[9] assoluto, lo «Sposalizio della Vergine» di Raffaello, la «Pala di Montefeltro» di Piero

[1]**capolavori** *masterpieces;*   [2]**rango** *rank, distinction;*   [3]**autarchico** *independent;*   [4]**menefreghista** *a person who couldn't care less;*   [5]**smontate** *finished their shifts;*   [6]**centraliniste** *telephone operators;*   [7]**custodi** *custodians;*   [8]**tradisce** *reveals;*   [9]**di richiamo** *appealing*

---

*La Soprintendenza alle belle arti gestisce da Roma alcuni importanti musei italiani. Spesso si generano dei conflitti tra la gestione nazionale dello Stato e quella locale della città dove risiede il museo.

della Francesca, il «Cristo Morto» di Mantegna, la «Cena in Emmaus» di Caravaggio, per non parlare poi della fantastica «Predica di San Marco ad Alessandria» di Gentile e Giovanni Bellini, una meraviglia che **toglie il fiato**[10] (e Brera fa di tutto perché non si sappia). Dall'altro, a visitarla **ci vanno in quattro gatti**.[11] Nel 2004, Brera è addirittura rimasta fuori dalla top 30 dei musei italiani. Con appena 211 mila visitatori, di cui solo 116 mila paganti è finita, si stima, tra il 35esimo e il 40esimo posto. Ora, Milano non ha il fascino di Roma o di Firenze, e sarebbe da imbecilli mettere Brera in competizione con la Galleria degli Uffizi (un milione 429 mila visitatori); ma **strabilia**[12] vederla **staccata**[13] di 100 mila visitatori dal Cenacolo Vinciano o dal Museo Egizio di Torino, di 170 mila dalle Gallerie dell'Accademia di Venezia, e **surclassata**[14] dall'ultima banale mostra di Andy Warhol alla Triennale.

Perché Brera non riesce a farsi conoscere come merita? Il paradosso continua: i visitatori, per il 27% provenienti dall'estero, si dicono in larga maggioranza soddisfatti. E proprio la qualità delle opere esposte segna un 96% di consensi, il valore più alto. Le critiche riguardano le informazioni insufficienti (e solo in italiano) sulle opere esposte e la cattiva illuminazione. Perché Brera comunica così male? Maria Tesera Florio, soprintendente, risponde: «Comunicare costa. E la Soprintendenza non ha un ufficio né un budget per la comunicazione. Soprattutto ci manca uno spazio espositivo per le mostre **da affiancare**[15] al percorso museale». La Soprintendenza ha 20 storici dell'arte, ma non ha un **addetto stampa**[16]. Pensare che il sito Web è **dignitoso**,[17] il prezzo d'ingresso **allettante**[18] (5 euro), l'orario (dalle 8.30 alle 19.30, lunedì chiuso) ottimo. Si difende Luisa Arrigoni, il direttore: «Noi **non puntiamo**[19] specificatamente sul pubblico pagante. Brera ha una sua funzione educativa, i giovani, le scuole. L'autonomia della Pinacoteca è ridottissima. E la sua promozione dei capolavori con **campagne mirate**[20] non ha funzionato». In effetti: nel 1998, quando Brera ospitò in una sala l'evento speciale della «Dama dell'ermellino» di Leonardo, ebbe 70 mila visitatori; a Roma, due mesi dopo, furono 130 mila, idem a Firenze.

Domanda-tabù: se Brera fosse gestita dal Comune, anziché dallo Stato, avrebbe più successo? «No», risponde Philippe Daverio, il noto connoisseur che è stato assessore alla Cultura, «i milanesi non sanno più dov'è la loro identità. I musei comunali sono anche peggio. Brera, per qualità di opere, potrebbe diventare il quarto o quinto museo d'Europa, ma a nessuno importa nulla. Qui la meta museale più importante è Prada».

(adattato da *L'espresso*, 15 settembre 2005, autore Enrico Arosio)

---

[10]**toglie il fiato** *takes one's breath away;* [11]**ci vanno in quattro gatti** *there are few people in attendance;* [12]**strabilia** *it amazes;* [13]**staccata** *behind;* [14]**surclassata** *outclassed, outdone;* [15]**da affiancare** *to place side by side;* [16]**addetto stampa** *press agent;* [17]**dignitoso** *decent;* [18]**allettante** *attractive;* [19]**non puntiamo** *don't count (on);* [20]**campagne mirate** *carefully planned ad campaigns*

II. Comprensione della lettura
Hai capito?

A. Persone chiavi. Definisci il ruolo che ognuna delle seguenti persone ha nella lettura.

1. Chi sono le centraliniste della Soprintendenza?

2. Chi sono i custodi?

3. Chi è Maria Teresa Florio?

4. Chi è Luisa Arrigoni?

5. Chi è Philippe Daverio?

6. Chi è Prada?

B. Vero o falso? In base alla lettura sono **vere** o **false** le seguenti affermazioni? Spiega la tua scelta completando la seconda affermazione.

1. Avere informazioni telefoniche dalla Pinacoteca di Brera è   V   F
   difficile.
   Perché dalle 15.31 _____.

2. La collezione di Brera è eccellente.   V   F
   Perché _____ Raffaello, Piero della Francesca
   _____

3. Ci sono molti gatti nel palazzo della Pinacoteca.   V   F
   Forse _____ visitatori _____.

4. I visitatori sono entusiasti della qualità delle opere.   V   F
   Infatti il 96% _____.

5. La scarsa affluenza di pubblico è dovuta al prezzo d'ingresso.   V   F
   Anzi, il sito e il prezzo _____.

C. Dal vocabolario. Trova nella lettura le seguenti parole ed espressioni e completa le frasi. Attento/a al contesto in cui il vocabolario appare.

addetto stampa	**gestita**
campagne mirate	**identità culturale**
funzione educativa	

1. La Soprintendenza non ha _____ che possa tenere i rapporti con i media nazionali e stranieri.

2. Il museo non si propone di fare soldi, la Pinacoteca ha una _____ per cui lo scopo principale è la diffusione della cultura tra i giovani.

3. A causa della mancanza di pubblicità, anche le _____ non hanno funzionato, vedi l'esempio della «Dama dell'ermellino» di Leonardo.

4. Se Brera fosse _____ dal Comune il risultato sarebbe lo stesso.

5. I milanesi hanno perso la loro _____, Prada è più importante della Pinacoteca.

Attività comunicative

A. Un museo oggi. Con un compagno / una compagna cerca di rispondere alle seguenti domande. Leggete le vostre risposte alla classe.

1. Che importanza ha un museo per una città?
2. Quali sono i musei italiani che avete visitato?
3. Quali sono gli aspetti negativi e positivi di quel museo / quei musei che avete visitato?
4. Secondo voi, l'ingresso ai musei costa troppo?
5. Quali sono gli aspetti di un museo che vi attraggono di più?

B. Un po' di fantasia. Immagina di essere il curatore / la curatrice di un museo. Descrivi al tuo compagno / alla tua compagna che tipo di museo vorresti avere e come lo organizzeresti.

> *Cominciamo:* Sono sempre stato/a affascinato/a dei dinosauri. Mi piacerebbe avere…

Lettura 2

Le spiagge italiane d'estate sono piene di turisti italiane e stranieri.

«All'ultima spiaggia»

I. Prima di leggere

A. Attività contestuali della pre-lettura

 1. A ciascuno il suo. Ogni persona ha le proprie idee riguardo il tipo di vacanza che preferisce. Di conseguenza i membri della stessa famiglia spesso non sono d'accordo dove andare. Con un compagno / una compagna parla delle vacanze che preferiscono i membri della tua famiglia. Cosa decidete alla fine?

> *Cominciamo:* Mio padre preferisce andare in montagne, mio fratello…

 2. Vacanze senza frontiere. Una volta solo i figli degli aristocratici viaggiavano fuori del loro paese di origine. Oggigiorno (*Nowadays*) è molto comune per uno studente o una studentessa andare all'estero, imparare un'altra lingua per conoscere meglio un'altra cultura. In gruppo parlate delle vostre esperienze all'estero. Dove siete andati? Perché? Quanto tempo siete rimasti? Ci siete tornati o ci ritornereste?

> *Cominciamo:* Ho studiato a Bologna e…

 3. Depliant (*Brochure*)**.** In coppia scrivete un depliant che informa il pubblico di un meta turistica nel vostro paese. Scegliete la località e includete tutte le informazioni di cui una turista avrebbe bisogno prima della partenza. Cercate di convincerlo/a a visitare proprio il posto che voi considerate importante e interessante. Mettete a confronto i vari depliant di tutti gli studenti della classe.

B. Lessico ed espressioni comunicative

Sostantivi	Aggettivi
l'azienda *business, firm*	**affollato** *crowded*
la crescita *growth*	**benestante** *well-off*
la fascia (medio alta) *(upper middle) class*	**concomitante** *concurrent*
la gastronomia *the art of cooking*	**scadente** *substandard, shoddy*
il germoglio *sprout, bud*	**scontato** *obvious*
la goccia *drop*	
il gusto *taste*	Verbi
la mancanza *lack (of something)*	**insidiare** *to entice or seduce someone*
la meta *destination; aim, goal*	**litigare** *to argue*
l'Oltralpe *countries outside of Italy (literally, beyond the Alps)*	**mettere in fuga** *to send someone running*
la propensione *inclination, tendency*	**potenziare** *to strengthen, to develop*
il reddito *income, revenue*	**reggere** *to keep up, to support, to hold up*
la ripresa *recovery*	**scendere** *to decrease*
la scomparsa *disappearance*	**tagliare** *to cut*
	tappare i buchi *to save the day*

Espressioni comunicative

mostra le corde *show its limitations*

non ci mette la coda *does not interfere*

ridurre sul lastrico *putting an end to (literally, putting out on the street)*

si è dimezzata *it has been cut in half*

zoccolo duro *the core*

Vocabolario attivo

A. Sinonimi e simili. Trova tra le parole del **Lessico ed espressioni comunicative** i sinonimi o le parole affini dati.

1. la ditta _____
2. l'aumento _____
3. la classe sociale _____
4. il sapore _____
5. lo scopo _____
6. la tendenza _____
7. pieno _____
8. ricco _____
9. simultaneo _____
10. cacciare via _____

B. Dal Lessico. Completa le seguenti frasi con la parola adatta.

1. L'arte di cucinare si chiama _____.
2. In primavera su molte piante si vedono _____.
3. Quando piove, mi piace guardare _____ scivolare sui vetri.
4. _____ di soldi forza molti italiani a spendere meno per le vacanze.
5. Nei paesi della Comunità Europea ci si aspetta _____ economica molto lenta.
6. _____ medio di un italiano è aumentato nell'ultimo decennio.
7. In molti centri turistici d'Italia si nota _____ di tanti turisti americani dopo gli eventi dell'undici settembre.

C. Verbi, verbi. Scrivi cosa si fa con i verbi che seguono. Vedi l'esempio.

Esempio: Cosa si scrive? → una lettera, un romanzo, ecc.

1. Cosa si taglia? _____
2. Da dove si scende? _____
3. Quando si litiga? _____
4. Cosa si potenzia? _____
5. Chi si insidia? _____

«All'ultima spiaggia»

Nonostante molti problemi l'Italia è ancora una delle mete turistiche favorite dagli stranieri.

*Prezzi alti. Servizi **scadenti**[1]. Strutture insufficienti. Così sempre più stranieri disertano il nostro paese mentre gli italiani fanno le vacanze all'estero. E il turismo va in crisi.*

I tedeschi se ne sono andati da tempo, erano un terzo del nostro turismo alla metà degli anni Ottanta, oggi si sono ridotti al 25%. Sono cambiati i **gusti**,[2] la crisi economica europea che ha ridotto i **redditi**[3] medi e **ha tagliato**[4] i viaggi, la gente trova troppo cari i prezzi. Gli americani hanno paura di viaggiare: dall'11 settembre hanno disertato in massa l'Europa, **riducendo sul lastrico**[5] un turismo d'elite che aveva riempito gli alberghi di lusso e fatto ricchi molti negozi italiani. C'è qualche speranza per il futuro, se la svalutazione del dollaro **non ci mette la coda**.[6] Ma nulla di più. Gli italiani, in cambio, se ne vanno sempre più spesso e sempre più volentieri all'estero: hanno scoperto Internet e i voli a basso costo, trovano più conveniente una settimana a Cuba che dieci giorni in montagna, vanno in bicicletta in Olanda rischiando la pioggia piuttosto che **litigare**[7] sulle spiagge **affollate**.[8] Risultato: la Bella Italia sta perdendo il turismo, molte **aziende**[9] chiudono, si moltiplicano gli allarmi.

L'Italia ha da sempre avuto un vantaggio competitivo enorme, soprattutto nel turismo: le coste, il sole, il mare, le città d'arte, il patrimonio culturale, la gastronomia e infine un marchio Paese da fare invidia.

[1]**scadenti** *substandard;*   [2]**gusti** *tastes;*   [3]**redditi** *incomes;*   [4]**ha tagliato** *have cut;*   [5]**riducendo sul lastrico** *putting an end to;*   [6]**non ci mette la coda** *does not interfere;*   [7]**litigare** *arguing;*   [8]**affollate** *crowded;*   [9]**aziende** *businesses*

Oggi quel monopolio non **regge**[10] più. L'unica riserva che resiste a qualsiasi vento di crisi sono le città d'arte. Ma per il resto è un dato negativo dietro l'altro: l'esclusività del sole e delle coste è **insidiata**[11] da Paesi vicini come quelli della ex Jugoslavia, il taglio dei costi dei voli rende convenienti **mete**[12] una volta irraggiungibili, la qualità delle infrastrutture stradali e dell'offerta turistica complessiva **mostra le corde**,[13] e infine l'aumento dei prezzi, che ha colpito alberghi e ristoranti più di altri settori, **ha messo in fuga**[14] i turisti.

L'allarme è di oggi, ma la crisi viene da lontano. Negli ultimi vent'anni il peso dell'Italia, in termini di flussi turistici, **è sceso**[15] di ben due punti, **si è dimezzata**[16] la capacità delle entrate turistiche di compensare il moltiplicato aumento delle partenze degli italiani verso l'estero, il prezzo dei servizi è salito molto più che altrove, la **mancanza**[17] di infrastrutture, a partire dalle strade, vera porta d'accesso per il turismo europeo che arriva e si ferma a Nord, sta diventando drammatica. È l'Italia, soprattutto, a soffrire. Paesi vicini, come la Francia, che hanno dovuto fare i conti con gli stessi problemi (dalla **scomparsa**[18] degli americani all'euro) si sono difesi meglio. Nel 2002 la Francia è riuscita a confermare il suo primato di 77 milioni di arrivi internazionali (il 2,4% in più rispetto all'anno prima), mentre l'Italia è scesa sotto i 40 milioni. È l'effetto di due fenomeni **concomitanti**,[19] il mercato interno d'**Oltralpe**[20] si è difeso meglio con un'offerta più ricca e differenziata. Inoltre i francesi, per tradizione, sono più attaccati al loro paese e viaggiano meno. L'Italia, quanto ad arrivi dall'estero, è andata avanti per inerzia in un mondo sempre più competitivo e, a partire dagli anni Novanta, è esploso il turismo degli italiani, segno di un paese più ricco e **benestante**.[21] Insomma siamo più simili agli altri come modelli di consumo, ma dobbiamo cercare altre strade per aumentare l'offerta.

Lo dimostrano tra l'altro, i dati della crisi: a soffrire di più sono state quelle località che non hanno saputo dare nuovo appeal all'offerta, **scontata**,[22] della spiaggia e l'ombrellone. Chi si è inventato il distretto dei divertimenti e **ha potenziato**[23] il turismo congressuale (come Rimini), chi ha puntato su itinerari culturali o termali (alcune località del Veneto), chi sulla **gastronomia**.[24] Sono i **germogli**[25] della ricerca di vie per uscire dalla crisi. A livello generale, però, le soluzioni non sono affatto semplici.

Corre poi, la speranza che a **tappare i buchi**[26] arrivino come un miracolo i cinesi: hanno già superato il Giappone quanto a partenze per l'estero e sono turisti che hanno **propensione**[27] di spesa tra le più alte al mondo. E se si guardano i dati sulla carta non c'è che credere: già da oggi almeno 30 milioni di cinesi sono pronti a viaggiare e a spendere tra i 3 e 5 mila dollari per visitare il vecchio continente e soggiornare nel nostro Paese. Comunque l'arrivo dei cinesi avrà l'effetto di una **ripresa**[28] drogata. I nostri clienti più fedeli restano quelli europei: francesi, tedeschi, spagnoli. Sono loro lo **zoccolo duro**[29] del turismo che resiste, attratto dalla meta

[10]**regge** *hold up;*   [11]**insidiata** *enticing;*   [12]**mete** *destinations;*   [13]**mostra le corde** *shows its limitations;* [14]**ha messo in fuga** *has sent (the tourists) running;*   [15]**è sceso** *decreased;*   [16]**si è dimezzata** *was cut in half;*   [17]**mancanza** *lack;*   [18]**scomparsa** *disappearance;*   [19]**concomitanti** *concurrent;*   [20]**Oltralpe** *other European countries;*   [21]**benestante** *well-off;*   [22]**scontata** *obvious;*   [23]**ha potenziato** *has developed;* [24]**gastronomia** *art of cooking;*   [25]**germogli** *bud (beginning);*   [26]**tappare i buchi** *to save the day;* [27]**propensione** *propensity, inclination;*   [28]**ripresa** *recovery;*   [29]**zoccolo duro** *core*

Italia, e che va riconquistato. È la ricerca di nuove frontiere e capacità organizzative a dare la prospettiva di una ripresa più stabile. Secondo un sondaggio condotto dall'Ufficio italiano cambi, la vacanza sul territorio (cioè il circuito eco-turismo, turismo gastronomico e del vino) attrae in italia 700 mila persone. Sono una **goccia**[30] nel mare dei 7 milioni che visitano le città d'arte: ma sono una **fascia medio alta**,[31] in forte **crescita**.[32] Sono loro che faranno ricco il territorio.

(adattato da *L'espresso*, 21 ottobre 2004, autore Alessandra Carini)

[30]**goccia** *drop;*   [31]**fascia medio alta** *upper middle class;*   [32]**crescita** *growth*

II. Comprensione della lettura
Hai capito?

A. Vero o falso? Decidi se le seguenti affermazioni sono **vere** o **false** e giustifica la tua scelta completando la seconda affermazione.

> *Esempio:*   La crisi economica ha ridotto il numero di turisti.   <u>v</u>   F
> I redditi **sono diminuiti** e quindi la gente **viaggia di meno**.

1. Una volta il 33% dei turisti stranieri era tedesco.   v   F
   Adesso _____ 25% _____.

2. Gli italiani vanno più spesso all'estero di una volta.   v   F
   Soprattutto _____ voli a basso costo _____.

3. Gli italiani quando vanno in Olanda litigano.   v   F
   Anzi _____ in bicicletta _____.

4. L'Italia pensava che l'industria turistica fosse al riparo dalla concorrenza.   v   F
   Perché _____ la cultura _____.

5. La diminuzione di turisti è dovuta soprattutto all'aumento dei prezzi.   v   F
   _____ alberghi e ristoranti _____.

6. La Francia è nella stessa situazione in cui si trova l'Italia.   v   F
   Perché la Francia è riuscita _____ differenziata.

7. I francesi viaggiano di meno all'estero.   v   F
   Perché _____ attaccati _____.

B. Toccare il polso al turismo italiano. Rispondi alle seguenti domande in modo completo.

1. Quali sono gli elementi che attraggono di più i turisti stranieri verso l'Italia?

2. Oltre ai problemi internazionali quali sono i problemi che hanno afflitto (*plagued*) il turismo in Italia?

3. Quali sono le attività che possono differenziare l'offerta e attrarre più turisti?

4. Qual è la speranza più grande per le persone coinvolte nell'industria del turismo di massa?

5. Qual è il gruppo di turisti a cui l'Italia guarda con maggiore interesse?

6. Come mai gli italiani vanno all'estero più spesso di una volta?

Attività comunicative

 A. I preparativi per un viaggio. Con un compagno / una compagna parla dei preparativi che fai prima della partenza.

Cominciamo: —Mi piace viaggiare con poca roba. Di solito nella valigia metto…

—A me invece piace avere tutto con me e allora nella valigia metto anche…

 B. Le città che attraggono. Dividetevi in gruppi e scegliete quattro o cinque città culturalmente importanti del vostro paese. Dite quali sono le principali attrazioni turistiche (musei, monumenti, attività sportive, ecc.) che queste città offrono. Aggiungete inoltre quali bellezze naturali si possono raggiungere da queste città (ad esempio, da Sydney si possono visitare facilmente le Blue Mountains).

Cominciamo: Mi piacerebbe visitare…

 C. Sindaco per un giorno. Il sindaco di una città in crisi deve cercare di migliorare l'immagine della città. In gruppo cercate di prendere il posto del sindaco di una grande città ed elencate quali infrastrutture della città volete migliorare. Pensate agli aeroporti, strade, stazioni, servizio taxi, orari musei, manifestazioni culturali, ristoranti e alberghi.

Cominciamo: Bisogna migliorare il servizio pubblico tra l'aeroporto e il centro città.

Attualità

Tre grandi musei

Musei a confronto. I siti Web sono un eccellente modo per ottenere delle utili informazioni su quello che un museo offre. Fa' una ricerca in Internet trovando il sito di tre grandi musei italiani. Guardali e metti a confronto questi tre musei. Dopo averli visti, rispondi alle domande che seguono. Confronta le tue risposte con quelle degli altri studenti della classe.

1. Quale museo è il meglio organizzato? Perché?

2. Sai quanto costa l'entrata di ciascuno?

3. Qual è l'orario di ciascuno? Quando sono chiusi?

4. Ci sono delle mostre particolari o solo mostre permanenti?

5. Quali altri servizi ci sono nei musei?

A. La mia città. Descrivi i lati positivi e negativi della città in cui hai passato il periodo più lungo della tua vita. Parla del traffico, dei mezzi pubblici, degli spettacoli, ecc.

B. Un viaggio ideale. Immagina una località dove ti piacerebbe andare. Descrivi il posto e le ragioni per cui vorresti andarci e chi porteresti con te.

C. Cosa vuol dire la cultura? La cultura di un paese non è solo la musica classica, i musei o il teatro. Prova a spiegare che cos'è la cultura in senso ampio pensando a quali sono secondo te gli elementi che rappresentano il tuo paese. (Per esempio: uno sport? il cricket, l'hockey, il rugby, il baseball?)

I gusti culinari dei giovani italiani assomigliano sempre di più a quelli dei loro coetanei americani. McDonald's è diventato il ritrovo preferito degli adolescenti in molte città italiane.

Strategie per la lettura: Using headlines and lead sentences to predict content

Lettura 1: «Tra fast food e happy hour: la fotografia dei giovani a tavola»

Lettura 2: «Addio bar crudeli»

Attualità: Il piacere di mangiare

Lettura 1

«Tra fast food e happy hour: la fotografia dei giovani a tavola»

I. Prima di leggere

A. Strategie per la lettura

Using headlines and lead sentences to predict content. In a journalistic piece of writing, you are almost assured of being able to predict the piece's principal points by scanning the title, the subtitle(s), and the first sentence or two of each paragraph.

Recently, an increasing number of English words have penetrated the Italian lexicon and become accepted as standard vocabulary; the title of this article, **«Tra fast food e happy hour: la fotografia dei giovani a tavola»** is a clear example of this trend. Using these borrowed words as a starting point, you can anticipate much of the content of the article. By applying strategies you used in previous chapters as well—identifying cognates, focusing on familiar vocabulary, and guessing the meaning of unknown words and phrases through context and logic—you can use the article's subtitle to anticipate more fully the message conveyed in the reading.

Read the article's subtitle and the first two sentences of each paragraph. Then try to answer the following questions based on the information they contain.

1. What are young Italians eating today after growing up on the Mediterranean diet?
2. Do they exercise as much as they used to when they were kids?
3. Do they care about their well-being and their health?
4. When do they start smoking cigarettes and drinking alcohol?
5. Whom do they blame for their bad habits?

B. Attività contestuali della pre-lettura

1. La piramide del benessere. Fa' una ricerca in Internet sulla dieta mediterranea. Quali sono le cose che si consiglia di mangiare spesso? Quali invece si dovrebbero mangiare non molto spesso e quali quasi da evitare o mangiare solo saltuariamente (*occasionally*)? Spiega anche i motivi di queste scelte agli altri studenti.

Cominciamo: Ho visto in Internet che la dieta mediterranea…

2. A casa e fuori. Con un compagno / una compagna dite cosa mangiate quando siete a casa dei vostri genitori? Quanto spesso mangiate? Paragonate questa dieta e queste abitudini con quello che mangiate quando vivete fuori casa. Cosa c'è di diverso? Cosa mangiate di più e cosa di meno?

> *Cominciamo:* —A casa mia devo sempre mangiare la frutta che non mi piace per niente. Cosa mangi tu?
> —Qualsiasi cosa io possa mettere nel forno a microonde.

3. Il cibo-spazzatura. *Junk food* in italiano è una parola che spesso si usa in inglese in quanto per gli italiani una volta non esisteva il concetto di associare il cibo a qualcosa di poco sano e fatto senza il piacere di mangiare. Fa' un'indagine tra i tuoi compagni d'università, soprattutto quelli che non sono stati in Italia, e prova ad elencare tutto il «cibo-spazzatura» che mangiano e quanto frequentemente. Elenca ai tuoi compagni di classe cosa hai scoperto.

> *Cominciamo:* Quante volte a settimana mangi le patate fritte?

C. Lessico ed espressioni comunicative

Sostantivi

il benessere *well-being*
il cibo-spazzatura *junk food*
la colpa *guilt, fault*
i convenevoli *pleasantries, chit-chat*
il corpo *body*
la disattenzione *carelessness, lack of care*
i dolciumi *sweets*
l'infanzia *childhood*
il mangione *big eater*
il motorino *moped*
la palestra *gym*
il piatto pronto *prepared meal*
la piscina *swimming pool*
il salto *outing*
il salutismo *health consciousness*
lo stuzzichino *snack, appetizer*

Aggettivi

arrendevole *compliant*
lassista *permissive*
riconducibile *referring to, related to*
sedentario *sedentary, inactive*
sfizioso *satisfying (that satisfies a craving)*
sregolato *without rules*
viziato *spoiled*

Verbi

curarsi *to take care of oneself*
saccheggiare *to ransack*
saltare *to skip*
trascurare *to neglect*

Espressioni comunicative

a detta loro *according to them*
alla faccia di *who cares about*
pressoché *nearly, almost*

Vocabolario attivo

A. Da completare. Completa le frasi con l'aggettivo corretto e poi scrivi una frase nuova con il contrario dell'aggettivo usato nella frase.

1. Mia madre ha preparato un piatto di spaghetti con le vongole che ha un profumo delizioso, è un piatto _____.

2. Lui ingrassa molto perché davanti al televisore mangia sempre, in realtà lui mangia a tutte le ore, è proprio _____.

3. A tavola mio padre non ci permetteva di leggere il giornale mentre mia madre era il contrario, ci lasciava fare tutto a tavola, lei era proprio _____.

4. Lui mangia molto e brucia poche calorie perché non fa nessuno sport, lui è _____.

B. Per migliorare. Ognuna delle seguenti persone, per ragioni diverse, ha problemi di dieta. Cosa fa ognuno di loro per il benessere della propria persona quando si siede a tavola?

Esempio: un sedentario → cerca di mangiare meno perché consuma poche calorie

1. una persona anziana con il diabete

   _____

2. un giovane che però non fa mai molto perché si sposta sempre in motorino

   _____

3. un mangione

   _____

4. un giovane a cui piace il «cibo-spazzatura»

   _____

5. una persona che viaggia molto per lavoro e che quindi è molto sregolata nel mangiare

   _____

C. Quattro chacchiere. Con l'aiuto del **Lessico ed espressioni comunicative** completa le seguenti frasi.

1. —Giorgio, non mangiare tanti _____, diventerai grasso. Non dovresti nemmeno mettere nel forno a microonde questo _____, non ti fa bene!
   —Lasciami stare, quando mi guardo nello specchio vedo _____ bello e musculoso e non sento nessuna _____.

2. —Chiara, quando eri più giovane erano i tuoi genitori? Erano _____ oppure ti obbligavano a fare quello che loro volevano?
   —Ma, tutti e due lavoravano e spesso mi _____ perché io ero sempre a casa da sola.

3. —Tina, sei dimagrita. Mi sa che _____ il pranzo?
   —Ma che, adesso _____ e non mangio più carne e vado ogni giorno in _____.

4. —Sonia, tua sorella è proprio _____, prende sempre il motorino quando deve andare da qualche parte.
   —Sì, hai ragione. Una volta andava in _____ a nuotare, ma adesso non fa più niente per _____ del suo corpo e della sua mente.

«Tra fast food e happy hour: la fotografia dei giovani a tavola»

Stuzzichini, piatti pronti e bibite gassate sono spesso il cibo preferito da giovani.

Psicologi, sociologi e nutrizionisti lanciano l'allarme: i ragazzi italiani mangiano male. E la colpa, in parte, sta nel difficile rapporto con i genitori.

Quelli degli snack, del fast food e dell'happy hour. Mangiano e bevono **alla faccia della**[1] dieta mediterranea, troppo regolare, poco **sfiziosa**,[2] e poi dopo anni d'**infanzia**[3] passati tra **piscine**[4] e **palestre**,[5] lasciano lo sport e l'attività fisica. A favore di chilometri in **motorino**[6] e qualche **salto**[7] il sabato sera.

Il ritratto che mostra gli adolescenti italiani **mangioni**,[8] **sedentari**[9] e un po' **viziati**[10] è quello fatto dalla rivista «Salute naturale»: a delineare i tratti comportamentali dei ragazzi è infatti uno studio condotto su cento esperti—tra psicologi, sociologi e nutrizionisti—sul rapporto fra adolescenti e **benessere**.[11] Un rapporto delicato, contraddittorio, spesso esasperato: dove da un lato si scoprono eccessi di **salutismo**,[12] comportamenti al limite dell'ossessione verso il cibo o il culto del proprio **corpo**;[13] e dall'altro emergono, come nella ricerca in questione, una **disattenzione**[14] e una non curanza **pressoché**[15] totali. Allora sandwich e **dolciumi**,[16] sigarette e alcolici diventano un'abitudine.

(continued)

---

[1]**alla faccia della** *who cares about;*   [2]**sfiziosa** *satisfying;*   [3]**infanzia** *childhood;*   [4]**piscine** *swimming pools;*   [5]**palestre** *gyms;*   [6]**motorino** *moped;*   [7]**salto** *outing;*   [8]**mangioni** *big eaters;*   [9]**sedentari** *inactive;*   [10]**viziati** *spoiled;*   [11]**benessere** *well-being;*   [12]**salutismo** *health consciousness;*   [13]**corpo** *body;*   [14]**disattenzione** *lack of care;*   [15]**pressoché** *almost;*   [16]**dolciumi** *sweets*

LE CATTIVE ABITUDINI. Secondo gli esperti, i ragazzi italiani sono la categoria di persone che meno **si cura**[17] del proprio benessere e della propria salute: il fenomeno riguarda due ragazzi su tre. Ed è comprovato dalle risposte degli psicologi e dei nutrizionisti: **a detta loro**[18] infatti fra i 12 e i 16 anni i ragazzi iniziano a fumare la prima sigaretta (29 per cento degli esperti), a bere alcolici (24 per cento); ma soprattutto a praticare un regime alimentare—basato su ogni genere di **cibo-spazzatura**[19]—totalmente **sregolato.**[20] Mangiano ai fast food (secondo il 28 per cento degli intervistati) almeno quattro volte alla settimana; fanno il rito dell'happy hour con quintali di snack, **stuzzichini**[21] e i primi superalcolici; mentre le ragazze in particolare iniziano a **saltare**[22] più o meno regolarmente i pasti.

LA RESPONSABILITÀ DEI GENITORI. Ma se i ragazzi hanno queste pessime abitudini di chi è la **colpa?**[23] Il 73 per cento degli esperti punta il dito contro i genitori, fin troppo esagerati con loro quando sono bambini, improvvisamente assenti, **lassisti**[24] o **arrendevoli**[25] quando crescono. I genitori sarebbero colpevoli, infatti, di **trascurare**[26] il proprio benessere e di non offrire quindi alcun modello positivo (26 per cento), di non educare adeguatamente i ragazzi (24 per cento), di disinteressarsi del tutto di cosa i figli mangiano fuori e dentro casa, oppure, all'estremo opposto, di lasciarli liberi di **saccheggiare**[27] il frigorifero pur di non far discussioni (16 per cento); e infine di non incoraggiarli più allo sport e al movimento (13 per cento). «Sui figli agisce la comunicazione non verbale» spiega Fiorella Coccolo, nutrizionista e naturopata dell'istituto Riza. «Se dico a mio figlio di non mangiare al fast food e poi a casa cucino sempre **piatti pronti,**[28] il comportamento viene comunque acquisito».

E nonostante molti degli errori commessi dagli adolescenti risultino tradizionalmente **riconducibili**[29] al sentimento di ribellione che caratterizza l'età e alle tensioni con gli stessi genitori, il dito rimane puntato contro questi ultimi. Fino all'autoaccusa: «Si parla pochissimo con i figli» commenta Maria Rita Munizzi, presidente del Movimento italiano genitori, «il discorso è ridotto ai **convenevoli**[30] e la fretta si riflette in ogni ambito della vita familiare: dalla conversazione alla cucina». Dunque sarebbe il caso di ascoltare i consigli degli esperti: passare più tempo con i ragazzi all'aria aperta (32 per cento), dargli delle regole e dei suggerimenti adatti alla loro età (24 per cento), cercare di essere per loro dei buoni modelli (17 per cento). Poi magari una volta andare insieme al fast food.

(adattato da *La Repubblica*, 17 febbraio 2006, autore Tullia Fabiani)

---

[17]**si cura** *take care of;* [18]**a detta loro** *according to them;* [19]**cibo-spazzatura** *junk food;* [20]**sregolato** *without rules;* [21]**stuzzichini** *appetizers;* [22]**saltare** *skip;* [23]**colpa** *fault, blame;* [24]**lassisti** *permissive;* [25]**arrendevoli** *compliant;* [26]**trascurare** *neglect;* [27]**saccheggiare** *ransack;* [28]**piatti pronti** *prepared meals;* [29]**riconducibili** *referring;* [30]**convenevoli** *idle chit-chat*

II. Comprensione della lettura
Hai capito?

A. Da rispondere. Rispondi in modo completo alle seguenti domande.

1. Com'è la dieta mediterranea secondo i giovani italiani?
2. Quali sono le due posizioni contraddittorie che emergono dall'indagine?
3. Oltre a mangiare male, quali sono le altre attività negative dei giovani italiani?
4. Perché cucinare piatti pronti è secondo il nutrizionista negativo?
5. I giovani vanno spesso al fast food?
6. Di chi è la colpa principale di questo stato di cose?
7. Che cosa manca nell'educazione che i genitori danno ai figli?
8. È giusto andare qualche volta con i figli a un fast food?

B. Ribellione alimentare. I giovani italiani si ribellano a uno status quo troppo rigido e vengono portati a esagerare nelle loro nuove abitudini alimentari. Sulla colonna di sinistra sono descritte delle attività o situazioni che spingono i giovani a scelte alimentari sbagliate. Elenca in base alla lettura cosa fanno i giovani.

1. La dieta mediterranea _____.
2. Attività sportive da piccoli _____.
3. Non mangiare a casa regolarmente _____.
4. Paura di ingrassare _____.
5. Genitori poco attenti ai figli _____.

C. Statistiche. L'articolo è pieno di statistiche che definiscono il comportamento dei giovani italiani. Quali sono le cifre (*figures*) che ti hanno colpito di più? Per cercare di dare un senso a tutti questi numeri prova a distinguere i tre gruppi più importanti discussi nella lettura (vedi sotto) ed elenca le informazioni che hai raccolto leggendo la lettura.

1. I ragazzi italiani
2. I genitori italiani
3. Quello che gli esperti suggeriscono

Attività comunicative

 A. Una vostra ricetta. Dividetevi in gruppi e ogni gruppo prepara una ricetta magari dividendovi il compito di preparare un antipasto, un primo piatto, un secondo piatto e un dolce. Quando scrivete la ricetta ricordatevi che di solito sono scritte usando l'infinito (tagliare, mescolare, aggiungere, ecc.) o usando gli imperativi (tagliate, mescolate, aggiungete). Spesso viene usato il **voi** come pronome personale. Eccovi alcuni verbi che potrebbero essere utili per la ricetta: sciogliere (*to melt*), mescolare (*to mix, to stir*), soffriggere (*to sauté*), bollire (*to boil*), friggere (*to fry*), versare (*to pour*), scaldare (*to warm up*), aggiungere (*to add*). Potreste poi avere pronti dei piatti per una festa in classe!

Cominciamo: —Io preparo un dolce, e tu?
—Io faccio il pane.

B. Fast food. In gruppi andate a vedere il menù di vari fast food restaurant che si trovano vicino alla vostra università, trascriveteli, traduceteli (quello che potete) e poi comparateli e provate a vedere quello che è più salutare (o meno dannoso... dipende dai punti di vista). Scambiate le vostre esperienze con gli altri gruppi in classe.

Cominciamo: —Sono andato/a da Burger King e sulla mia lista sono...

—E io da Taco Bell, non potresti nemmeno immaginare...

Lettura 2

«Addio bar crudeli»

I. Prima di leggere

A. Attività contestuali della pre-lettura

1. Dove pranzare. Quando sei occupato con il lavoro o lo studio com'è il tuo pranzo? Dove lo consumi? Con chi? Cosa mangi? Descrivi brevemente quello che fai e se sei contento/a della tua pausa pranzo.

Cominciamo: Di solito salto il pranzo perché...

2. Un pranzo come voglio io. Com'è il tuo pranzo quando non hai obblighi di lavoro o di studio? (Per esempio, il sabato e la domenica o durante le vacanze.) Mangi le stesse cose anche quando hai tempo libero? Mangi in fretta? Descrivi un tuo pranzo ideale.

Cominciamo: La domenica mangio sempre la stessa cosa...

 3. Menù particolare. Molti ristoranti offrono una lista ridotta e più economica per pranzo soprattutto se si trovano vicino a campus universitari o a uffici. Con un compagno / una compagna descrivi come sono secondo voi questi menù. Com'è la qualità del cibo? E il prezzo? Cosa ne pensate di quei ristoranti che offrono tutto quello che volete mangiare a prezzo fisso? Descrivete una vostra esperienza in un ristorante dove si mangia a volontà (*all you can eat*).

Cominciamo: —Da quando sono arrivato/a all'università sono ingrassato/a cinque chili.

—Il cibo alla mensa è pieno di grassi. Come si mangia nel tuo dormitorio?

—Io affitto una casa con tre altri studenti e cuciniamo da soli, però come vedi neanch'io sono molto magro/a...

B. Lessico ed espressioni comunicative

Sostantivi

l'addetto *employee*

il casino *mess*

il cuoco *cook*

il fruitore *user*

le leggi sanitarie *health codes*

la panchina *bench*

il pasto *meal*

il risparmio *saving money*

Aggettivo

fuorviante *misleading*

Verbi

affrontare *to face, to confront*

avvenire *to happen*

bidonare (fare il bidone) *to cheat*

farci caso *to notice, to pay attention to*

godersi *to enjoy*

gustarsi *to enjoy*

lamentarsi *to complain*

pervadere *to penetrate*

turbare *to disturb*

vergognarsi *to be ashamed, embarrassed*

Espressioni comunicative

casomai *in case, possibly*

esserci casini (fare casino) *to be a mess (to make a mess)*

Vocabolario attivo

A. Come reagisci? Sei in un ristorante, usando alcuni verbi del **Lessico ed espressioni comunicative** reagisci quando il cameriere ti porta le seguenti cose.

> *Esempio:* Il cameriere porta un piatto pesce che è ovviamente surgelato. →
> Penso che Lei mi abbia bidonato perché mi aveva detto che tutto il pesce era fresco.

1. un bicchiere di vino Barolo
2. due diversi dessert perché sei molto goloso/a e non sei riuscito/a a decidere fra il tiramisù e il crème caramel
3. un bel piattone di spaghetti con le vongole
4. un piatto diverso da quello che hai ordinato
5. un piatto che costa moltissimo

B. Dal vocabolario. Trova delle espressioni con lo stesso significato delle parole sottolineate nelle seguenti frasi.

> *Esempio:* Adesso che lui è in pensione <u>assapora</u> tutte le gioie della vita. → Adesso che lui è in pensione **si gode** tutte le gioie della vita.

1. Gli <u>ho parlato faccia a faccia</u> perché volevo risolvere la situazione in modo chiaro.
2. Quando l'ho visto mi è <u>saltato subito agli occhi</u> il suo modo di vestire, non l'avevo mai visto così elegante.
3. <u>Sono scombussolato</u> da quello che è successo l'undici settembre a New York.

4. <u>Ci sono un sacco di problemi</u> nel mio corso di Storia perché il professore non va d'accordo con gli studenti.

5. Mi <u>hanno veramente ingannato</u> quando mi hanno venduto quel quadro per 20.000 euro, non ne vale la metà.

C. Riflessioni riflessive. Prima definisci con tue parole i seguenti verbi riflessivi e poi completa in modo logico le seguenti frasi:

vergognarsi   lamentarsi   gustarsi   godersi

1. Mi vergogno tutte le volte che _____.

2. A casa mi lamento sempre quando _____.

3. Mi gusto una buona pizza con _____.

4. Mi godo il mio giorno di festa perché poi domani _____.

Agli italiani non piace pranzare su una panchina nel parco.

«Addio, bar crudeli»

Cerco sempre di evitare i bar che fanno il servizio di pranzo fra le 12.30 e le 14.30. Non tanto per l'odore cattivo di grasso che tutto **pervade**.[1] Non tanto per lo scarso se non nullo rispetto non dico delle **leggi sanitarie**,[2] ma del buon senso gastronomico, che emana dalle lavorazioni fatte dagli **addetti**[3]—dire **cuochi**[4] è un'offesa alla categoria. Non tanto per la qualità dei piatti offerti e neanche per il **casino**[5] generato da un numero sempre più eccessivo di clienti. No, quello che mi **turba**[6] veramente è che proprio non riesco a capire è che nessuno dei clienti sembra **farci caso**,[7] anzi, sembrano tutti, o quasi, abbastanza contenti, **affrontano**[8] con estrema tranquillità quello che viene messo davanti a loro e lo divorano.

Capisco che un'ora di break dal lavoro è comunque un piacere, ma come si fa a **goderselo**[9] così? Noi critici diciamo sempre che solo i clienti, esigendo e **casomai**[10] **lamentando**,[11] fanno crescere il buono e il meglio, poi vedere tanti **fruitori**[12] di cibo (utilizzare il termine mangiare è **fuorviante**[13]) contenti a pranzo fa disperare. Dobbiamo discutere, lamentarci, evitare chi ci **bidona**,[14] andando a cercare solo pochi minuti a piedi – chi lavora meglio, che sicuramente c'è, ma in realtà è giusto scrivere dovremmo, perché **non avviene**.[15]

Un'altra cosa proprio non capisco. Dovunque all'estero per il pranzo, ho sempre visto gente che seduta su una **panchina**[16] o in un parco **si gustava**[17] il cibo portato da casa, sarà più o meno buono ma, ne sono certissimo, anche se fatto male, è molto meglio di quello dei bar. Qui da noi in Italia è una cosa rarissima. D'accordo ci sono meno panchine e meno parchi, ma sembra che le persone quasi **si vergognino**[18] a mangiare in mezzo agli altri, se in un luogo aperto. Ma perché? Se il risultato è un **risparmio**[19] e un **pasto**[20] migliore, perché farlo?

(adattato da *Diario*, 25 novembre 2005, autore Allan Bay)

---

[1]**pervade** *permeates;*   [2]**leggi sanitarie** *health codes;*   [3]**addetti** *employees;*   [4]**cuochi** *cooks;*   [5]**casino** *mess;*   [6]**turba** *disturbs;*   [7]**farci caso** *take notice;*   [8]**affrontano** *confront;*   [9]**goderselo** *to enjoy it;*   [10]**casomai** *possibly;*   [11]**lamentando** *complaining;*   [12]**fruitori** *users;*   [13]**fuorviante** *misleading;*   [14]**bidona** *cheats;*   [15]**non avviene** *that doesn't happen;*   [16]**panchina** *bench;*   [17]**si gustava** *was enjoying;*   [18]**si vergognino** *are embarrassed;*   [19]**risparmio** *savings;*   [20]**pasto** *food, meal*

II. Comprensione della lettura
Hai capito?

A. Hai capito? Di' se le seguenti affermazioni sono corrette o meno e poi spiega il perché o parzialmente cambia l'affermazione iniziando la frase con **sì però** o **no però**.

1. I bar sono da evitare tra le 12.30 e le 14.30.
2. Gli addetti non sono dei veri cuochi.
3. Le leggi sanitarie non sono rispettate.
4. La gente accetta tutto quello che viene messo davanti a loro.
5. È giusto godersi l'ora di break.

B. Da completare. Completa le frasi spiegando la condizione che soddisfa la prima parte della frase.

1. I ristoranti migliorano se i clienti _____.
2. Si possono evitare i bidoni se noi _____.
3. Una persona si vergogna se _____.
4. La gente mangia all'aperto se _____.
5. Non ci si gode l'ora di break se _____.

Attività comunicative

A. Il pranzo a modo mio: Dialogo guidato. Sei uscito/a dopo una lezione con un amico italiano e improvvisamente tirate fuori dallo zaino il vostro pranzo. L'amico italiano è molto sorpreso. Completate in modo logico le battute che mancano.

A: Ma non andiamo al ristorante?
B: _____
A: Possiamo sempre scegliere un ristorante che costa poco. Perfino un hamburger è meglio del tuo pranzo.
B: _____
A: Ma anch'io sono quasi vegetariano. Fammi vedere cosa ti sei portato/a.
B: _____
A: Ma è tutta roba fredda! E poi dove andiamo a mangiare per strada?
B: _____
A: Va beh, preferisco il parco. Però non ho portato niente.
B: Ti do io qualcosa della roba che ho portato io.
A: _____
B: Beh, per questa volta mangerai di meno. Ti farà bene e poi sei ingrassato parecchio di recente!

B. Siete diventati ristoratori. Immaginate di gestire un piccolissimo bar (all'italiana) dove si fanno panini e insalate. Scegliete quello che metterete nel menù. Scegliete tre tipi di panini ed elencate il contenuto e poi tre tipi di insalate diverse. Date anche dei nomi invitanti ai prodotti che vendete e immaginate anche il prezzo. Paragonate poi quello che i diversi gruppi hanno preparato.

Cominciamo: —Io metterei nel menù…
—Ai clienti piace…

Il piacere di mangiare

A. Slow food. È un movimento che si è sviluppato negli ultimi anni e che tende a rivalutare i prodotti genuini della cucina italiana e anche a promuovere ristoranti che propongono piatti che derivano dalla tradizione culinaria italiana. Ovviamente già dal nome si oppone all'abitudine di mangiare male e in fretta che si è diffusa soprattutto nelle grandi città italiane. (Visita il sito Slow food dove troverai un elenco di osterie divise per regioni e provincie italiane. Scegline una e poi leggi la recensione [*review*] e riportala al resto della classe. Poi puoi anche navigare nel sito, è ricco di informazioni culturali molto interessanti sul cibo italiano.)

B. La recensione (*review*) di un ristorante.

CUCINA DI FAMIGLIA

*Una mamma e due figli animati dalla passione per il buon cibo: ricette casalinghe e in sala un'enorme voliera (*aviary*).*

La passione di tanti non addetti ai lavori per la ristorazione nasce dall'amore per la cucina e dal piacere di condividere un pasto con gli amici: due doni (*gifts*) che si hanno o non si hanno, non si possono costruire. A volte la passione diventa incontenibile, al punto che si decide di trasformale in un lavoro. Un lavoro durissimo. Solo la passione riesce a renderlo sopportabile. È quanto successo a Marinella Nolli. Per tutta la vita si è occupata di pubblicità e moda, e riversava (*to pour out / to express*) l'amore per la cucina nelle cene che preparava per i suoi amici. Poi, appunto, la passione è esplosa: e nell'aprile del 2005 Marinella ha aperto un suo ristorante. Coinvolgendo i due figli, Matteo in sala e Francesca ai dolci.

La proposta del ristorante è semplice: i piatti di casa di Marinella, quelli che amava cucinare per i suoi amici. Tutti semplici e schietti (*genuine*), di immediata riconoscibilità e naturalmente eclettici, ispirati alle più diverse tradizioni italiane e non solo. Alla Voliera troverete antipasti come sformatino (*timbale*) di melanzana con burrata di Andria e gamberi saltati con ananas e pomodorini. Primi come risotto con pere e Castelmagno (*type of Italian cheese*) al vino rosso e farfalle di grano saraceno (*buckwheat*) con tonno e piselli. E secondi come una succulenta fiorentina (*steak*) con fagioli e filetto (*tenderloin steak*) con verdure di stagione, ma anche una scaloppa di branzino (*bass*) con finocchi (*fennel*) e olive e un notevole tegame (*pan*) di carciofi e patate, cotti a puntino (*to perfection*). Come si vede, eclettismo puro.

I piatti li esegue un bravo chef, si chiama Angelo Monti, con una fattura più che attenta. I dolci, come accennato, sono il regno di Francesca, pasticcera appassionata: non perdete il suo tiramisù. Intelligente, vasta e ben impostata la proposta dei vini, grande passione di Marinella. Un grande punto di forza di questo ristorante è l'ambiente, veramente bello. Sono due stanze piccole con tavoli neri con stuoie (*mats*) o tovagliette (*napkins*) rosse e marroni, begli arredi (*furniture*), tutti diversi, tutti scelti con grande cura, tanti specchi e lunghe file di bottiglie alle pareti: è caldo e mette a proprio agio. Domina il tutto una grande e bella voliera: l'hanno trovata lì quando hanno rilevato gli spazi, e hanno deciso giustamente di tenerla, e anzi di intitolarle il locale. A mezzogiorno c'è un menù ridotto: si spendono per due piatti circa 15 euro.

LA VOLIERA

Via Crema 17

20135 Milano

Tel. 02.58.30.09.37

Tipo di ristorante: trattoria elegante

Chiusura settimanale: sabato a pranzo e domenica

La cucina chiude: alle 22.30

Coperti: 36

I prezzi: spenderete sui 37 euro, bevande escluse

Coperto e servizio: 2,50 euro

Carte di credito: tutte

Spazio per fumatori: no

Accesso disabili: no

Cucina ***

Ambiente ****

Cantina ***

(di Allan Bay dal *Corriere on line*)

Hai capito?

A. Domande e risposte. Rispondi in modo completo alle seguenti domande.

1. Che cosa c'è di speciale in quello che ha fatto Marinella Nolli?
2. Da chi si è fatta aiutare per aprire il suo ristorante?
3. In che senso lei non era un'addetta ai lavori?
4. Che tipo di cucina propone il suo ristorante?
5. Perché viene definito eclettico?
6. Chi si prende cura dei dolci?
7. Com'è l'offerta dei vini?
8. Quali sono le principali caratteristiche dell'ambiente?

B. I piatti… manca qualcosa. Ai piatti migliori del ristorante abbiamo tolto un ingrediente fondamentale. Scegli tra le parole seguenti l'ingrediente che manca: *finocchi, ananas, melanzana, pere, piselli, fagioli.*

Antipasti: a. Sformatino di _____ con burrata di Andria.
              b. Gamberi saltati con _____ e pomodorini.

Primi: a. Risotto con _____ e Castelmagno al vino rosso.
          b. Farfalle di grano saraceno con tonno e _____.

Secondi: a. Fiorentina con _____.
            b. Scaloppa di branzino con _____ e olive.

C. Informazioni. Completa il seguente dialogo con le informazioni necessarie che ti vengono chieste a proposito del ristorante La Voliera.

CLIENTE (*al telefono*): Buona sera, volevo sapere se domani, lunedì, siete aperti?

PROPRIETARIA: _____

CLIENTE: Ah, bene e posso pagare con la carta di credito?

PROPRIETARIA: _____

CLIENTE: Perfetto. Siamo in quattro e veniamo dopo il teatro, verso le 22.00. Va bene?

PROPRIETARIA: _____

CLIENTE: Beh, faremo in modo di essere puntuali.

PROPRIETARIA: _____

CLIENTE: Posso allora prenotare per domani sera per quattro un tavolo tranquillo, mi raccomando?

PROPRIETARIA: _____

CLIENTE: Perfetto. Allora ci vediamo domani sera.

PROPRIETARIA: _____

CLIENTE: È vero che sciocco. Prenoti a nome Mazzoni e il mio telefono è 02-73-21-06-35!

PROPRIETARIA: _____

Scriviamo!

A. Alla romana, alla milanese… Ogni regione italiana ha delle specialità gastronomiche tipiche della zona. Ci sono delle caratteristiche particolari della cucina del tuo stato, della tua regione o del tuo paese? C'è forse una ricetta trasmessa di generazione in generazione? Pensa anche alle ricette tipiche di certe feste come Thanksgiving negli Stati Uniti.

B. Lo stereotipo. Molti europei pensano che tutti in America mangino male, (il cibo surgelato, i piatti pronti, così via). Sei d'accordo con questa premessa? Forse questo stereotipo non è più vero?

C. Una volta in Italia. Sei mai stato/a in Italia? Se la risposta è positiva descrivi le tue impressioni della cucina italiana. Quali piatti ti sono piaciuti di più? Se non ci sei mai andato/a, cosa vorresti assaggiare una volta in Italia? Secondo te, perché la cucina fa parte integrale della cultura italiana? La cucina è così importante nel tuo paese?

Capitolo 5 Gli italiani e il tempo libero

Nonstante molti scandali il calcio è ancora lo sport nazionale.

Strategie per la lettura: Distinguishing fact from opinion

Lettura 1: «L'altra metà del pallone»

Lettura 2: Umberto Saba, «GOAL» e «Tre momenti»

Francesco de Gregori, «La leva calcistica del '68»

Attualità: Tutto calcio

Una storia complicata
Parte III

Tutto era cominciato qualche settimana prima a Monterosso dove Lele era andato a fare una breve vacanza con Simona, la sua ragazza. Il primo giorno avevano fatto una bella passeggiata tra Monterosso e Vernazza, due dei cinque paesi collegati da uno stretto **sentiero**[1] **a picco**[2] sul mare. L'avevano fatta al mattino presto e si erano divertiti molto ma al pomeriggio Simona aveva deciso di stare in camera perché era stanca. Lele aveva così deciso di fare una sorpresa a Simona visto che era il suo compleanno. Il proprietario dell'albergo gli aveva indicato l'unica gioielleria del paese perché Lele voleva comprarle qualcosa, degli orecchini, una **spilla**[3]… un anello gli sembrava troppo impegnativo.

Mentre era nella gioielleria è successa una cosa strana. Nel negozio c'era un altro cliente e sul banco c'erano molti orecchini e anelli che tutti e due i clienti stavano esaminando quando improvvisamente il proprietario, con aria imbarazzata, he detto che dalla collezione mancava un anello. Lele e l'altro cliente, un ragazzo poco più o meno della stessa età di Lele, si sono guardati in faccia con aria sorpresa, e Lele si è sentito quasi male all'idea di essere accusato di un **furto**.[4] Il proprietario ha detto che doveva chiamare la polizia e dopo una lunga attesa, evidentemente la polizia di Monterosso non era molto abituata ai crimini di questo tipo, è arrivato un poliziotto che sembrava la caricatura del poliziotto di paese. Un po' grasso, aria simpatica, probabilmente aveva appena finito di mangiare un bel piatto di pasta a casa della mamma. Dopo aver spiegato la situazione il commissario ha detto che doveva **perquisire**[5] i due clienti. Ha chiesto ai due ragazzi di vuotare le tasche e ha cercato in maniera **goffa**[6] tra i loro vestiti. Alla fine ha chiesto loro di seguirlo al commissariato per alcune formalità. Questo si trovava in piccolo edificio nella parte vecchia del paese. Sembrava di entrare in un ufficio degli anni '50. C'erano due computer ma erano spenti, evidentemente fuori uso. L'ambiente puzzava di **muffa**[7] e di umido. Nonostante ciò Lele si sentiva imbarazzato, confuso e quasi… colpevole. Il poliziotto aveva trascritto i loro nomi, aveva verificato la loro carta d'identità e alla fine aveva detto loro che potevano andarsene.

È qui era successo il problema. Nella fretta di lasciare quel posto Lele aveva dimenticato la carta d'identità. Nel frattempo Simona aveva chiesto in albergo notizie di Lele e dopo aver saputo che era andato in gioielleria, Simona aveva visto Lele uscire dalla gioielleria con il poliziotto e li aveva seguiti fino al commissariato. Così quando Lele è uscito dal commissariato ha trovato Simona alla quale invece di un paio di orecchini ha dovuto raccontare di un paio di **sospetti rapinatori**.[8] Da quel momento le cose non erano andate bene con Simona che si sentiva confusa e stressata e aveva voluto partire immediatamente. Lele si è accorto della mancanza della carta

[1]**sentiero** *path*;   [2]**a picco** *vertical*;   [3]**spilla** *broach*;   [4]**furto** *theft*;   [5]**perquisire** *search*;   [6]**goffa** *clumsy*;   [7]**muffa** *mold, mildew*;   [8]**sospetti rapinatori** *suspected robbers*

d'identità quando stava per pagare i biglietti di ritorno per lui e Simona. Dopo aver telefonato al commissariato si è convinto che la carta d'identità gliela aveva presa l'altro ragazzo nella confusione del momento. Lele non ha dato peso alla cosa se non che qualche giorno dopo la polizia di Milano lo aveva chiamato chiedendogli di presentarsi al commissariato. Volevano sapere dove si trovasse qualche giorno prima visto che qualcuno aveva tentato una rapina a un benzinaio sull'autostrada Firenze-Roma, vicino ad Arezzo. Per fortuna nell'area di servizio c'era una **volante**[9] che è intervenuta facendo scappare i due **malviventi.**[10] All'interno della stazione di benzina era stata ritrovata la sua carta d'identità. L'identità dei due rapinatori era sconosciuta perché portavano dei **passamontagna.**[11]

Lele aveva poi aggiunto che la sera prima il commissario era andato a trovarlo per dirgli che le cose si stavano complicando perché qualcuno aveva tentato di pagare un albergo di lusso a Perugia con una carta di credito a suo nome. Quando hanno chiesto un documento d'identità alla persona che stava pagando, questo si è ripreso la carta ed è sparito. Il portiere dell'albergo ha fatto vari tentativi di ricostruire l'identità dell'uomo ma c'erano troppe contraddizioni per validare quello che la polizia è riuscita a mettere insieme.

[9]**volante** *police squad;*   [10]**malviventi** *criminals;*   [11]**passamontagna** *balaclava helmets*

Hai capito?

Rispondi alle domande in modo completo.

1. Perché Lele è andato a Monterosso?
2. Perché è andato in gioielleria?
3. Quanti clienti c'erano?
4. Di che cosa li ha accusati il proprietario?
5. Com'era il poliziotto che ha chiamato il gioielliere?
6. Dove ha portato il poliziotto Lele e il ragazzo e perché?
7. Alla fine cosa gli ha detto il poliziotto?
8. Come ha saputo dove trovare Lele, Simona?
9. Come ha reagito Simona a quello che le ha raccontato Lele?
10. Chi ha telefonato a Lele una volta ritornato a Milano e perché?

Dialoghiamo!

 Due situazioni imbarazzanti. In questa puntata Lele deve affrontare due situazioni difficili. Prima create in gruppo un dialogo tra Lele, il ragazzo, il proprietario e il poliziotto in base a quello che è successo nella storia. Poi invece cercate di ricostruire il dialogo tra Lele e Simona in cui lui cerca di spiegare quello che è successo.

Dialogo 1

GIOIELLIERE: Quello che io so è che c'era un anello di brillanti del valore di almeno 5.000 euro.
POLIZIOTTO: Ma Lei ha visto qualcuno prendere l'anello?

Dialogo 2

LELE: Non è successo niente…
SIMONA: Come niente? Ti hanno accusato di aver rubato…

Lettura 1

«L'altra metà del pallone»

I. Prima di leggere

A. Strategie per la lettura

Distinguishing fact from opinion. The following article, based on a survey by Doxa, and published in *L'espresso*, describes the behavior of Italian soccer fans in and out of the stadium. In order to be a critical reader, it is important to distinguish between fact and opinion. You must consider the information and point of view presented and draw your own conclusion.

The following list of statements is taken from the reading. Can you classify them as fact or opinion? Place an **F** (*fatto*) or **O** (*opinione*) before each of the statements, depending on your definition.

1. ___O___ Un Paese confonde pallone con religione.

2. ___F___ Sono oltre 26 milioni quelli del calcio, il 53,5 per cento della popolazione, tra tifosi militanti.

3. ___F___ Negli anni Cinquanta era ancora un pubblico composto in prevalenza di uomini adulti, di estrazione operaia e piccolo borghese.

4. ___O___ Il calcio, forse non vive senza passione, ma rischia di morire per eccesso di passione.

5. ___F___ Secondo il sondaggio Doxa, i tiffosi di calcio sono il 72 per cento degli uomini e il 37 per cento delle donne.

While reading the following article, try to determine, first, whether the author has a positive or negative opinion about the soccer fans and the game of soccer in general, and second, the author's overall purpose in writing this article.

B. Attività contestuali della pre-lettura

 1. I tifosi. Con un compagno / una compagna di senti alcuni dei seguenti argomenti relativi allo sport. In base a quello che avete visto in televisione o dal vivo, come sono i tifosi degli sport più popolari come il calcio, la pallacanestro, il baseball o il football americano? Durante una partita cosa succede sugli spalti (*stands*)? La gente insulta l'arbitro o i giocatori avversari? Avete mai visto degli incidenti? La polizia è mai intervenuta? Ci sono più uomini o donne a vedere le partite? Ci sono bambini negli stadi? Descrivete un episodio curioso che vi è capitato quando avete assistito a una partita.

Cominciamo: Ho visto una partita di football della squadra della mia università e…

2. Lo stadio. Esiste uno stadio nella tua città o lì vicino? Com'è (nuovo, vecchio, grande…)? Descrivi le caratteristiche principali dello stadio e soprattutto se ci sono negozi e che cosa vendono. Costa molto andarci? È importante per una città avere una squadra di sport professionistico? Perché?

Cominciamo: Purtroppo non c'è uno stadio a…, però…

C. Lessico ed espressioni comunicative

Sostantivi

l'analfabeta *illiterate*

l'autogrill *highway restaurant*

il bollettino di guerra *war bulletin*

il calcio, il pallone *soccer*

il campionato *championship*

la citazione *quotation*

il disoccupato *unemployed person*

il lacrimogeno *tear gas*

la pallacanestro *basketball*

il petardo *firecracker*

il pilastro *pillar*

la sventura *misfortune*

il tifoso *fan*

gli ultras *hooligans*

Aggettivi

benestante *well-off*

devastato *devastated, destroyed*

dilagante *rampant*

facoltoso *wealthy*

malato cronico *addicted*

operaio *blue-collar, working-class*

scempiato *destroyed*

sfondato *ruined*

spappolate *reduced to mush (i.e., badly injured)*

strisciante *sneaky, underhanded*

Verbi

esaltarsi *to get excited*

fare acqua *to leak*

risparmiare *to spare*

rotolare *to roll*

smontare *to undo, to dismantle*

tifare *to root for (a team)*

Espressioni comunicative

dirigenti da operetta *inept managers*

in prevalenza *mostly*

lo sfoggio virile *display of masculinity*

i timpani lesi *injured ear-drums*

Vocabolario attivo

A. Lo sport che mi piace. Completa le seguenti frasi con una parola derivata dal **Lessico ed espressioni comunicative**.

1. Di solito preferisco praticare uno sport ma ogni tanto mi piace guardare _____ (*choose a sport*) in TV o dal vivo. Non seguo tutte le partite del _____ ma solo ogni tanto ne guardo una.

2. Non sono quindi un vero _____, cioé uno di quelli che urla e grida quando va a vedere una partita.

3. Comunque quando c'è una partita importante e la mia squadra segna, io _____ e a volte magari anche urlo dalla gioia.

4. Purtroppo porto sfortuna alla mia squadra, ogni volta che la vedo giocare è una _____ perché perde sempre.

5. La sconfitta della mia squadra può avere un effetto _____ sul mio umore, resto per tutta la giornata molto arrabbiato, forse, dopotutto sono anch'io un appassionato di _____ (*choose a sport*) anche se non credevo di esserlo.

B. Da identificare. Spiega con tue parole cosa vogliono dire le seguenti espressioni.

1. L'analfabeta è…

2. Il campionato è…

3. Il disoccupato è…

4. Un benestante è…

5. La classe operaia è…

C. Confessioni di un tifoso. Completa il seguente brano con una delle seguenti parole.

esaltarsi   fare acqua   lacrimogeni   petardi   rotolare

Sono un tifoso che andava tutte le domeniche allo stadio. Quando andavo ero così entusiasta che _____ ogni volta che la mia squadra segnava. Due settimane fa c'era una partita importante e sono andato allo stadio presto come al solito. C'era moltissima gente (anche molta polizia) e c'erano molti ragazzini con bandiere, trombe e avevano anche dei _____ che facevano scoppiare in una zona isolata dello stadio. Una scena che avevo già visto molte volte. Mentre camminavo vicino a loro, e tutto era tranquillo quando ho visto qualcosa che _____ sul marciapiede. All'inizio non ho capito cosa fosse, poi ho visto uscire del fumo da quello strano oggetto. Era _____. In un secondo c'è stata una terribile confusione, tutti correvano da tutte le parti e io mi sono trovato in mezzo a una vera e propria rissa (*riot*). È chiaro che il piano della polizia non ha funzionato bene se degli innocenti sono stati coinvolti. Posso dire che il loro piano _____ in modo evidente. Ho detto basta, non andrò più allo stadio.

D. Gli opposti. Scrivi gli opposti dei termini dati.

1. smontare → _____

2. sfondato → _____

3. esaltarsi → _____

4. disoccupato → _____

«L'altra metà del pallone»

Andare allo stadio in Italia può essere molto pericoloso. La violenza è da tempo un problema molto serio.

*È esplosa la passione delle donne per il **calcio**.[1] Lo rivela un sondaggio Doxa– L'espresso sui profilo dei supporter italiani. Allo stadio e fuori.*

Un Paese che confonde pallone e religione. Sono oltre 26 milioni quelli del calcio, il 53,5 per cento della popolazione, da Bolzano a Pantelleria, tra **tifosi**[2] militanti, **malati cronici**[3] e appassionati generici. Dietro gli **ultras**[4] da stadio, una maggioranza niente affatto silenziosa e nemmeno tanto pacifica per cui il calcio è sempre più un'attività a tempo pieno. Avanzano le donne e i giovani, **tifano**[5] in maggioranza Juventus, **si esaltano**[6] nella vittoria, ma sono fedeli nella **sventura**,[7] pronosticano il Milan vincente nel **campionato**[8] in corso e non sanno immaginare la loro vita senza quel mistero che **rotola**.[9]

È quanto emerge da un sondaggio Doxa commissionato da *L'espresso* sull'identikit del tifoso italiano all'inizio del millennio postindustriale. Negli anni Cinquanta era ancora un pubblico composto **in prevalenza**[10] di uomini adulti, di estrazione **operaia**[11] e piccolo borghese con qualche eccezione snob nelle città più **facoltose**[12] del Nord. Oggi la febbre del gol non **risparmia**[13] nessuno. Una passione trasversale che include uomini e donne, vecchi e bambini, **benestanti**[14] e **disoccupati**,[15] intellettuali e **analfabeti**.[16]

(continued)

---

[1]**calcio** *soccer;* [2]**tifosi** *fans, supporters;* [3]**malati cronici** *addicted;* [4]**ultras** *hooligans;* [5]**tifano** *root for;* [6]**si esaltano** *get excited, rejoice;* [7]**sventura** *misfortune, loss;* [8]**campionato** *championship;* [9]**rotola** *rolls;* [10]**in prevalenza** *mostly;* [11]**operaia** *working-class;* [12]**facoltose** *wealthy;* [13]**risparmia** *spares;* [14]**benestanti** *well-off;* [15]**disoccupati** *unemployed;* [16]**analfabeti** *illiterate*

Il tifoso resta il **pilastro**[17] incrollabile di un sistema che **fa acqua**[18] e debiti da tutte le parti. Il tifoso persevera e rimuove con la fede pazza e un po' ottusa di un caterpillar. Il doping **strisciante**,[19] la violenza **dilagante**,[20] i conflitti d'interessi, il caos economico, **dirigenti da operetta**.[21] «Nessuna televisione sembra interessata a noi tifosi, ma senza l'urlo e il movimento del pubblico il calcio sarebbe uno zero assoluto. È una storia d'amore. Sarà sempre così. Senza la passione il football è morto». È la **citazione**[22] un po' enfatica dal libro di John King «Fedeli alla tribù» che tutti gli ultras recitano a memoria. Il ministro dello spettacolo ha affidato nei giorni scorsi in Parlamento ai numeri il compito di dimostrare come una «storia d'amore» possa degenerare **nel suo rovescio**.[23] Un autentico **bollettino di guerra**[24] con tutto il suo corollario di stadi **devastati**,[25] treni e macchine **sfondate**,[26] **autogrill scempiati**,[27] bombe, **petardi**,[28] **lacrimogeni**,[29] denunce, mani **spappolate**[30] e **timpani lesi**.[31] La prova che il calcio, come qualunque altra cosa, forse non vive senza passione, ma rischia di morire per eccesso di passione.

Al di fuori degli ultras nudi e puri, il pallone è sempre più televisione e meno stadio, sempre più donne, sempre più giovani. Secondo il sondaggio della Doxa i tifosi di calcio sono il 72 per cento degli uomini dai 15 anni in su e il 37 per cento delle donne. Impressionano i dati del tifo femminile. Un fenomeno in vertiginosa espansione che **sta smontando**[32] anno dopo anno la vecchia idea del calcio come riserva esclusiva di una koine dello **sfoggio virile**.[33]

Le donne italiane seguono il calcio soprattutto in TV ma crescono anche allo stadio. Si moltiplicano i fans club in rosa, dove il **bipede in mutande**[34] e l'eroe moderno che **soppianta**[35] attori e modelli. Sempre più competenti, sempre più faziose, partecipano ai dibattiti nelle radio e nelle TV locali, nei forum dei siti ultras dove incominciano duelli furiosi all'ultima parolaccia con i rivali maschi. Tifose selettive e molto orientate. Per due terzi spasimano Juventus (34,5 per cento) o Inter (25,5), probabilmente attrate dall'appeal di certi giocatori famosi. Se a Milano scelgono il neroazzurro, nella Capitale il colore delle donne è il giallorosso (le romaniste sono tre volte più numerose delle laziali, mentre tra gli uomini il divario si riduce a un punto di percentuale). La Juventus resta la più amata dagli italiani, marchio esclusivo di potere e sangue blu che **si tramanda**[36] di padre in figlio. Di gran lunga (31 per cento) la preferita, seguita a distanza da Inter (22,2 per cento), Milan (16,4 per cento), Roma (6 per cento), Napoli (4,2 per cento), Lazio (3,5 per cento).

Sono sempre più numerosi i tifosi che scelgono la televisione **a discapito dello stadio**,[37] da cui si tengono lontani per timore degli incidenti (l'Italia è all'ultimo posta nella classifica europea in quanto a disciplina e sicurezza nello svolgimento delle manifestazioni sportive). Anche i supporter non violenti, la stragrande maggioranza, hanno modo di liberare l'ultra che è in loro. Subiscono negli stadi e **si rifanno altrove**,[38]

---

[17]**pilastro** *pillar;* [18]**fa acqua** *leaks (is broken);* [19]**strisciante** *sneaky;* [20]**dilagante** *rampant;* [21]**dirigenti da operetta** *inept managers;* [22]**citazione** *quotation;* [23]**nel suo rovescio** *to the contrary;* [24]**bollettino di guerra** *war bulletin;* [25]**devastati** *destroyed;* [26]**sfondate** *ruined;* [27]**autogrill scempiati** *snack bars trashed;* [28]**petardi** *firecrackers;* [29]**lacrimogeni** *teargas;* [30]**spappolate** *badly injured;* [31]**timpani lesi** *broken ear-drums;* [32]**sta smontando** *is dismantling;* [33]**sfoggio virile** *display of masculinity;* [34]**bipede in mutande** *"biped in briefs" (i.e., player);* [35]**soppianta** *supplants;* [36]**si tramanda** *is passed down;* [37]**a discapito dello stadio** *in favor of, over;* [38]**si rifanno altrove** *make their feelings known elsewhere*

nelle radio locali, nei bar, negli uffici dove danno sfogo a intemperanze verbali.

Lo sport più praticato al mondo (in larga espansione anche in mercati che sembravano inespugnabili come la Cina, gli Stati Uniti e l'Australia), l'evento mediatico più seguito nel pianeta (2 miliardi 316 milioni di spettatori complessivi nelle dieci partite più importanti dell'ultimo mondiale) si conferma un formidabile oggetto sostitutivo di mitologie adolescenziali e regressioni collettive.

Per molti tifosi la partita è più che altro un pretesto per avventure, violenza di gruppo e passaggi in **questura**.[39] Gli stadi sono luoghi da sequestrare, esattamente come i Dakota recintavano nel Montana la terra dove piantare le loro tende. Per tutti gli altri, lo stadio è uno spazio da riconquistare. Il modello è quello del Manchester, prima società al mondo per fatturato in cui gli spettatori sono la prima voce di guadagno (38 per cento). Stadio sempre esaurito, uno spazio polifunzionale sottratto da sempre agli hooligans dove le famiglie possono socializzare e godere calcio in assoluta sicurezza.

(adattato da *L'espresso on line*, 13 marzo 2006, autore Giancarlo Dotto)

[39]**questura** *police station*

II. Comprensione della lettura

Hai capito?

A. Da scegliere. Di' se le seguenti frasi sono vere o false e poi spiega il perché.

1. Ventisei milioni di italiani giocano a calcio.
2. Ci sono più donne che oggi si appassionano al calcio.
3. Negli anni Cinquanta i tifosi erano soprattutto nelle grandi città.
4. Il mondo del calcio italiano oggi ha molti problemi.
5. I tifosi spesso sono portati a esagerare il loro amore per il calcio.

B. Un'altra verifica. Ricomponi le frasi scomposte e poi trova quelle che rispondono alla domanda data.

> *Esempio:* Le donne italiane seguono il calcio?
> a. amano / la Juventus / soprattutto / le tifane
> **b. in TV / soprattutto / le donne / il calcio / seguono**

1. Il mondo del calcio è in crisi perché?
   a. ci sono / molti / non / giocatori / molto / bravi
   b. allo stadio / una partita / è pericoloso / andare a vedere
   c. troppe / squadre / nel campionato / ci sono
   d. professionale / delle squadre / comportano / non / si / i dirigenti / in modo

2. I tifosi danneggiano il calcio perché?
   a. gli stadi / da loro / devastati / sono
   b. gratis / negli stadi / molti / entrano
   c. devastano / i viaggi / i treni / e / durante / e / le stazioni
   d. gli autogrill / distruggono / in / viaggiano / auto / quando

C. Da rispondere. Rispondi in modo completo alle seguenti domande.

1. Cosa sono i club rosa?
2. In generale quali sono le squadre più famose?
3. Perché la gente preferisce guardare le partite in TV piuttosto che andare allo stadio?
4. In quali nazioni si è espanso il calcio?
5. Perché viene citato lo stadio di Manchester?

Attività comunicative

A. Lo sport non è per me. Immagina di voler convincere una ragazza / un ragazzo che ti piace a venire con te a vedere una partita di baseball. Completa il seguente dialogo con le parti che logicamente mancano.

A: Ti piacerebbe venire a vedere una partita di baseball con me?
B: _____

A: Sì, lo so che non ti piace molto, ma vedrai è una bell'esperienza. Lo stadio è nuovo e bellissimo. Ci sono molte cose da fare allo stadio oltre a guardare una partita. L'hai mai visto?
B: _____

A: Bene, è una buona occasione per andarci.
B: _____

A: Per questo non c'è problema, ti spiegherò io tutte le regole. Dai!
B: _____

A: Bene, sono contento/a. Vedi, sapevo che avresti accettato poiché avevo già comprato i biglietti!
B: _____

A: No, no, te lo offro io il biglietto. È meglio andare via presto così non troviamo traffico.
B: _____

A: Non c'è problema, andiamo con la mia macchina. Passo da te alle 6.00.
B: _____

A: No, mangiamo qualcosa allo stadio: hot dogs con crauti!
B: _____

A: Va bene, va bene... dopo andremo a mangiare dal giapponese (*to a Japanese restaurant*).

 B. Intervista a una star. In gruppo preparate un'intervista a un personaggio sportivo molto popolare al momento. Preparate una serie di domande che mettano in luce la sua vita sportiva e anche quella privata in modo da riuscire a capire che tipo di persona è quella che avete di fronte.

Cominciamo: —Quando si è interessato/a allo sci la prima volta?
—Quando avevo tre anni. Vivevo con la mia famiglia in Colorado e imparare a sciare era una cosa normalissima...
—Quando ha vinto la prima gara?
—Quando avevo 12 anni. Mio padre era il mio allenatore (*trainer*).

Lettura 2

Umberto Saba: «GOAL» e «Tre momenti», poesie dedicate al calcio

Francesco de Gregori: «La leva calcistica della classe '68», una canzone popolare sul calcio

I. Prima di leggere

A. Attività contestuali della pre-lettura

 1. La mia poesia favorita. Ciascuno porta in classe una poesia italiana che ha letto una volta e che gli/le è piaciuta. Parlate insieme del tema della poesia, della sua forma e del suo autore. Autori che potete consultare sono: Petrarca, Dante, Leopardi, Pascoli, Ungaretti e Montale.

Cominciamo: Non capisco molto la poesia, però…

 2. Le pagine dello sport. Con un compagno / una compagna parla del tuo sport preferito e se lo segui sulle pagine dei giornali, alla TV o vai alle partite.

Cominciamo: —Appena mi alzo accendo il computer e leggo i
risultati delle partite di calcio di domenica.
—A me piace leggere le pagine dello sport mentre
bevo il caffè…

B. Lessico ed espressioni comunicative («GOAL»)

Sostantivi

la capriola *somersault*
l'ebbrezza *elation*
il marcatore *one who scores (a goal)*

Aggettivi

impietoso *without pity*
vano *vain, empty*

Verbi

celare *to hide*
indurre *to lead, to induce*
rilevarsi *to stand up again, to rise*
traboccare *to overflow, to spill onto*

Espressione comunicativa

è dato *is given*

Vocabolario attivo

A. I sinonimi. Con l'aiuto del dizionario scrivi i sinonimi delle seguenti parole.

1. vano _____
2. celare _____
3. indurre _____

4. impietoso _____
5. l'ebbrezza _____
6. rilevarsi _____

B. Da comporre. Scrivi delle frasi complete con le seguenti espressioni.

1. traboccare
2. è dato
3. il marcatore
4. la capriola

«GOAL»

Umberto Saba scrisse cinque poesie dedicate al calcio e «GOAL» del 1933 è sicuramente la più famosa. Originario di Trieste, Saba amava moltissimo la squadra di quella città (la Triestina). In questa poesia Saba opera come se fosse un regista televisivo che in tre momenti diversi fotografa tre diverse realtà sul campo di calcio nel momento del goal.

Umberto Saba è uno dei più famosi poeti del Novecento italiano.

Il portiere caduto alla difesa
ultima **vana**,[1] contro terra **cela**[2]
la faccia, a non veder l'amara luce.
Il compagno in ginocchio che l'**induce**,[3]
con parole e con mano, a **rilevarsi**,[4]
scopre pieni di lacrime i suoi occhi.

Questa prima stanza descrive il momento subito dopo il gol. La telecamera si sofferma sul portiere battuto, vanamente consolato dal compagno. Il primo piano è sulle lacrime dell'estremo difensore. Un primo piano efficace e **impietoso**.[5]

La folla—unita **ebbrezza**[6]—par **trabocchi**[7]
nel campo. Intorno al vincitore stanno,
al suo collo si gettano i fratelli.
Pochi momenti come questo belli,
a quanti l'odio consuma e l'amore,
è dato,[8] sotto il cielo, di vedere.

Questa volta l'occhio del poeta si rivolge all'entusiasmo dei tifosi, l'abbraccio dei compagni al **marcatore**,[9] la bellezza estetica del calcio, il senso di una festa, di una appartenenza.

Presso la rete inviolata il portiere
l'altro—è rimasto. Ma non la sua anima,
con la persona vi è rimasta sola.
La sua gioia si fa una **capriola**,[10]
si fa baci che manda di lontano.
Della festa—e gli dice—anch'io son parte.

Una telecamera dedicata al portiere della squadra che ha segnato, colto nella sua felicità, quasi nascosta contrapposta al dolore dell'altro portiere. Quasi intima. Così lontano dall'azione vincente, eppure così vicino. È l'altro punto di vista.

[1]**vana** *vain;*   [2]**cela** *hides;*   [3]**induce** *gets;*   [4]**rilevarsi** *to stand up again;*   [5]**impietoso** *without pity*
[6]**ebbrezza** *elation;*   [7]**trabocchi** *overflows, spills onto;*   [8]**è dato** *is given;*   [9]**marcatore** *one who scores (a goal);*   [10]**capriola** *somersault*

II. Comprensione della lettura

Hai capito?

A. Domande e risposte. Rispondi alle domande in modo completo.

1. Perché il portiere nasconde la faccia?
2. Chi e come lo aiuta?
3. Che reazione emotiva ha il portiere?
4. Cosa fa la folla al momento del goal?
5. Che riflessione fa il poeta al momento del goal?
6. L'altro portiere è corso ad abbracciare i compagni?
7. Cosa fa per esprimere la sua gioia?
8. Che cosa pensa il portiere?

 B. Una trasformazione. Dividetevi in gruppi e ogni gruppo prova a trasformare in prosa la poesia in modo da rendere più facile la comprensione del testo. In base alla grandezza della classe potete lavorare solo su una stanza o su tutte e tre e poi confrontare i risultati. Emergeranno subito quali sono i punti più difficili da interpretare della poesia. Cercate di semplificare parole specifiche (ad esempio **calare** può diventare **nascondere**) e la sintassi.

Attività comunicativa

 Celebrazioni. Assieme a un compagno / una compagna descrivi come viene celebrato nei diversi sport di squadra (*team sports*) un gol, un canestro (*a basket*), una meta (*a touchdown*) o un punto (*a score in baseball*). Cosa fa chi segna? Cosa fanno i compagni? Cosa fanno i giocatori dell'altra squadra? Cosa fanno i due allenatori? Cosa fa la gente quando segna la squadra di casa? E se segna la squadra ospite? Qual è lo sport dove le manifestazioni di gioia sono più forti?

> *Cominciamo:* La nostra squadra universitaria celebra un canestro…

Lessico ed espressioni comunicative («Tre momenti»)

Sostantivi	Espressione comunicativa
il nembo *cloud*	**all'erta!** *look out!*
il razzo *rocket*	
la sentinella *guard*	

Verbi

accalcarsi *to crowd around*
accovacciarsi *to crouch*
varcare *to pass, to cross*

Vocabolario attivo

A. I sinonimi. Con l'aiuto del dizionario scrivi i sinonimi delle seguenti parole.

1. la guardia _____
2. la nuvola _____
3. passare _____
4. il missile _____

B. Da scrivere. Scrivi delle frasi complete con i seguenti verbi.

1. accalcarsi
2. accovacciarsi
3. varcare

«Tre momenti»

In questa poesia invece Saba si concentra sul momento in cui le squadre entrano in campo per iniziare la partita di calcio. Anche in questo caso abbiamo tre momenti distinti.

Di corsa usciti a mezzo il campo, date
prima il saluto alle tribune. Poi,
quello che nasce poi,
che all'altra parte rivolgete, a quella
che più nera **si accalca**,[1] non è cosa
da dirsi, non è cosa ch'abbia un nome.

Il portiere su e giù cammina come
sentinella.[2] Il pericolo
lontano è ancora.
Ma se in un **nembo**[3] s'avvicina, oh allora
una giovane fiera **si accovaccia**[4]
e **all'erta**[5] spia.

Festa è nell'aria, festa in ogni via.
Se per poco, che importa?
Nessun'offesa **varcava**[6] la porta,
s'incrociavano grida ch'eran **razzi**.[7]
La vostra gloria, undici ragazzi,
come un fiume d'amore orna Trieste.

[1]**si accalca** *crowds around;* [2]**sentinella** *guard;* [3]**nembo** *cloud;* [4]**si accovaccia** *crouches;* [5]**all'erta** *look out;* [6]**varcava** *passed;* [7]**razzi** *rockets*

III. Comprensione della lettura

Hai capito?

Domande e risposte. Rispondi alle domande che seguono.

1. Cosa fanno i giocatori appena entrano nello stadio?
2. Cosa fa il portiere?

3. Cosa vuol dire il verso «Il pericolo lontano ancora è»?

4. Cosa si celebra in ogni via?

5. In quale città è la partita?

Attività comunicative

A. Un'intervista. Conosci qualcuno che gioca a calcio sia professionalmente o come passatempo? Fagli/le delle domande e chiedigli/le delle partite importanti che ha giocato. Discuti le informazioni raccolte con gli altri studenti.

    Cominciamo: Prima della partita sempre mangia la pasta perché…

 B. Lo sport è cultura? Provate a pensare se nel vostro paese ci sono intere canzoni o almeno un pezzo di una canzone dedicato a uno sport particolare o a uno sportivo. Provate a pensare la breve frase di Simon e Garfunkel che nella canzone «Mrs. Robinson» parlano di Joe Di Maggio. Sapete chi fosse? Perché ne parlano? Cercate altri esempi simili.

    Cominciamo: Ho sentito mio nonno parlare di Joe Di Maggio, ma sinceramente…

Lessico ed espressioni comunicative («La leva calcistica della classe '68»)

Sostantivi

l'allenatore *coach*

l'area *zone*

il calcio di rigore *penalty kick*

la polvere *dust*

le scarpette *shoes*

la spalla *shoulder*

Aggettivi

incollato *glued*

stregato *bewitched*

Verbi

appendere *to hang*

giudicare *to judge*

tirare *to kick*

Espressioni comunicative

di gomma dura *made of hard rubber*

magari *if only*

Vocabolario attivo

A. Associazioni. Scrivi tutte le parole che hanno la stessa radice come quelle date.

1. polvere: _____

2. scarpette: _____

3. giudicare: _____

4. l'allenatore: _____

5. stregato: _____

6. incollato: _____

B. Molti significati. I verbi **appendere** e **tirare** sono usati nella canzone di Francesco de Gregori sul calcio ma hanno anche molti usi al di fuori del campo sportivo. Completa le frasi usando i due verbi (o gli aggettivi derivati) almeno tre volte e poi compara l'uso.

1. Joe Di Maggio era uno dei più bravi giocatori di baseball, _____ le scarpe al chiodo quando era ancora abbastanza giovane.

2. Ho fatto veramente male l'esame finale, le mie speranze di prendere un buon voto sono _____ a un filo molto sottile (*thin*).

3. Durante la conferenza _____ la manica della camicia di mio nipote perché si stava addormentando.

4. Quando esco da un edificio non so mai se devo spingere o _____ la porta e la scritta (*sign*) mi confonde ancora di più.

5. Il giocatore _____ la palla in porta (*net*) e ha fatto un gol bellissimo.

6. Le pareti della mia camera erano così vuote che ho deciso di _____ la foto del nuovo lanciatore (*pitcher*) degli Yankees.

«La leva calcistica della classe '68»

La partita di calcio come metafora della vita.

Molti musicisti italiani hanno dedicato canzoni al calcio, a volte semplicemente menzionando il calcio solo in una strofa altre volte dedicando tutta una canzone al calcio, come nel caso di Francesco De Gregori.

Sole sul tetto dei palazzi in costruzione
sole che batte sul campo di pallone

e terra e **polvere**[1] che tira vento
e poi **magari**[2] piove

Nino cammina che sembra un uomo
con le **scarpette di gomma dura**[3]
dodici anni e il cuore
pieno di paura

Ma Nino non aver paura
di sbagliare un **calcio di rigore**[4]
non è mica da questi particolari
che **si giudica**[5] un giocatore
un giocatore lo vedi dal coraggio
dall'altruismo e dalla fantasia

E chissà quanti ne hai visti e quanti
ne vedrai di giocatori tristi
che non hanno vinto mai
ed **hanno appeso**[6] le scarpe a qualche
tipo di muro e adesso ridono dentro al bar
e sono innamorati da dieci anni con una donna
che non hanno amato mai
chissà quanti ne hai veduti
chissà quanti ne vedrai

Nino capì fin dal primo momento
l'**allenatore**[7] sembrava contento e allora
mise il cuore dentro le scarpe
e corse più veloce del vento
prese un pallone che sembrava **stregato**[8]
accanto al piede rimaneva **incollato**[9]
entrò nell'**area**[10] **tirò**[11] senza guardare
ed il portiere lo fece passare

Ma Nino non aver paura di tirare un
calcio di rigore
non è mica da questi particolari
che si giudica un giocatore
un giocatore lo vedi dal coraggio
dall'altruismo e dalla fantasia
Na na na na na na na na na
na na na na na na na na na na
na na na na na na na na na
na na na na na na na na na na [...]

Il ragazzo si farà anche se ha le **spalle**[12] strette
quest'altr'anno giocherà
con la maglia numero sette
con la maglia numero sette

[1]**polvere** *dust;*   [2]**magari** *if only;*   [3]**scarpette di gomma dura** *shoes made of hard rubber;*   [4]**calcio di rigore** *penalty kick;*   [5]**si giudica** *is judged;*   [6]**hanno appeso** *hung up;*   [7]**allenatore** *coach, trainer;*   [8]**stregato** *bewitched;*   [9]**incollato** *glued;*   [10]**area** *the zone;*   [11]**tirò** *he kicked;*   [12]**spalle** *shoulders*

IV. Comprensione della lettura

Hai capito?

A. Il resoconto. La canzone è divisa in quelle che potrebbero essere definite sette stanze. A parte la sesta che è un ritornello, prova a definire il contenuto principale di ognuna delle altre sei stanze. Cerca cioè di descrivere a che cosa si rivolge l'attenzione del cantante.

 B. Da rifare. In gruppi provate e riscrivere in prosa la poesia semplificandone il contenuto e poi confrontate come i diversi gruppi hanno semplificato le diverse stanze.

Attualità

Tutto calcio

A. Il calcio sul Web. Facendo una ricerca in Internet, troverai il sito di alcune importanti squadre italiane di calcio. Esamina com'è costruito il sito di ognuna di queste squadre. Quali sono le informazioni che vengono messe in evidenza? Il sito è tradotto in lingue straniere? C'è della pubblicità? È solo sportiva? Si parla di qualcos'altro a parte del calcio?

B. Un articolo. Leggi questo breve articolo su come saranno gli stadi di calcio nel futuro.

«Come sarà lo stadio del futuro»

PIÙ PICCOLO: L'obbiettivo principale per le squadre sarà di offrire alle **riprese**[1] TV degli **spalti**[2] pieni di gente. Uno stadio da 30–40 mila posti pieno è molto più telegenico di uno stadio da 80–90 posti mezzo vuoto.

POLIFUNZIONALE: Mega parcheggi, supermercati, cinema multiplex, sale giochi, sale scommesse, ristoranti, megastore: gli stadi diventano dei mall. E le società avranno una percentuale sul giro di affari.

SEMPRE APERTO: Questa evoluzione rende lo stadio un luogo in cui si potrà andare (a fare la spesa, al cinema, a comprare DVD) anche nei giorni della settimana in cui non c'è la partita.

GESTITO DAI CLUB: Il governo sta pensando di affidare ai club la gestione diretta degli stadi. Con steward e vigilanti privati anche per garantire la sicurezza del pubblico, come avviene da anni in Inghilterra.

MERCHANDIZING: Le vendita di magliette, bandiere, gadget, giochi, DVD di vecchie partite, ecc. È un settore ancora poco sfruttato dai club italiani, mentre rappresenta un introito[3] crescente per le società straniere.

(adattato da *L'espresso,* 21 settembre 2006)

[1]**riprese** *taping;* [2]**spalti** *bleachers;* [3]**introito** *profit*

Adesso rispondi alle seguenti domande in modo completo.

1. Perché gli stadi in futuro saranno più piccoli?
2. Cosa ci sarà vicino agli stadi?
3. Perché lo stadio sarà uno spazio aperto non solo quando ci sono partite di calcio?
4. In molti casi oggi lo stadio è gestito dal comune (*city*), da chi verrà gestito in futuro lo stadio?
5. Quale aspetto commerciale non è ancora molto sfruttato dai club italiani?
6. Che tipo di prodotti vendono oggi i club sui loro siti Internet?

Scriviamo!

A. **Un evento sportivo.** Al contrario dell'Italia dove in pratica non esistono attività sportive collegate con l'università, nei paesi anglosassoni lo sport è parte integrante della vita studentesca. Descrivi un evento sportivo della tua università a cui hai assistito e che ti ha colpito in modo particolare. La tua università ha mai vinto qualcosa di importante a livello sportivo?

B. **Giocatori professionisti.** Un argomento di discussione sempre più frequente è la quantità spropositata di soldi che guadagnano i giocatori professionisti di sport come il calcio, la pallacanestro, il baseball, il rugby, così via. Qual è la tua opinione a riguardo? Pensa sia giusto o sbagliato pagare i giocatori così tanto? Scrivi un tema in cui discuti i pro ed i contro di questo fenomeno.

Il clima sta cambiando, anzi è già cambiato.
TE NE SEI ACCORTO?

FIRMA la petizione per chiedere al governo italiano di **rendere vincolante il limite di 120 grammi di CO₂** al km per le case automobilistiche.

VERDI per la PACE

notizieVerdi

La campagna di sensibilizzazione delle associazioni ambientaliste non si ferma ai problemi locali.

Strategie per la lettura: Using an Italian–English dictionary

Lettura 1: «Giornata antismog, multata un'auto su cinque»

Lettura 2: «Il treno verde di Legambiente e Trenitalia»

Attualità: Il partito ambientalista i «Verdi»

Lettura 1

«Giornata antismog, multata un'auto su cinque»

I. Prima di leggere

A. Strategie per la lettura

Using an Italian–English dictionary. In the following brief article there are several words and expressions you might not be familiar with. In some cases, using the strategies you've already practiced to guess their meaning will be helpful, but not always. Not knowing these words and expressions may prevent you from fully understanding (and appreciating) the content of the reading. For instance, you might encounter your first problem in the title of the article: «**Giornata antismog, multata un'auto su cinque**». If you do not recognize the word **multata** and you do not know that it is derived from the noun **la multa** (*fine, ticket*), you will have difficulty getting the gist of the rest of the article's content. In such a case, it is invaluable to use a bilingual dictionary to be able to read a piece effectively and fully grasp its meaning.

Read the following sentences taken from the article. The underlined words are probably unfamiliar to you. Look them up individually in your Italian–English dictionary.

1. L'effetto abbassaveleni del blocco del traffico è messo a repentaglio dal metro.

2. L'efficacia del fermo sarà valutata soltanto oggi.

3. I cittadini volevano avere informazioni sulle deroghe al divieto di circolare.

4. Se dovesse esserci una soluzione per Milano, renderemo pubblici i dati.

Once you look up the unfamiliar words, translate each sentence to make sure that the English word you selected is the logical choice. Dictionaries sometimes have multiple entries for a single word. The context of the sentence will provide you with clues to making the correct choice.

B. Attività contestuali della pre-lettura

1. La tua città. Quali sono i problemi ambientali principali della tua città? Fa' un elenco dei problemi e poi scrivici di fianco la causa e poi le possibili soluzioni. Discuti le tue scelte con quelle degli altri.

Cominciamo: Nella mia città c'è una fabbrica che…

 2. Cosa faccio io. Fate un elenco delle cose che si possono fare in casa per evitare altri danni all'ambiente (per esempio: risparmio dell'acqua, riciclo rifiuti, ecc.). Poi dite cosa fate o vorreste fare per migliorare la situazione (per esempio: fare docce più brevi, inaffiare (*to water*) il giardino meno frequentemente, ecc.).

Cominciamo: Non butto via mai bottiglie di vetro…

3. Il centro. Descrivete il centro della vostra città. Com'è? Ci sono molti negozi? Ci sono molti parcheggi? Costa molto parcheggiare in centro? Ci sono mezzi pubblici che arrivano in centro? La gente va in centro a piedi?

Cominciamo: Non ci sono molti parcheggi nella mia città perciò…

C. Lessico ed espressioni comunicative

Sostantivi

la battaglia *the fight*

il commerciante *merchant, shopkeeper*

il corteo *procession*

la deroga *partial repeal*

l'esenzione *exemption*

l'inquinamento *pollution*

i mezzi *public transportation*

la periferia *outskirts of the city*

la previsione *forecast*

il rimescolamento *stirring up*

il saldo *sale*

lo strascico *follow-up, continuation*

il ticket d'ingresso *entrance ticket*

il vigile *traffic police officer*

Aggettivo

spento *turned off*

Verbi

aumentare *to increase*

multare *to ticket, to fine*

ritirarsi *to withdraw*

Espressione comunicativa

scendere in campo *to take part, to participate*

Vocabolario attivo

A. Da completare. Scegli il vocabolo mancante dai sostantivi del **Lessico ed espressioni comunicative.**

1. Io di solito vado in centro quando posso fare delle compere e spendere meno. Dopo le feste di Natale i negozi hanno molti _____ e quindi prendo i _____ e vado spesso in centro in quel periodo.

2. In inverno molte città italiane hanno grossi problemi di _____ perché ci sono troppe auto e non c'è abbastanza _____ dell'atmosfera per portare via i gas di scarico (*exhaust*).

3. Agli incroci più pericolosi c'è sempre un _____ che controlla il regolare movimento del traffico.

4. Nel centro delle città italiane abitano solo le persone molto ricche, il resto vive in _____ e usa i mezzi per andare al lavoro in centro.

5. Oggi c'è molta nebbia e le _____ non sono buone, probabilmente ci sarà molto inquinamento anche domani.

B. I derivati. Scrivi i sostantivi che provengono dai seguenti verbi e poi forma una frase.

1. aumentare → _____

2. multare → _____

3. ritirarsi → _____

C. Sostituzioni. Sostituisci la parola sottolineata con una parola scelta dal **Lessico ed espressioni comunicative.**

1. La lotta per i diritti delle donne è iniziata in Italia circa cento anni fa.

2. Per invitare la gente a spendere di più i negozianti spesso preparano delle vetrine molto belle che attraggono l'attenzione delle persone che ci passano davanti.

3. Oggi il traffico in centro era bloccato perché c'era una manifestazione a favore dell'ambiente.

«Giornata antismog, multata un'auto su cinque»

Spesso d'inverno nelle grandi città per diminuire lo smog c'è il blocco del traffico, e allora la gente trova dei modi originali per andare in centro.

Milano si ferma per dodici ore per la prima giornata ecologica di quest'anno: per fare rispettare lo stop alle auto ieri **sono scesi in campo**[1] 655 **vigili.**[2] **Sono stati multati**[3] 1.449 automobilisti. I motori sono rimasti **spenti,**[4] ma la misura antismog rischia di non bastare: l'effetto abbassaveleni del blocco del traffico è messo a repentaglio dal meteo.

Il vento non c'è stato, il **rimescolamento**[5] dell'aria neppure. L'efficacia del fermo sarà valutata soltanto oggi, ma le **previsioni**[6] non sono incoraggianti. «A causa delle condizioni atmosferiche sfavorevoli l'**inquinamento**[7] potrebbe restare allo stesso livello dei giorni scorsi o **aumentare**»[8] spiega il presidente della regione Lombardia.

(continued)

[1]**sono scesi in campo** *took part, participated;* [2]**vigili** *traffic officers;* [3]**Sono stati multati** *were ticketed;* [4]**spenti** *turned of;* [5]**rimescolamento** *stirring up;* [6]**previsioni** *forecasts;* [7]**inquinamento** *pollution;* [8]**aumentare** *increase*

Il centro ieri è stato preso d'assalto soprattutto dal popolo dello shopping in cerca di affari, le **periferie**[9] erano semi-deserte. I vigili hanno ricevuto, comunque, centinaia di telefonate da cittadini che volevano avere informazioni sulle **deroghe**[10] al divieto di circolare. Sempre secondo il presidente della regione «I Lombardi hanno dimostrato di sapere vivere la città muovendosi a piedi e con i **mezzi**.[11] Il leader dei Verdi va invece all'attacco: L'effetto del blocco rischia di venire annullato dall'infinità di **esenzioni**».[12]

È stato il sabato ecologico delle polemiche e delle manifestazioni. Al **corteo**[13] dei Verdi (dallo slogan «*Il traffico uccide Milano*») hanno partecipato in mille. C'è stato anche uno **strascico**[14] di proteste per la coincidenza tra fermo del traffico e primo fine settimana di **saldi**.[15] «Le famiglie in vacanza non hanno potuto tornare a Milano e i **commercianti**[16] delle zone semi-centrali sono stati penalizzati» osserva Marco Donzelli, presidente della Codacons.

Per il presidente della regione Lombardia la **battaglia**[17] contro l'inquinamento non è sempre facile da coordinare; «Abbiamo aperto tavoli permanenti con i comuni—rileva—le decisioni sono prese con loro. Ma qualcuno, ogni tanto, prima firma provvedimenti e poi davanti alla pressione **si ritira**».[18] È ancora aperto il dibattito sul **ticket d'ingresso**:[19] «La Regione sta svolgendo studi in proposito» ribadisce il governatore. «Se dovesse esserci una soluzione per Milano, renderemo pubblici i dati».

(adattato da *Il Corriere della Sera*, 8 gennaio 2006, autore Simona Ravizza)

[9]**periferie** *outskirts;* [10]**deroghe** *partial repeal;* [11]**mezzi** *public transportation;* [12]**esenzioni** *exemptions;* [13]**corteo** *procession, march;* [14]**strascico** *continuation;* [15]**saldi** *sales;* [16]**commercianti** *merchants;* [17]**battaglia** *battle;* [18]**si ritira** *withdraws (support);* [19]**ticket d'ingresso** *entrance ticket*

II. Comprensione della lettura
Hai capito?

A. Da completare. Completa le frasi in modo logico in base al contenuto della lettura.

1. Il traffico automobilistico è bloccato quando _____.

2. Di solito il blocco è per dodici ore nella giornata _____.

3. Durante il blocco molti vigili _____.

4. Secondo i Verdi il blocco _____.

5. Il blocco ha coinciso con _____.

6. Riguardo al ticket d'ingresso, la Regione _____.

7. Secondo il governatore della regione il coordinamento _____.

B. Nonostante tutto. Rispondi alle seguenti domande in modo completo.

1. In che senso le previsioni del tempo hanno avuto un impatto sulla prima giornata ecologica a Milano?

2. Come erano il centro e le periferie durante il blocco?

3. Cosa hanno ricevuto i vigili urbani?

4. Che cosa hanno dimostrato i Lombardi?

5. È diminuito l'inquinamento a Milano durante il blocco?

Attività comunicative

A. ALT! Un vigile ferma un signore che tranquillamente stava guidando una domenica in cui il comune aveva decretato il blocco delle auto. Completate il dialogo con la parte mancante in modo logico. State attenti/e a quello che dice il vigile prima e dopo per poter inserire logicamente la parte mancante. Uno di voi recita il ruolo del vigile e l'altro del signore.

VIGILE: Buon giorno!

SIGNORE: Buon giorno!

VIGILE: Lei sa che oggi c'è il blocco totale della circolazione automobilistica?

SIGNORE: _____

VIGILE: Ma non importa se Lei deve guidare per un chilometro o per 100 chilometri. È vietato, punto e basta.

SIGNORE: _____

VIGILE: Il discorso è semplice. Lei ha una deroga o un permesso speciale?

SIGNORE: _____

VIGILE: Mi dispiace ma a questo punto devo farLe la multa.

SIGNORE: _____

VIGILE: Guardi non ci posso fare proprio niente. Sono 100 euro.

SIGNORE: _____

VIGILE: Non deve protestare con me. Contesti la multa e poi andrà in tribunale a discutere con il giudice.

SIGNORE: _____

VIGILE: In teoria Lei deve mettere giù la macchina. Se un altro vigile La ferma, potrebbe farLe un'altra multa.

SIGNORE: _____

VIGILE: Guardi, faccio finta di non aver sentito quello che ha detto. ArrivederLa!

SIGNORE: _____

B. Cosa ne pensa la gente? In gruppo leggete le quattro brevi dichiarazioni di persone che sono state intervistate a proposito del blocco automobilistico. Sono persone pro e contro il blocco delle auto. Preparate due domande da fare a ognuna di loro. Poi fate le domande a un altro gruppo che dovrà rispondere in modo logico in base alla persona a cui è stata fatta la domanda.

Raffaella Seno, 38 anni, impiegata:

Preferisco di gran lunga passeggiare con i miei due figli piccoli in un giorno in cui circolano meno auto: l'aria mi sembra meno inquinata.

Alberto Pirotta, 44 anni, consulente informatico:

La scelta del giorno è sbagliata perché ha impedito a molti milanesi di tornare sabato dalle vacanze ed ha concentrato il rientro alla domenica.

Maria Cristina Spigaglia, 60 anni, libraia:

Non credo che una sola giornata di blocco del traffico possa far diminuire il livello di inquinamento. Inoltre troppo poche sono le corse di tram e bus.

(continued)

Angelo Cesari, 57 anni, consulente d'impresa:

Sono d'accordo a usare il meno possibile la mia auto: utilizzando i mezzi pubblici non inquino, posso leggere sul tram o sulla metrò, ed evito di stressarmi.

 C. I problemi più gravi. Assieme a un compagno / una compagna guardate il grafico sul giudizio dei milanesi riguardo i problemi più gravi della città. Completate le seguenti frasi in modo logico.

1. Il 39% dei milanesi pensa che l'ambiente sia un problema grave perché…
2. Il 20% pensa invece che i trasporti siano un problema perché…
3. Il 14% pensa ai prezzi perché…
4. Solo il 10% pensa che la sicurezza sia un problema perché…
5. La sanità (7%) e l'abitazione (5%) non sembrano problemi gravi perché…

 D. Come si fa a… Ci vuole uno sforzo da parte di tutti per migliorare l'ambiente in cui viviamo. Secondo voi, cosa si dovrebbe fare per ottenere questi obbiettivi ambientali?

1. Aumentare le zone Verdi di una città?
2. Aumentare le zone a traffico limitato?
3. Offrire agli automobilisti parcheggi gratuiti o scontati?
4. Risolvere i problemi del traffico con aumento dei blocchi, ticket, targhe alterne?

 E. Sindaco per un giorno. Dividetevi in gruppi ed eleggete un sindaco fra di voi. A questo punto gli altri preparano cinque domande per il sindaco relative ai problemi ambientali della città. Immaginate che sia una città grande con gravi problemi di traffico e inquinamento. Il sindaco non deve ovviamente partecipare alla preparazione delle domande. Il sindaco poi risponderà alle domande davanti a tutti gli altri.

Cominciamo: UN CITTADINO: Mi interessa sapere come mai le strade in centro non vengono lavate regolarmente?

   SINDACO: Nella mia campagna elettorale ho promesso di farlo, ma…

Lettura 2

«Il treno verde di Legambiente e Trenitalia»

I. Prima di leggere

A. Attività contestuali della pre-lettura

1. In treno. Con un compagno / una compagna parla delle tue esperienze quando hai viaggiato in treno. Forse l'hai fatto in Italia o in qualche altro paese? Ti è piaciuto o no? Spiega i lati positivi e quelli negativi.

> *Cominciamo:* —Una volta sono andato/a in treno da Atlanta a New Orleans. Ci sono volute undici ore. Troppo tempo per i miei gusti.
> —Anch'io ho fatto lo stesso percorso, a me invece è piaciuto un sacco…

2. I mezzi in America e nel mondo. Assieme a un compagno / una campagna parla della mancanza dei mezzi in tanti centri urbani d'America. Secondo voi, gli Americani vanno al lavoro in auto perché preferiscono o perché non hanno un'alternativa al trasporto privato? Usate i mezzi pubblici per andare all'università? Li usate per andare da altre parti? Com'è la situazione in altre grandi metropoli come Sydney, Toronto, Melbourne e/o Vancouver?

> *Cominciamo:* —Mi piace avere la macchina, e a te?
> —Anche a me, però all'università non ne ho bisogno perché…

B. Lessico ed espressioni comunicative

Sostantivi	Verbi
l'aggravio *increase*	**dare rilievo** *to emphasize, give emphasis*
il benzene *benzene*	
il convoglio *convoy*	**effettuare** *to put into practice*
il percorso *undertaking*	

«Il treno verde di Legambiente e Trenitalia»

Il mezzo migliore per i viaggi a lunga distanza senza inquinare: il treno.

Un viaggio nei centri urbani italiani in difesa dell'ambiente e della salute dei cittadini

Treno Verde 2005, si parte!

Riparte anche quest'anno il Treno Verde di Legambiente e Trenitalia, il **convoglio**[1] ambientalista che ogni anno visita i centri urbani dell'Italia per analizzare i livelli di smog e di rumore con il laboratorio mobile dell'Istituto Sperimentale di RFI.

Nel suo lungo viaggio il Treno Verde si è fermato in oltre 250 città, tra grandi metropoli e piccoli centri urbani, ne ha analizzato lo stato di salute, ha monitorato l'inquinamento atmosferico e quello acustico, ha informato i cittadini, ha incontrato gli amministratori locali per sollecitarli a trovare soluzioni concrete ai problemi di traffico e inquinamento urbano. Diciasette edizioni, 250 città, 80.000 analisi, 1 milione di visitatori, 20.000 classi scolastiche, 5.000 articoli sui giornali… tutti i numeri del Treno Verde.

Oltre un milione di visitatori, 20.000 classi scolastiche, oltre cinquemila articoli sui giornali, più di quattrocento servizi radio-televisivi, oltre 80.000 analisi sulla qualità dell'aria e sul rumore che hanno permesso di **effettuare**[2] la ricerca più completa e approfondita sullo stato di salute delle città esistenti in Italia.

Un lavoro di sollecitazione, di informazione e di denuncia costante che ha portato anche al raggiungimento di importanti risultati come l'approvazione della legge sul monitoraggio dell'inquinamento urbano.

[1]**convoglio** *convoy;*   [2]**effettuare** *put into practice*

Tutti in carrozza!

Anche quest'anno, dunque, a bordo del Treno Verde, saliranno questioni ambientali più vaste e si parlerà di quattro temi in particolare: energia produzione e consumi, inquinamento globale e locale, mobilità alternative sostenibili e rifiuti dalla produzione al riciclo. Il tutto affrontato attraverso mostre, filmati, **percorsi**[3] didattici. Un particolare **rilievo**,[4] inoltre, sarà dato alla problematica dei mutamenti climatici che i visitatori del Treno Verde, potranno capire con esempi legati alla vita di tutti i giorni, e con le azioni che anche un singolo può intraprendere in termini di mobilità, di risparmio energetico e della riduzione delle emissioni inquinanti in atmosfera.

In prima carrozza: mobilità e inquinamento
In seconda carrozza: energia
In terza carrozza: la casa ecologica e rifiuti

La tappa del Treno Verde: dove, come, quando

Nelle città visitate, il Treno Verde con il laboratorio mobile dell'Istituto Sperimentale di RFI, effettua un monitoraggio di 72 ore dell'inquinamento acustico e atmosferico, in aree della città particolarmente congestionate dal traffico e dal rumore. I risultati delle analisi vengono resi noti attraverso una conferenza stampa al termine della tappa.

Nella settimana che precede l'arrivo del Treno Verde, viene effettuato il monitoraggio del **benzene**,[5] un pericoloso inquinante prodotto dal traffico urbano. I rilevamenti vengono effettuati attraverso il radiello, un particolare misuratore che viene applicato per otto ore a dei cittadini «campione»; un bambino, un pony express, un edicolante, per misurare quanto benzene viene respirato in una giornata tipo. Un radiello viene anche posizionato in una postazione fissa per una settimana.

Durante la tappa del Treno Verde in ogni città viene organizzato il Trofeo Tartaruga, una gara a cronometro tra una bicicletta, un motorino, una automobile, un autobus, una metro (dove possibile) e/o un treno di trasporto regionale (dove è possibile) su uno stesso percorso urbano normalmente trafficato. La competizione simbolica è un modo efficace per dimostrare come i mezzi a quattro ruote siano più penalizzati nel circuito urbano ed extraurbano. L'iniziativa dimostra come oggi la media oraria con cui l'automobilista si muove è di 20 km all'ora con un **aggravio**[6] di costi relativi a parcheggi, consumo di benzina, stress, ecc., mentre chi si sposta con il mezzo pubblico e con la bici risparmia in termini di inquinamenti, di produzione di rumore, di emissioni di polveri, di occupazione del suolo pubblico, di soldi, ecc...

Il Treno Verde, in sosta nelle stazioni, è aperto dalle 8.30 alle 13.30 per le visite guidate delle scuole e dalle 16 alle 19 per tutti i cittadini.

(adattato dal sito Internet dell'Associazione Legambiente)

[3]**percorsi** *undertakings;*   [4]**rilievo** *emphasis;*   [5]**benzene** *benzene;*   [6]**aggravio** *increase*

PALERMO	VIBO VALENTIA	SALERNO	PISA	BRESCIA	PADOVA	FERRARA	ROMA
26–27–28 gennaio	31 gennaio 1–2 febbraio	4–5–7 febbraio	10–11–12 febbraio	16–17–18 febbraio	21–22–23 febbraio	26–28 febbraio 1 marzo	3–4–5 marzo

Le tappe del Treno Verde: dove e quando.

II. Comprensione della lettura
Hai capito?

A. Domande e risposte. Rispondi alle domande che seguono in modo completo.

1. Che cosa è un treno verde?
2. Dove si ferma?
3. Quali attività promuove?
4. Come comunicano alla gente i risultati degli esami?
5. Quali aspetti dell'ambiente vengono esaminati dal Treno Verde?

B. Vero o falso? Scegli la risposta giusta—**vero** o **falso**—e spiegala.

1. L'inquinamento acustico e atmosferico viene monitorato per una settimana.   V   F
2. I risultati sono stampati dal giornale.   V   F
3. Il benzene è un pericolo inquinante.   V   F
4. Il radiello misura la quantità di benzene nelle persone.   V   F
5. La quantità di benzene è misurata su varie persone.   V   F
6. Il Trofeo Tartaruga è una gara simbolica per dimostrare che di tutti i mezzi la macchina è spesso la più lenta.   V   F
7. La gara si svolge tra una bicicletta, un motorino, un'automobile e un autobus per una distanza di un chilometro.   V   F

Attività communicative

 A. Un elenco. Con un compagno / una compagna scrivi un elenco delle maggiori cause dell'inquinamento nel tuo paese. Cercate anche di identificare gli stati, le province, le città o le zone geografiche più inquinate. Scambiate il vostro elenco con un'altra coppia.

Cominciamo: Secondo me, la città più inquinata del mondo è…

B. Un caos totale. Negli ultimi anni i black out energetici si sono verificati sia negli Stati Uniti che in Europa, causando molti disagi. Spesso questi disagi sono dovuti a un uso eccessivo di energia elettrica per far funzionare impianti di riscaldamento o impianti di aria condizionata. Se questo succedesse oggi, quali sarebbero le conseguenze? Pensate che il vostro paese e la vostra città siano preparati per risolvere la crisi nel caso di un black out energetico? Preparate un elenco delle cose da fare per essere pronti ad un'emergenza di questo tipo. Parlatene in gruppi e scambiate le vostre conclusioni con gli altri gruppi.

> *Cominciamo:* Nel caso di un'emergenza di questo tipo, la prima cosa che farei è...

C. Le paure. In gruppi parlate di quello che temete di più dall'inquinamento. Pensate che ci sia una correlazione tra certe malattie come il cancro e l'inquinamento? E certe forme di allergia possono essere causate dall'aria sporca? Cosa fate per proteggervi?

> *Cominciamo:* Io soffro delle allergie da piccolo/a e credo che...

D. Alle elementari. Immagina di essere l'insegnante in una scuola elementare e il resto del gruppo sono i tuoi allievi. Cosa insegneresti ai tuoi studenti per farli coscenti dei problemi ambientali? Quali metodi didattici useresti per farti capire ai bambini? Il gruppo che rappresenta gli studenti deve fare delle domande tipiche di ragazzini dell'età di sei o sette anni.

> *Cominciamo:* Ragazzi, perché pensate che sia importante avere l'acqua pulita e non inquinata?

Attualità

Il partito ambientalista i «Verdi»

Visita il sito Internet del gruppo ecologista dei Verdi. Il sito è ricco di articoli che parlano di vari problemi ambientali, dell'inquinamento del mare al riciclaggio dei rifiuti. Scegli un articolo che ti interessa e poi presentalo alla classe. Fa' dei paralleli tra la situazione in Italia e quella nel tuo paese.

Scriviamo!

A. **L'ambiente e la politica.** Negli ultimi anni molti personaggi politici americani hanno messo l'inquinamento al centro della loro campagna elettorale. È ovvio che ci sono grossi interessi economico-politici nelle zone del mondo dove ci sono le maggiori riserve naturali di gas e di petrolio. C'è chi sostiene che si devono trovare delle alternative al presente uso dell'energia soprattutto dal momento che l'energia nucleare non sembra più una valida alternativa. Altri pensano invece che bisognerebbe sfruttare al massimo tutte le risorse che si hanno (come per esempio i giacimenti [*deposits*] in Alaska) a disposizione. Scrivi del rapporto tra la politica e l'ambiente come lo vedi e lo capisci tu.

B. **Il futuro.** Immagina la tua vita fra cinquant'anni e come il mondo sarà cambiato. Secondo te, quale tipo di energia sarà usato, quali mezzi di trasporto saranno i più diffusi, dove abiterà la gente, cosa mangerà, l'inquinamento esisterà o sarà ben controllato? Usa l'immaginazione!

C. **Un'organizzazione ambientalista.** Molti giovani d'oggi sono attivi in diverse organizzazioni ambientaliste per dare il loro contributo al tentativo di salvare la terra dalle varie minacce generate dall'uomo. Conosci qualche organizzazione ambientalista del genere o ne sei un membro? Pensi sia utile partecipare a queste organizzazioni oppure che comunque non si possa fare molto o addirittura che non esista il problema?

Capitolo 7   Una laurea? A cosa serve?

I problemi arrivano dopo: Molti giovani italiani non trovano lavoro nemmeno con la laurea in mano.

Strategie per la lettura: Understanding based on context

Lettura 1: «Quando serve nella vita (e nel lavoro) il pezzo di carta»

Lettura 2: «Cento anni fa il primo asilo Montessori: Roma ricorda la grande pedagogista»

Attualità: Le università italiane oggi

A puntate

Una storia complicata

Parte IV

Qualche giorno dopo la storia raccontata da Lele, Alex si alza prima del solito, deve fare un salto a casa dai suoi per firmare delle carte dell'avvocato del padre per l'**intestazione**[1] dell'appartamento dei suoi. Per la prima volta in mesi ha l'occasione di fare colazione con Lele. Quando entra in cucina lo trova infatti già seduto al tavolo che **sorseggia**[2] il caffè con la solita aria un po' sconsolata di questi tempi. Lele finisce in fretta e furia il caffè, dice di essere in ritardo, prende la sua borsa e se ne va. Alex rimane piuttosto stupito dal comportamento di Lele quasi come se Alex fosse un estraneo. Si accorge che anche per lui è già tardi, prende velocemente lo zainetto ed esce per andare alla stazione.

Non fa in tempo ad aprire la porta che si trova davanti due poliziotti **in divisa**[3] che chiedono di Lele. Alex è colto di sorpresa e non sa bene cosa dire, alla fine fa finta di non sapere dove sia andato e i due poliziotti se ne vanno senza dire altro. Proprio mentre ridiscendono le scale vede la portiera fare una faccia tra lo stupito e il meravigliato. Alex aspetta qualche minuto, riapre la porta e vede la portiera ancora lì, le fa un sorrisino imbarazzato, poi esce di corsa mentre la portiera chiede con aria tra il sospettoso e il divertito se il suo amico Lele sia **nei guai**[4] e poi aggiunge, quasi come minaccia, che ha detto ai poliziotti dove lavora Lele. Alex continua a scendere senza rispondere ma è preoccupato per Lele.

Alex è appena arrivato alla stazione e sta per prendere il treno per Como quando suona il cellulare. È Lele che gli dice che ci sono altri casini. Al museo c'è stato un **ammanco**,[5] non molto, circa trecento euro ma adesso tutti gli occhi sono puntati su di lui perchè scioccamente lui aveva raccontato la storia di Monterosso a una delle ragazze che lavora al museo e lei **ha sparso**[6] la notizia a tutti i colleghi. Così la capoufficio ha dovuto denunciare il furto e la polizia è andata a interrogarlo al museo. Dopo aver saputo dove si trova Alex, Lele gli dice di non muoversi di lì che ha qualcosa in mente e che ha bisogno del suo aiuto. Alex telefona immediatamente al padre chiedendogli di spostare l'appuntamento con l'avvocato e mentre il padre sta ancora protestando lo sente dire che non si può mai contare su di lui e Alex decide di chiudere la chiamata.

Dopo non molto arriva Lele con due biglietti in mano e gli dice di correre perché il treno sta per partire. Senza capire molto e **facendosi largo**[7] tra una folla incredibile, Alex si trova improvvisamente su un treno per Genova. Durante il viaggio Lele spiega che stanno andando a Monterosso ma per il resto resta muto come un pesce; la cosa ovviamente irrita ancora di più Alex. Nel primo pomeriggio arrivano a destinazione, e Alex non ha veramente capito cosa sono lì a fare. Lele spiega il suo piano mentre sono seduti in un bar sul lungomare a pochi passi dalla gioielleria dove Lele era entrato per comprare il regalo a Simona. Poco dopo due uomini entrano nel bar a bere

[1]**intestazione** *title*; [2]**sorseggia** *sips*; [3]**in divisa** *in uniform*; [4]**nei guai** *in trouble*; [5]**ammanco** *shortage*; [6]**ha sparso** *spread*; [7]**facendosi largo** *making his way*

qualcosa. Lele dà un calcio a Alex sotto il tavolino e gli indica con gli occhi i due uomini. Poi gli dice che quello più alto è quello che era nella gioielleria mentre l'altro uomo con lui è il gioielliere stesso. Alex sembra non capire e Lele spiega allora che, secondo lui, il furto era una **messinscena**[8] e che la vera vittima era lui. L'aveva intuito fin dall'inizio che c'era qualcosa che non andava nel modo in cui il gioielliere si era lamentato della scomparsa di un anello. Lele pensa che ora sia venuto il momento di attirare il colpevole in un **tranello**[9] per smascherarlo. Alex vorrebbe avvisare la polizia ma Lele pensa sia meglio agire da soli. Alex dice chiaramente all'amico che ha letto troppi **gialli**[10] e che la realtà è un po' diversa ma Lele non lo ascolta. Lele promette che il giorno seguente sarebbe stato ricco di eventi.

[8]**messinscena** *staging;*   [9]**tranello** *trap;*   [10]**gialli** *detective stories, thrillers*

Hai capito?

A. Da scegliere. Di' se le seguenti affermazioni sono **vere** o **false** e poi spiega perché.

1. Lele è di buon umore mentre sorseggia il caffè.	V	F
2. Alex dice ai due poliziotti dove lavora Lele.	V	F
3. La portiera è curiosa di ciò che sta succedendo con Lele.	V	F
4. Alex non parla a Lele tutto il giorno.	V	F
5. Lele chiede aiuto a Alex perché ci sono dei casini anche al museo.	V	F
6. I due amici vanno a Monterosso.	V	F
7. Una volta lì, Lele vede il poliziotto entrare nel bar dove stava lui.	V	F
8. Lele si rende conto di essere stato vittima del gioielliere.	V	F

B. Da abbinare. Combina in modo logico in base alla lettura le parole della colonna A con quelle della colonna B e poi spiega il significato della combinazione.

A	B
1. in frette e furia	a. la portiera
2. far finta	b. la messinscena
3. la minaccia	c. in ritardo
4. il furto	d. il colpevole
5. il tranello	e. non voler dire

Dialoghiamo!

 Due momenti difficili. Con un compagno / una compagna ricrea il dialogo tra Alex e il padre. Ricordati che il padre è sempre un po' polemico con Alex e che avevano un appuntamento importante. Poi ricostruite il dialogo in cui Lele spiega a Alex cosa pensa sia successo quando lui è andato per comprare un regalo a Simona.

Dialogo 1
PADRE: Come non puoi venire? È un appuntamento importante…
ALEX: Ma papà, ho una cosa più importante da fare.

Dialogo 2
LELE: Io ho il sospetto che il gioielliere è l'altro uomo fossero d'accordo.
ALEX: Ma come…

«Quando serve nella vita (e nel lavoro) il pezzo di carta»

I. Prima di leggere

A. Strategie per la lettura

Understanding based on context. The first time you read an authentic text you might come across many words that you don't understand. Instead of reaching for a dictionary immediately, try to guess the meaning of these words through the context in which they appear. Pay attention to the title and the first lines of each paragraph; they often convey the principal idea of the text. Making an educated guess based on the context will enable you to continue reading for overall meaning. For example, in the first two sentences of the article you are about to read you will notice several words familiar to you.

> «Dottore, venga qui, congratulazioni dottore, si lasci stringere la mano».
> I due ragazzi fermano la vecchia Vespa rossa a un centimetro da Vasco,
> che da appena tre ore è diventato il dottor Rossi.

From the context in which these words appear your educated guess would be that two young men are congratulating Vasco Rossi on an academic achievement. By applying this reading technique you will be able to understand the article.

B. Attività contestuali della pre-lettura

 1. Arrivare con o senza laurea? Cerca in Internet la biografia di uno o due personaggi famosi che ti piacciono (scegli tra attori, sportivi, musicisti, ecc.). Sono tutti personaggi popolari, ma come sono arrivati al successo? Che cosa li ha fatti diventare famosi? Un film, una canzone, una pubblicità, uno scandalo? La loro istruzione (*education*) li ha aiutati? Conosci qualche personaggio famoso che ti è simpatico perché ha mostrato anche di saper parlare oltre che a essere bello/a o bravo/a? Parlane con un compagno / una compagna.

Cominciamo: Mi piace da morire Brad Pitt perché…

 2. Intervista. Hai appena incontrato per caso il tuo idolo, la persona importante che ami di più (deve essere una persona che tutti conoscono). Prova e fare una serie di domande che concernono il suo background scolastico (per esempio dove ha studiato, fino a quando è andato/a a scuola, ecc.). Poi fa le domande a un tuo compagno / una tua compagna che deve rispondere come se fosse il personaggio famoso.

Cominciamo: Il mio idolo è… perché…

C. Lessico ed espressioni comunicative

Sostantivi

il camionista *truck driver*

il corpo docente *faculty*

il falegname *carpenter*

l'idraulico *plumber*

l'occhiata d'intesa *knowing look*

il popolo *fans*

il rettore *the president of a university*

il supplizio *torture, torment*

la toga accademica *gown*

Aggettivi

pronunciato *read*

sballato *stoned*

schierato *lined up*

sconvolto *disturbed, troubled*

scoppiato *junkie, addicted*

spalancato *wide open*

tenero *tender*

Verbi

abbassare *to lower*

commuoversi *to be moved (emotionally)*

elencare *to list*

impedire *to prevent*

mollare *to give up*

raccogliere *to gather, to pick up*

rotolare *to roll*

Espressioni comunicative

a gonfie vele *like sails full of wind (i.e., smoothly)*

avere il pallino *to be fixated on something*

farla franca *to get off scot-free*

lasciare alle spalle *to leave behind*

men che meno *even less*

nei panni di *in the role of*

stringere la mano *to shake hands*

Vocabolario attivo

A. Confessioni di un cantante. Completa il brano con un vocabolo dal **Lessico ed espressioni comunicative.**

Quando ero giovane non mi piaceva studiare e _____ l'università dopo un anno di studi. Andare a scuola era per me una cosa atroce, un vero _____. Mi ricordo ancora il giorno che sono uscito di casa: _____ le mie cose e la mia chitarra (perché adoravo già la musica _____ di diventare un grande musicista). Ho abbracciato mia madre, _____ a mio padre e me ne sono andato. Mio padre sembrava completamente _____ da quello che stava succedendo ma mia madre mi capiva. _____ alle spalle tutto. Chi l'avrebbe detto che sarei diventato così famoso?

B. Mestieri. Definisci con parole tue che cosa fanno queste persone e di' anche che titolo di studio c'è bisogno per farlo.

1. falegname
2. dentista
3. idraulico
4. docente universitario
5. tassista
6. rettore
7. maestro

Vasco Rossi in concerto.

C. Mini intervista a Vasco Rossi. Completa l'intervista usando i vocaboli e i sostantivi dal **Lessico ed espressioni comunicative.**

GIORNALISTA: Era emozionato quando _____ Le ha consegnato la laurea?

VASCO: Quando sono entrato nell'aula e ho visto tutti quei professori _____ davanti a me mi sono tremate le gambe.

GIORNALISTA: Negli anni '80 Lei è stato definito _____, _____, _____ cioè un cantante dedito alla droga, non Le sembra strano essere ora in un'università a ricevere la laurea ad honorem?

VASCO: Quelle sono tutte definizioni giornalistiche e scandalistiche. Penso di essere un artista e _____ quello che meritavo.

GIORNALISTA: Quindi non è stato un _____ mettere la toga accademica per venire qui?

VASCO: No, lo IULM ha lasciato le porte del mondo accademico _____ e io mi sento molto bene qui.

«Quando serve nella vita (e nel lavoro) il pezzo di carta»

«Dottore, venga qui, congratulazioni dottore, si lasci **stringere la mano**».[1] I due ragazzi fermano la vecchia Vespa rossa a un centimetro da Vasco, che da appena tre ore è diventato il dottor Rossi. Pensava di **farla franca**,[2] di riuscire a fare duecento metri a piedi con gli occhiali scuri senza essere riconosciuto. Ma la laurea *honoris causa* in Scienze della comunicazione che gli è appena stata consegnata dal Magnifico **rettore**[3] dello IULM di Milano (Libera università di lingue e comunicazione) è stata discussa da tutti i telegiornali. Il **popolo**[4] di Vasco sa che il rocker è in zona, e di questa onorificenza si sente onorato e anche un po' complice.

Durante la lettura della *laudatio*, fatta dallo scrittore Marco Santagata con il **corpo docente**[5] **schierato**[6] alle sue spalle e con indosso la **toga accademica**,[7] il 53enne laurendo è **tenero**[8] e disorientato come uno studente fuori corso. Da' **occhiate d'intesa**[9] ai ragazzi che affollano l'aula magna, mentre il rettore parla difficile. Sembra quasi che stia per **commuoversi**[10] e che tenga gli occhi **spalancati**[11] per **impedire**[12] alle lacrime di **rotolare**[13] giù. Questa laurea, in fondo, l'aveva sempre desiderata: «Fosse stato per me / forse adesso sarei laureato», cantava in *Liberi, liberi.* A adesso Vasco, «**sballato**,[14] **sconvolto**,[15] **scoppiato**,[16] fumato» come **elenca**[17] in crescendo Santagata nella *laudatio*, quel «pezzo di carta» ce l'ha in mano.

«Il minimalismo poetico non è proprio casuale. Non sono così ignorante da non riuscire a mettere una parola dietro l'altra» spiega il rocker nell'aula magna. «Usare poche parole è stata una scelta precisa, il segreto della sintonia con il mio pubblico. Sono uno scrittore di canzoni, un artista». E su questo, per una volta sono tutti d'accordo, gli accademici e il pubblico.

[1]**stringere la mano** *shake your hand;*   [2]**farla franca** *get off scot-free;*   [3]**rettore** *president;*   [4]**popolo** *fans;*   [5]**corpo docente** *faculty;*   [6]**schierato** *lined up;*   [7]**toga accademica** *gown;*   [8]**tenero** *tender;*   [9]**occhiate d'intesa** *knowing looks*   [10]**commuoversi** *be moved;*   [11]**spalancati** *open wide;*   [12]**impedire** *to prevent;*   [13]**rotolare** *from rolling;*   [14]**sballato** *stoned;*   [15]**sconvolto** *troubled;*   [16]**scoppiato** *addicted;*   [17]**elenca** *he lists*

Certo, mai nessun laureato ha avuto tanta attenzione dai mass media. Ma nei giorni successivi, **lasciata alle spalle**[18] la *lectio magistralis* **pronunciata**[19] davanti al senato accademico, il dottor Rossi torna a essere semplicemente Vasco. Magari un po' confuso, ma immediate e ironico: «Mi trattano sempre come se io l'università l'avessi vista solo da lontano, in realtà **mollai**[20] quando mi mancavano sei esami per la laurea in Pedagogia… »

Pedagogia? Come mai?
«Per due anni frequentai Economia e Commercio. E con ottimi risultati, anche. Ma sapevo che non avrei mai potuto fare quel mestiere. In realtà volevo iscrivermi a Psicologia, **avevo il pallino**[21] di fare lo psicologo davvero, ma a Bologna non c'era. Allora mi iscrissi alla facoltà che più si avvicinava. Poi è arrivato il treno della musica».

Che titolo di studio aveva conseguito alla scuola Media Superiore?
«Ero, anzi sono, beh ora non so… Insomma, ragioneria. Arrivai all'università molto impreparato».

Lo studio era un supplizio?[22]
«Per me l'università era la fuga da Zocca, il tentativo di fare qualcosa di diverso da quello a cui il paese mi avrebbe condannato. Ma non mi sono mai visto **nei panni di**[23] un economista, di uno psicanalista sì, di più».

A casa non saranno stati contenti quando decise d'interrompere gli studi?
«No. Sono figlio unico, avevano riposto in me tutte le loro speranze. Mio padre faceva il **camionista**,[24] morì prima che io avessi successo. Di soldi non ce n'erano e prospettive di lavoro **men che meno**[25]».

La mamma come l'ha presa questa laurea tardiva?
«Come se avessi vent'anni, si è commossa quando le ho telefonato. Lei è un tipo malinconico, non dice mai sono depressa, dice ho la malinconia. Questa laurea è stata per lei come un Prozac».

Una bella gratificazione, ma anche senza laurea nella sua carriera andava tutto a gonfie vele.[26]
«Io consiglio sempre di farla l'università, se uno vuole avere più opportunità nella vita. Ma se uno ha la vocazione per fare l'**idraulico**[27] o il **falegname**,[28] meglio ancora: magari si guadagnano anche dei bei soldini e **raccoglie**[29] un po' di gloria. Soprattutto, è più divertente che fare l'economista».

L'università, in effetti, non sempre garantisce un lavoro soddisfacente.
«La vita è dura e complicata per tutti. Io sostengo che la prima cosa da fare è **abbassare**[30] le aspettative. Come ho detto durante il mio discorso all'università, una laurea non fa primavera. E il denaro non è tutto. Bisogna stare bene con se stessi, questo è il punto di vista di partenza. Il resto prima o poi arriva».

(adattato da *Il Venerdì di Repubblica*, 20 maggio 2005, autore Giuseppe Videtti)

---

[18]**lasciata alle spalle** *(having) left behind;* [19]**pronunciata** *read;* [20]**mollai** *I gave up;* [21]**avevo il pallino** *I was fixated;* [22]**supplizio** *torment, torture;* [23]**nei panni di** *in the role of;* [24]**camionista** *truck driver;* [25]**men che meno** *even fewer (less);* [26]**a gonfie vele** *smoothly;* [27]**idraulico** *plumber;* [28]**falegname** *carpenter;* [29]**raccoglie** *pick up;* [30]**abbassare** *to lower*

II. Comprensione della lettura
Hai capito?

A. Vero o falso? Scegli la risposta giusta—**vero** o **falso**—e spiega la tua scelta.

1. Vasco Rossi si è laureato in Psicologia.   V   F
2. Molta gente sapeva che Vasco stava per ricevere la laurea   V   F
   dallo IULM.
3. Vasco Rossi era molto emozionato quando ha incontrato il   V   F
   rettore dell'università.
4. Le sue canzoni non sono minimaliste, contengono molte parole.   V   F
5. Vasco è cambiato da quando ha ricevuto la laurea.   V   F
6. Da piccolo Vasco voleva fare il falegname.   V   F

B. Come mai? Spiega alcune scelte di Vasco in base alle informazioni che lui stesso ha dato nell'intervista.

1. Mi piace Psicologia ma faccio Pedagogia.
2. Ho quasi finito l'università ma divento un cantante.
3. Non mi piace molto studiare ma mi iscrivo all'università.
4. Io non ho mai aspettative molto alte.
5. La mia famiglia aveva riposto tutte le speranze in me.

Attività comunicative

 A. L'intervista. Continua l'intervista precedente facendo a Vasco altre domande cercando di scoprire qualcosa di più sulla sua vita e sui suoi gusti. Un tuo compagno / una tua compagna può recitare il ruolo di Vasco.

> *Cominciamo:* La Sua era una famiglia benestante?

 B. Il sito di Vasco. Andate sul sito di Vasco Rossi. Cercate di capire come è organizzato. A che cosa viene dato maggior spazio? Si possono scaricare (*download*) le sue canzoni? Si possono comprare i suoi CD? Ci sono i testi delle canzoni? Paragonatelo poi al sito di un famoso cantante di vostra scelta. Quali sono le principali differenze? C'è un blog in questi siti? Cosa scrivono le persone nel blog? Scambiate le vostre scoperte con gli altri gruppi in classe.

Lettura 2

«Cento anni fa il primo asilo Montessori: Roma ricorda la grande pedagogista»

I. Prima di leggere

A. Attività contestuali della pre-lettura

 1. Una volta un bambino / una bambina. Quando eri piccolo/a, prima di andare a scuola, chi si prendeva cura di te? Che facevi quando avevi quattro o cinque anni? Chi ti curava (i nonni, i genitori)? Guardavi i cartoni animati? (*cartoons*) A che cosa giocavi? Che cosa ti piaceva fare? Sei mai andato/a all'asilo (*kindergarten*)? Com'era? Cosa mangiavi? Parla di tutti gli aspetti della tua infanzia con un tuo compagno / una tua compagna.

> *Cominciamo:* —Quando ero piccolo/a mi piaceva andare dai nonni perché…
> —Anch'io ci andavo spesso dai nonni e…

 2. Questo sì e quello no. Prima, assieme a un compagno / una compagna, fate un elenco di tutte le cose che i genitori, i nonni o la maestra vi proibivano di fare quando eravate bambini. Poi dite se riuscivate a farle lo stesso. Un giorno voi lo proibireste ai vostri figli? Perché sì e perché no? Parlatene!

> *Cominciamo:* —Io non potevo mai mangiare delle caramelle, perché i miei genitori pensavano che mi avrebbero rovinato i denti.
> —A me non piacevano molto, ma amavo la gomma da masticare.

B. Lessico ed espressioni comunicative

Sostantivi

la giovinezza *youth*
il lavandino *sink*
la leva *lever*
il manicomio *asylum*
il quartiere *district*
la riconoscenza *recognition, gratitude*

Aggettivi

disabile *disabled*
precluso *blocked, not open to*
rinchiuso *locked up*

Verbi

avviare *to start*
costringere *to force*
dare in affido *to give up for adoption*
evitare *to avoid*
intraprendere *to begin*
radunare *to bring together, to convene*
ricorrere *to take place, fall (on a certain day)*
trascorrere *to spend*

Espressione comunicativa

a misura del fanciullo *kid-size, "child-friendly"*

Vocabolario attivo

A. Verbi che mancano. Completa il brano con i verbi mancanti scegliendo fra quelli del **Lessico ed espressioni comunicative.** Fa' attenzione ad usare il tempo giusto.

Durante gli anni '30 il fascismo _____ una campagna contro Maria Montessori perché i metodi della pedagogista sembravano troppo innovativi. Nonostante Maria avesse tentato di _____ ogni scontro con il regime fascista alla fine ha dovuto arrendersi (*to surrender*). Di fatto il Fascismo la _____ a lasciare l'Italia e quando lei è arrivata negli Stati Uniti ha continuato l'attività che _____ in Italia fondando molte scuole simili a quella che aveva fondato a Roma. Maria Montessori _____ un periodo di tempo abbastanza lungo negli Stati Uniti prima di tornare in Europa alla fine della seconda guerra mondiale.

B. Da completare. Completa le frasi scegliendo tra gli aggettivi e i sostantivi del **Lessico ed espressioni comunicative.**

1. Maria Montessori ha aperto una scuola nel _____ San Lorenzo di Roma per i bambini _____.

2. Nella scuola tutto era piccolo, anche nel bagno il water e il _____ erano a grandezza di bambino.

3. Maria Montessori ha passato la sua _____ a Roma ma da adulta si è trasferita negli Stati Uniti.

4. Dopo la sua morte ha ricevuto _____ dal governo italiano che ha messo la sua effige sulle banconote da mille lire.

5. In quel periodo le donne non avevano libertà di scelta e nel mondo del lavoro molte possibilità erano _____.

«Cento anni fa il primo asilo Montessori: Roma ricorda la grande pedagogista»

Roma   Maria Montessori non era una donna comune. Quando fondò la prima «Casa dei bambini» era già nota per essere una delle prime donne laureate in medicina in Italia, per le sue lotte femministe e per il suo impegno sociale e scientifico a favore dei bambini **disabili.**[1] Oggi **ricorre**[2] il centesimo anniversario proprio di quella prima scuola che la pedagogista creò nella capitale, nel **quartiere**[3] di San Lorenzo. E Roma celebra l'evento con una convention internazionale di due giorni in corso all'Auditorium, che **raduna**[4] montessoriani di tutto il mondo. Perché i metodi della Montessori furono fermamente combattuti sia dal regime fascista che da quello nazista, **costringendola**[5] all'espatrio e aiutandola così a diffondere anche all'estero le sue teorie innovative.

«La scuola italiana ha un grande debito di **riconoscenza**[6] nei confronti di Maria Montessori, esemplare figura di educatore che ha anticipato i tempi ed ha avuto il coraggio di **avviare**[7] un progetto pedagogico innovativo, basato sulla centralità dell'alunno e sull'idea del bambino come persona completa». Così la ricorda il ministro della Pubblica Istruzione nell'anniversario della prima «Casa» sottolineando come il principio

[1]**disabili** *disabled;*   [2]**ricorre** *takes place (is);*   [3]**quartiere** *district;*   [4]**raduna** *brings together;*
[5]**costringendola** *forcing her into;*   [6]**riconoscenza** *recognition, gratitude;*   [7]**avviare** *start*

Maria Montessori, la grande pedagogista.

ispiratore, e la grande novità, delle sue teorie fu quello di «conoscere e valorizzare gli spontanei interessi del bambino come **leve**[8] prioritarie per il suo apprendimento».

Due volte candidata al premio Nobel per la pace, Maria Montessori nacque a Chiaravalle (Ancona) il 31 agosto 1870. **Trascorse**[9] infanzia e **giovinezza**[10] a Roma dove decise d'**intraprendere**[11] studi scientifici per diventare ingegnere. Ma questa strada era **preclusa**[12] alle donne. Le fu però concesso di iscriversi alla facoltà di Medicina e chirurgia dove si laureò nel 1896 con una tesi in psichiatria, diventando assistente della cattedra universitaria di medicina. Intorno al 1900 cominciò un lavoro di ricerca presso il **manicomio**[13] romano di S. Maria della Pietà dove, tra gli adulti malati di mente, si trovavano bambini con difficoltà o con turbe del comportamento.

Erano **rinchiusi**[14] e trattati alla pari degli altri, in stato di grave abbandono affettivo. Generosa ed energica, Montessori decise di dedicarsi al loro recupero e ottenne, con l'aiuto di materiali adatti, risultati inaspettati. Con calore si battè per i loro diritti nei congressi di quegli anni e al tempo stesso cominciò a studiare i bambini normali, per i quali il 6 gennaio 1907 aprì appunto la prima «Casa dei Bambini» creando una scuola armoniosa e **a misura del fanciullo**,[15] anche nell'arredamento— con i piccoli banchi bianchi fra pareti colorate, librerie e **lavandini**[16] ad altezza di bambino—e introducendo nuovi materiali di sviluppo. Nel 1924 fondò l'Opera Nazionale Montessori per l'attuazione e la tutela del metodo ma nel 1936, ostile al regime fascista che tentò di farne uno strumento di propaganda politica, lasciò l'Italia per seguire lo sviluppo delle scuole montessoriane in diverse parti del mondo, in particolare negli Stati Uniti.

Al rientro in patria, nel 1947, la Montessori si preoccupò innanzitutto di ricostruire l'Opera. Nel 1952 morì in Olanda, a Noordwijk, dove si era

[8]**leve** *levers;* [9]**Trascorse** *She spent;* [10]**giovinezza** *youth;* [11]**intraprendere** *begin, undertake;* [12]**preclusa** *not open to;* [13]**manicomio** *asylum;* [14]**rinchiusi** *locked up;* [15]**a misura del fanciullo** *child-friendly;* [16]**lavandini** *sinks*

ritirata. E sempre in Olanda, 14 anni fa, morì il suo unico figlio Mario. Se infatti molti ricordano il suo volto stampato sulle vecchie mille lire, quando sostituì l'immagine di Marco Polo e dove rimase fino all'arrivo dell'euro. Pochi sanno che la Montessori ebbe una relazione con un suo giovane assistente di psichiatria all'università, Giuseppe Montesano, da cui nacque un bambino che la pedagogista fu costretta a **dare in affido**[17] per **evitare**[18] lo scandalo. Alla sua storia, le sue ricerche scientifiche, è ispirata una miniserie in onda nei prossimi mesi su Mediaset dove la parte della pedagogista è interpretata da Paola Cortellesi.

(adattato da *La Repubblica*, 6 gennaio 2007)

[17]**dare in affido** *put up for adoption;* [18]**evitare** *to avoid*

II. Comprensione della lettura
Hai capito?

A. Vero o falso? Scegli la risposta corretta e giustifica la tua scelta.

1. Prima di fondare la scuola dei bambini Maria Montessori era già famosa. V F

2. Montessori è nata cento anni fa nel quartiere romano di San Lorenzo. V F

3. Montessori è scappata dall'Italia perché non era fascista. V F

4. Montessori ha ricevuto una laurea in Pedagogia. V F

5. Il suo interesse per i bambini è nato quando ha iniziato a lavorare in un manicomio romano. V F

6. Nella casa dei bambini l'arredamento è piccolo. V F

7. Montessori dopo essere andata negli Stati Uniti non è più tornata in Europa. V F

B. Domande e risposte. Rispondi in modo completo alle seguenti domande.

1. Perché nel passato era difficile laurearsi per una donna?

2. Perché Maria Montessori non andava d'accordo con il regime fascista?

3. Quali sono gli elementi di base del suo principio pedagogico?

4. A parte la laurea, che cosa distingue la Montessori per essere una donna non comune?

5. Perché pensi sia andata in Olanda quando è tornata in Europa dopo la guerra?

6. Cosa ha fatto la società italiana per ricordare Maria Montessori?

C. Le date non sono il mio forte. Non sei sicuro/a di alcune date importanti nella vita di Maria Montessori. Fa' precedere alla data i verbi: *credo, penso, suppongo, è possibile.* Segui l'esempio.

> *Esempio:* nata il 30 o 31 agosto →
> **Credo che** Maria Montessori **sia nata** il 30 o il 31 agosto.

1. _____ si _____ laureata verso la fine del secolo.

2. _____ aperto la prima «Casa dei bambini» nel 1907.

3. _____ partita dall'Italia prima dell'inizio della seconda guerra mondiale.

4. _____ fondato Opera Montessori più o meno nel 1924.

5. _____ tornata in Europa subito dopo la fine della guerra.

6. _____ morta nel 1952.

7. _____ l'unico figlio _____ morto circa quattordici anni fa.

Attività comunicative

A. Il mio asilo. Con un compagno / una compagna parla della tua esperienza in un asilo. Forse hai frequentato un asilo Montessori? Quali sono i tuoi ricordi del tempo che ci hai passato? Cosa facevi quando eri lì? Quante ore ci restavi?

> *Cominciamo:* —Non mi piaceva il mio asilo per niente perché…
> —Neanch'io mi ci sono trovato/a bene…

B. Le banconote. Maria Montessori è apparsa sulle banconote da 1.000 lire prima che entrasse in uso l'euro. Una volta c'erano scrittori (Manzoni), scienziati (Marconi), musicisti (Verdi) sulle banconote italiane. Ancora oggi sulle monete in euro si può trovare Dante, disegni importanti (Leonardo) o monumenti importanti (il Colosseo, la Mole Antonelliana). Sui dollari americani invece ci sono solo personaggi politici. Riunitevi in gruppi e decidete quale personaggio importante vi piacerebbe vedere sulle banconote del vostro paese.

> *Cominciamo:* —Io vorrei vedere un attore…
> —Ma che dici, quelli non se lo meritano…
> —Io invece credo che…

C. Molto popolare. Ci sono molti siti sul Web dedicati a Maria Montessori. Fate una ricerca in Internet trovando dei siti fra loro. Dividendovi in gruppi riportate alla classe cosa avete scoperto di interessante in ogni sito.

Le università italiane oggi

Le università in crisi? Fa' una ricerca in Internet sui vari istituti di livello universitario che esistono in Italia visitando i loro siti. Cerca di raccogliere il maggior numero di informazioni che potrebbero interessare al resto della tua classe. Per esempio: scelta dei corsi, durata dei corsi, esistenza del numero chiuso, costo dei corsi, calendario accademico, ecc. Informa la classe dei risultati della tua ricerca e insieme decidete se esiste una crisi universitaria in Italia e perché.

Scriviamo!

A. **Cosa mi ricordo.** Descrivi la prima cosa che ti ricordi per quanto riguarda i tuoi giochi da bambino. Qual è il primo gioco che ancora ti viene in mente? Eri solo/a o giocavi con qualcuno? Era un'esperienza positiva o frustrante?

B. **Cose proibite.** C'era un gioco che all'asilo o a casa la maestra o i genitori ti proibivano di giocare? Sei riuscito/a a giocare lo stesso? Perché ti piaceva quel gioco? Quando tu avrai figli proibirai loro qualche gioco? Perché? Scrivi della tua esperienza e di quello che farai quando sarai genitore.

C. **Viva i soldi!** Secondo te che funzione ha andare all'università oggi nel tuo paese? Serve solo a garantirsi un buon lavoro e un buono stipendio? Può o deve avere qualche altra funzione? Descrivi quale, secondo te, dovrebbe essere la funzione dell'università oggi e com'è in realtà.

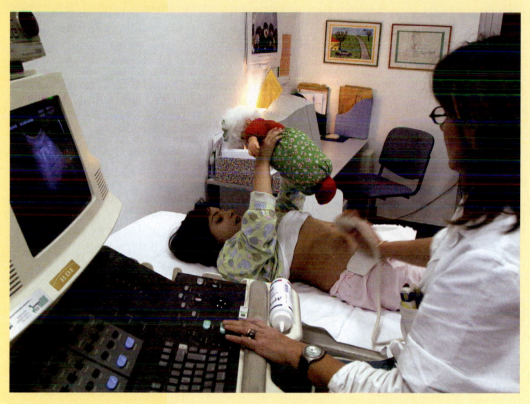

Le donne italiane oggi lavorano in molti posti una volta occupati solo dagli uomini.

Strategie per la lettura: Looking for key words
  and phrases
Lettura 1: «Agente Nikita»
Lettura 2: «Chiedetelo a Olga»
Attualità: Annunci di lavoro

Lettura 1

«Agente Nikita»

I. Prima di leggere

A. Strategie per la lettura

Looking for key words and phrases. When dealing with authentic readings it is very important to first have an overview of the text. In order to do so in an efficient way, it is necessary to extrapolate the main ideas and facts from each paragraph of the text. By looking at the title, key words, or phrases, often repeated, you can anticipate the general content of the reading, and sometimes even the author's primary concern or point of view.

In this reading, the first two paragraphs set the tone of the entire text. They also introduce the two major points of the reading: the first paragraph deals with the protagonist's character, while the second one discusses her groundbreaking achievement in a profession traditionally dominated by men. Take a look at the underlined key words below. These words convey pertinent information regarding the protagonist's character, which will enable you to answer the following questions: What kind of woman is she? What has she done to show her character? What priorities does she have?

> In questi anni <u>ho messo in gioco</u> la mia vita, gli affetti più cari, il mio futuro. Ma non cedo ai ricatti. <u>Sono una dura</u>. Neppure il mio fidanzato è riuscito a farmi cambiare idea. Mi aveva chiesto di scegliere: o lui o il lavoro. Bè, <u>ho lasciato lui</u>.

Now glance at part of the next paragraph. Do not read it in detail; just attempt to identify words or phrases that seem to contain the main idea. Then answer the questions that follow.

> Fino a poco tempo fa, questo incarico era ancora una meta irraggiungibile per noi donne. Adesso, invece, anche il personale femminile potrà scortare magistrati in prima linea e altre persone a rischio. Sono stata scelta tra agenti forti, grandi come armadi, addestrati e pronti al rischio.

Have women always been able to do this kind of job? What has changed? Can you describe the physical characteristics of these agents?

By applying this reading technique to the remainder of the text, you will be able to understand its most important points. They will guide you through your reading and acquisition of both new vocabulary and linguistic structures.

B. Attività contestuali della pre-lettura

1. Mestieri pericolosi. Scegli dal seguente elenco la professione che corrisponde alla definizione data e di' se la consideri pericolosa e perché. Di' poi se faresti quel mestiere o no e perché.

1. _____ avvocato
2. _____ controllore di volo
3. _____ cuoco
4. _____ poliziotto
5. _____ pompiere
6. _____ postino
7. _____ psichiatra
8. _____ tassista

a. una persona che distribuisce le lettere

b. una persona che difende o accusa delinquenti

c. una persona che prepara da mangiare per gli altri

d. una persona che fa rispettare l'ordine e la legge

e. una persona che aiuta la gente dove ci sono incendi

f. una persona che guida gli aerei nell'operazione di atterraggio e decollo

g. una persona che si cura della salute mentale degli altri

h. una persona che porta in giro altre persone in macchina a pagamento

 2. Per soli uomini. Con un compagno / una compagna fa' un elenco di quei lavori che richiedono una particolare forza fisica e che di solito escludono o limitano la presenza di donne. Poi assieme specificate quali sono queste qualità fisiche. Dite se siete d'accordo che le donne senza particolari qualità fisiche siano escluse da certi lavori.

 3. Lo faccio o non lo faccio. Quali sarebbero le caratteristiche più importanti del tuo lavoro ideale—orario, sede (*location*), salario, ecc.? Qual è invece un lavoro che non faresti mai e perché? Parlane con un tuo compagno / una tua compagna.

> *Cominciamo:* —Non potrei mai essere chirurgo. Non sopporto la vista del sangue, e tu?
> —Neanch'io potrei mai essere chirurgo, preferisco…

 4. In gruppo. In gruppi di tre o quattro studenti preparate un elenco di professioni che nel vostro paese per molto tempo sono state tipicamente maschili e che recentemente sono diventate disponibili anche alle donne. Discutete poi come e quando è avvenuto il cambiamento.

C. Lessico ed espressioni comunicative

Sostantivi

l'agente di scorta *secret service agent*

l'auto blindata *armored car*

il barista *bartender*

il bersaglio *target*

il brevetto *license, certification*

il camaleonte *chameleon*

la catena di montaggio *assembly line*

il colpo *shot*

il cucciolo *puppy*

il duro *tough guy*

la fabbrica *factory*

il fisico *body, physical appearance*

il granello di sabbia *grain of sand*

l'incarico *task*

la meta *goal*

il nome in codice *code name*

il/la paracadutista *parachuter*

il pentito *repentent criminal; collaborator*

la polizia penitenziaria *police guards*

i ricatti *blackmail*

il sangiovese *type of Italian wine*

la scrivania *desk*

il sorriso *smile*

il subacqueo *diving*

il tiratore scelto *sharp shooter*

il traguardo *goal*

il volante *steering wheel*

Aggettivi

addestrato *trained*

ammesso *admitted, accepted*

frizzante *sparkling*

minuto *petite, small*

imperscrutabile *inscrutable*

Verbi

cedere *to give in*

infrangere *to break*

raggiungere *to reach*

rimuovere *to remove, to overcome*

rinunciare a *to give up*

riuscire a *to succeed*

scorrere *to flow, to go by*

scortare *to escort*

Espressioni comunicative

a rischio *in danger*

carico prezioso *important passengers*

Chioccia *Mother Hen*

con un filo di voce *whispering*

è saltata in aria *she was blown up*

fortini della mafia *districts controlled by the Mafia*

gareggiare sulle piste *to drag race*

grandi come armadi *very big, large*

in fondo *after all*

irriducibili di Cosa Nostra *big bosses of the Cosa Nostra*

magistrati in prima linea *judges on the front line*

mettere in gioco *to put into play*

rubare i segreti del mestiere *to steal business secrets*

tagliati a spazzola *crew-cut*

Vocabolario attivo

A. Espressioni alternative. Le seguenti frasi contengono alcune parole ed espressioni che troverai nella lettura. La comprensione del loro uso ti aiuterà a capire il testo. Sostituisci alle parole sottolineate una delle tre date come scelta alternativa.

1. Nel cinema americano Humphrey Bogart ha sempre fatto la parte di <u>un uomo forte e coraggioso</u>.
   a. violento   b. duro   c. simpatico
2. Madre Teresa aveva solo <u>un obiettivo</u> nella vita—aiutare i poveri.
   a. una possibilità   b. una carriera   c. una meta

3. Sono troppo grasso, devo dimagrire, ho deciso di <u>fare a meno dei</u> dolci.
   a. rinunciare ai   b. riuscire ai   c. rischiare ai

4. Ho preso un brutto voto ma <u>dopo tutto</u> è giusto perché non ho studiato abbastanza.
   a. in fondo   b. infine   c. alla fine

5. Al lavoro mi hanno dato <u>un compito</u> importante, devo studiare la possibilità di creare un nuovo programma per il computer.
   a. un incarico   b. un gioco   c. un carico

B. Famiglie di nomi. Elimina da ogni gruppo una parola e spiega perché non c'entra con le altre.

1	2	3	4
duro	polizia	meta	scortare
forte	poliziotto	scopo	scartare
durare	pulizia	metà	scorta

«Agente Nikita»

«Mi chiamano Rambetta, ma non mi offendo. La passione per il mio lavoro **riesce a**[1] **rimuovere**[2] ogni ostacolo. Se i miei colleghi riconoscessero i sacrifici che ho fatto per **raggiungere**[3] questo **traguardo**,[4] mi vedrebbero con altri occhi. In questi anni **ho messo in gioco**[5] la mia vita, gli affetti più cari, il mio futuro. Ma non **cedo**[6] ai **ricatti**.[7] Sono una **dura**.[8] Neppure il mio fidanzato è riuscito a farmi cambiare idea. Mi aveva chiesto di scegliere: o lui o il lavoro. Bè, ho lasciato lui. Seguo sempre il mio cuore. Sono una donna libera che vuole sentirsi utile. Dietro una **scrivania**[9] o alla **catena di montaggio**[10] non potrei sopravvivere. Non potrei **rinunciare a**[11] quello che faccio. Questa è la mia strada». Nikita — questo il suo **nome in codice**[12] — è un'**agente di scorta**.[13] La prima donna **ammessa**[14] al servizio scorta della **polizia penitenziaria**,[15] una squadra di poliziotti specializzata nella difesa di persone **a rischio**.[16]

«Ho superato l'ostacolo. Fino a poco tempo fa, questo **incarico**[17] era ancora una **meta**[18] irraggiungibile per noi donne. Adesso, invece, anche il personale femminile potrà scortare **magistrati in prima linea**[19] e altre persone a rischio. Sono stata scelta tra agenti forti, **grandi come armadi**,[20] **addestrati**[21] e pronti al rischio. Mi sentivo un **granello di sabbia**[22] vicino a loro. Non ho un **fisico**[23] imponente: all'apparenza sono **minuta**,[24] sembro un po' fragile. Però saprei difendermi se si presentasse l'occasione».

Come maestra di judo, conosce i segreti delle arti marziali; come **tiratore scelto**[25] non sbaglia un **colpo**;[26] come autista potrebbe tranquillamente **gareggiare sulle piste**[27] più famose del mondo. Ha il **brevetto**[28] di

[1]**riesce a** *succeeds in;* [2]**rimuovere** *overcoming;* [3]**raggiungere** *to reach;* [4]**traguardo** *goal;* [5]**ho messo in gioco** *put into play;* [6]**cedo** *give in;* [7]**ricatti** *blackmail;* [8]**dura** *"tough guy";* [9]**scrivania** *desk;* [10]**catena di montaggio** *assembly line;* [11]**rinunciare a** *give up;* [12]**nome in codice** *code name;* [13]**agente di scorta** *secret service agent;* [14]**ammessa** *admitted;* [15]**polizia penitenziaria** *police guard;* [16]**a rischio** *in danger;* [17]**incarico** *task;* [18]**meta** *goal;* [19]**magistrati in prima linea** *judges on the front line;* [20]**grandi come armadi** *very big;* [21]**addestrati** *trained;* [22]**granello di sabbia** *grain of sand;* [23]**fisico** *physical presence;* [24]**minuta** *petite;* [25]**tiratore scelto** *sharp shooter;* [26]**colpo** *shot;* [27]**gareggiare sulle piste** *race on the tracks;* [28]**brevetto** *certification*

Un'agente di scorta — la professione una volta accessibile solo agli uomini.

subacqueo,[29] e presto prenderà quello di **paracadutista**.[30] «In questo mestiere ci vuole la forza delle braccia, ma anche quella delle idee. Davanti al nemico non posso farmi trovare impreparata, devo essere imprevedibile, capace di cambiare pelle come un **camaleonte**».[31]

Capelli biondi **tagliati a spazzola**,[32] sguardo magnetico e **sorriso**[33] ancora da adolescente, Nikita non mostra la sua vera età: 31 anni. «Ha un temperamento esuberante» dicono i colleghi della scorta. «È una romagnola autentica: **frizzante**[34] come un bicchiere di **sangiovese**.[35] Ma **imperscrutabile**[36] come un gatto. Noi la consideriamo un po' il nostro **cucciolo**[37] ci illudiamo di proteggerla, e invece e lei che si prende cura di noi. Come una **Chioccia**».[38]

«In Sicilia ho imparato moltissimo: **ho rubato i segreti del mestiere**[39] ai colleghi più esperti che mi hanno insegnato a essere coraggiosa, determinata, e anche sospettosa. E a controllare le emozioni». Le sue missioni sono «top secret», non può parlare dei compiti delicati che le sono assegnati. «**Ho scortato**[40] i VIP o meglio, gli **irriducibili di Cosa Nostra**».[41] Nikita non riesce a spiegare quello che prova quando è al **volante**,[42] impegnata in missioni delicate o ad altissimo rischio. «Quando giri in mezzo al traffico, o nei vicoli all'interno dei **fortini della mafia**[43] non ti accorgi che la vita **scorre**[44] velocemente, che l'adrenalina è al massimo. In quei momenti pensi solamente a proteggere il tuo **carico prezioso**[45] e a raggiungere nel più breve tempo possibile la meta». Paura? «Non è nel mio DNA, altrimenti avrei continuato a fare la **barista**[46] o avrei scelto di lavorare in **fabbrica**»[47] spiega senza esitazione. «Cerco di mantenermi sempre tranquilla. Il pericolo, anche il rischio di morire rientra nel gioco, come alla roulette russa. Anche il mio ragazzo, che fa l'agente di scorta, la pensa come me. Ci siamo conosciuti durante una pausa di lavoro, e forse ci siamo innamorati perché insieme ci sentiamo più forti. **In fondo**,[48] anch'io sogno di avere una casa, di sposarmi e avere almeno due bambini». **Con un filo di voce**[49] osserva: «Chissà, magari anche **Emanuela Loi**[50] aveva gli stessi miei progetti quel 19 luglio del '92, il giorno in cui **è saltata in aria**[51] insieme al giudice **Paolo Borsellino**[52] e ai suoi colleghi della scorta».

(adattato da *Io donna*, supplemento di *Il Corriere della Sera*, 8 luglio 2000, autore Roberta Ruscica)

[29]**subacqueo** *diving;* [30]**paracadutista** *parachuter;* [31]**camaleonte** *chameleon;* [32]**tagliati a spazzola** *in a crew-cut;* [33]**sorriso** *smile;* [34]**frizzante** *sparkling, bubbly;* [35]**sangiovese** *a type of Italian wine;* [36]**imperscrutabile** *inscrutable;* [37]**cucciolo** *puppy;* [38]**Chioccia** *Mother Hen;* [39]**ho rubato i segreti del mestiere** *I stole business secrets;* [40]**Ho scortato** *I escorted;* [41]**irriducibili di Cosa Nostra** *big bosses of the Cosa Nostra;* [42]**volante** *steering wheel;* [43]**fortini della mafia** *districts controlled by the Mafia;* [44]**scorre** *goes by;* [45]**carico prezioso** *important passengers;* [46]**barista** *bartender;* [47]**fabbrica** *factory;* [48]**In fondo** *After all;* [49]**Con un filo di voce** *Whispering;* [50]**Emanuela Loi** *another secret agent;* [51]**è saltata in aria** *she was blown up;* [52]**Paolo Borsellino** *a famous judge killed by the Mafia*

II. Comprensione della lettura
Hai capito?

A. Da rispondere. Rispondi alle seguenti domande in modo completo.

1. Che tipo di carattere ha Nikita?
2. Come erano i suoi rapporti con l'ex-fidanzato?
3. Che cosa piace a Nikita del mestiere che ha scelto?
4. Che cosa c'è di unico in quello che Nikita ha fatto?
5. Com'è fisicamente Nikita?
6. Cosa dicono di lei i suoi colleghi?
7. Chi tipo di persone scorta Nikita?
8. Perché Nikita non ha paura?
9. Che cosa sente quando è al lavoro Nikita?
10. Va d'accordo con il nuovo ragazzo?
11. Quali sono le caratteristiche per essere un buon agente di scorta?
12. Come vede il suo futuro Nikita?

B. Vero o falso? In base alla lettura sono **vere** o **false** le seguenti affermazioni? Se sono false, cambiale in vere.

1. Nikita è stata scelta perché è grande come un armadio.	v	f
2. Emanuela Loi lavora con Nikita.	v	f
3. Il suo ragazzo è cambiato, adesso non è più geloso del suo lavoro.	v	f
4. Il problema di Nikita è che non sa controllare le emozioni.	v	f
5. In Sicilia ha scortato grandi capi della mafia.	v	f
6. Nikita è brava in varie discipline atletico-sportive.	v	f
7. Ha lasciato il suo ex-fidanzato perché era un duro.	v	f

C. Nel contesto. Trova nel **Lessico ed espressioni comunicative** la parola che si adatta alle seguenti definizioni e spiegane il contesto nella lettura.

1. Qualcosa che vi sta a cuore e che volete ottenere ad ogni costo: _____

2. Una persona magra e piccola: _____

3. Imparare velocemente da un'altra persona le caratteristiche di un lavoro per poi praticarlo: _____

4. Una persona cha ha capito i propri errori e li confessa: _____

5. Una persona che è in pericolo: una persona _____

Attività comunicative

 A. Cosa ci vuole per… Con un compagno / una compagna parla delle qualità che deve avere una persona per fare le seguenti professioni e insieme cercate di spiegare perché.

> *Esempio:* Per essere un buon poliziotto bisogna essere coraggioso perché si incontrano persone strane e violenti pronte a tutto.

1. insegnante di scuola media
2. agente di borsa
3. segretaria
4. soldato
5. dentista
6. autista di autobus
7. infermiere (*nurse*)
8. presidente degli Stati Uniti

 B. Rischio e stress. Con un compagno / una compagna scrivi prima un elenco delle professioni più pericolose e poi un elenco di professioni particolarmente stressanti ma non necessariamente pericolose. Insieme spiegate perché le considerate come tali.

> *Cominciamo:* —Secondo me, essere minatore (*miner*) è molto pericoloso perché…
> —Sono d'accordo, però una professione anche più pericolosa è…

 C. Vita professionale. Chiedi a un tuo compagno / una tua compagna quali sono le sue maggiori ambizioni professionali.

1. In che cosa ti laurei?
2. Quale tipo di lavoro cercherai dopo la laurea?
3. Quali fattori influenzeranno la tua scelta di lavoro?
4. Che ruolo avrà la tua vita famigliare rispetto al lavoro?
5. Cosa pensano i tuoi genitori della professione che vuoi svolgere?
6. Faresti una professione che non paga molto? Perché?
7. Saresti disposto/a a cambiare carriera se ti accorgi che il lavoro non ti piace?

 D. Dall'altra parte. Con un compagno / una compagna assumete i ruoli di un candidato che ha fatto una domanda di lavoro e quello che esamina il candidato. Immaginate che vi si presentano le seguenti persone per i posti specificati. Scambiate i ruoli dopo ogni colloquio.

1. Un ragazzo minuto, piuttosto giovane per un posto come buttafuori (*bouncer*) in una discoteca.
2. Un ragazzo con molti tatuaggi e un orecchino sulla lingua per un posto di commesso in un elegante negozio di abbigliamento.
3. Una ragazza vestita in modo vistoso (*flashy*) per un posto di cameriera in un ristorante elegantissimo.

E. Stipendi. In gruppi di tre o quattro studenti mettete insieme una lista di persone che secondo voi fanno delle professioni che sono pagate troppo. Poi discutete invece quelle professioni che sono sotto-valutate dalla società.

> *Cominciamo:* —Sono proprio disgustato/a del fatto che certi attori guadagnino milioni di dollari.
> —Sono d'accordo, però...
> —Ma che dite voi due, se lo meritano perché…

 F. Madre. In gruppi di tre o quattro studenti parlate delle vostre rispettive madri: se sono o erano donne in carriera o madri tradizionali. Esprimete la vostra opinione sui vantaggi e sugli svantaggi dei ruoli che le vostre madri hanno scelto.

> *Cominciamo:* —Mia madre è casalinga e le piace stare a casa.
> —Anche la mia, ma a volte è stanca di occuparsi solo della famiglia.
> —È bello avere la mamma a casa, la mia non c'era mai.

 G. I tempi sono cambiati. In gruppi di tre o quattro studenti fate un elenco di quelle attività sociali che caratterizzano il comportamento di una donna vicino a voi (nonna, mamma, sorella, amica) e dite se queste attività sarebbero state possibili venti o trenta anni fa.

> *Cominciamo:* —Mia sorella esce sola la sera fino alle 2 del mattino…
> —La mia qualche volta non ritorna a casa per niente.

Lettura 2

«Chiedetelo a Olga»

I. Prima di leggere

A. Attività contestuali della pre-lettura

1. Fatti ed opinioni. Leggi prima le frasi che seguono e poi esprimi la tua opinione. Spiega il tuo punto di vista alla classe.

1. I giovani italiani escono di casa solo quando si sposano mentre i giovani americani escono quando iniziano a frequentare l'università.
   Io penso che _____.

2. Le persone oggi rinunciano agli affetti per preoccuparsi solo della loro carriera.
   Io penso che _____.

3. In Italia le mamme di una volta si curavano solo del bene della famiglia mentre le mamme di oggi non hanno tempo per la famiglia.
   Io penso che _____.

2. Una questione di priorità. Insieme a un compagno / una compagna completate le seguenti frasi spiegando quali sono le vostre priorità.

1. Le cose a cui do più importanza nella vita in questo momento sono…
2. Se adesso seguo il mio cuore è perché…
3. Finora non mi sono mai fermato/a a considerare le mie scelte possibili perché…
4. Non sono ancora arrivato/a a un punto stabile nella mia vita perché…

B. Lessico ed espressioni comunicative

Sostantivi

l'avvenire *the future*

il coetaneo *contemporary, person of the same age*

il consiglio *suggestion, piece of advice*

la lite *fight*

il rimpianto *regret*

la scala di valori *priorities*

la scelta *choice*

lo sfogo *venting*

Verbi

crescere *to grow, to raise (children)*

dare fastidio *to bother*

durare *to last*

guardarsi attorno *to look around*

prospettarsi *to appear, to come up*

rinunciare a *to give up*

scontrarsi *to clash*

Aggettivi

geloso *jealous*

incredulo *stupified*

maturato *matured*

Vocabolario attivo

A. Intervista a un arrivista. Completa la seguente intervista immaginaria usando le parole dal **Lessico ed espressioni comunicative** appartenenti alla lettura.

INTERVISTATORE: Come vede il Suo _____ adesso che si è laureata in giurisprudenza?

LAUREATA: Molto rosa, ho accettato _____ di mio padre, che è anche lui avvocato, e mi sono laureata in tempi molto brevi.

I: Sembra che Lei sappia molto bene quello che vuole. È ben cosciente di quello che vuole mettere in cima alle sue priorità.

L: Sicuramente, ho visto molti _____ che erano con me all'università perdere tempo con corsi inutili. Io ho sempre scelto le cose che mi interessavano, non ho proprio nessun _____ per quello che ho fatto in passato.

I: Ma non Le sembra che alla sua età dovrebbe godersi un po' la vita, rilassarsi. In fondo la gioventù _____ poco.

L: Vero ma anche a me piace divertirmi, però adesso sono una persona diversa, sono più _____. Guardo avanti e sono sempre pronta per il futuro sicuro.

I: Beata Lei.

B. Intervista 2. Seguendo il modello sopra indicato intervista ora una ragazza che si laurea o in un campo non particolarmente remunerativo (per esempio una laurea in francese o in italiano). Usa la parole dal **Lessico ed espressioni comunicative.** Puoi incominciare con la seguente domanda! Dopo la laurea in italiano, cosa pensa di fare?

C. Il ruolo della donna. Completa le seguenti frasi usando le parole dal **Lessico** appartenenti alla lettura.

1. Non so cosa farò dopo la laurea. Ho molte idee e _____ mi sembra promettente.

2. Mia madre ha deciso di ritornare al lavoro dopo che io avevo cominciato la scuola. Ha _____ al suo vecchio ruolo di casalinga.

3. Quando Franco è venuto a trovarmi era teso, agitato, sapevo che aveva bisogno di uno _____ per dire tutto quello che aveva nella testa e che lo agitava.

4. Io e mia sorella abbiamo caratteri diversi, quando parliamo di politica _____ sempre, lei la pensa in modo diverso da me e poi nascono delle _____ molto forti.

5. Un giorno, quando i miei figli _____ allora io comincerò un'altra carriera. Forse quella della scrittrice.

Marta è mia _____, siamo stati al liceo insieme.

«Chiedetelo a Olga: consigli per chi si sente confuso»

Queste sono due lettere scritte da due donne con dei problemi d'amore.

Lettera 1
Cara Olga,
sono una signora di una certa età, forse una tua **coetanea**[1] e come purtroppo succedeva una volta, ho fatto tutto per la mia famiglia. Mi sono sposata giovanissima pensando a un amore fantastico pieno di gioia. Non ho mai pensato al mio **avvenire**[2] e così ho **rinunciato**[3] a tutte le mie ambizioni per prendermi cura della famiglia. I sogni romantici sono **durati**[4] poco ed è arrivata la dura realtà quotidiana. Mio marito pensava solo alla sua carriera. Presto sono arrivate le **liti**,[5] le discussioni... e anche due figli. In pratica li ho **cresciuti**[6] da sola perché mio marito non era mai a casa: o era in ufficio o al bar con gli amici. Da questo punto di vista lui non è mai **maturato**[7] e non si è mai quasi accorto di avere due

---

[1]**coetanea** *contemporary;*   [2]**avvenire** *future;*   [3]**rinunciato** *gave up;*   [4]**durati** *lasted;*   [5]**liti** *fights;*
[6]**cresciuti** *raised;*   [7]**maturato** *matured*

figli, anche se erano maschi come piacciono a lui. Il mio **rimpianto**[8] non è ovviamente il matrimonio o i figli, che amo moltissimo, ma il non avere mai fatto nulla per me. Vorrei dare un **consiglio**[9] alle tue giovani lettrici, vorrei dire loro di non rinunciare mai alle loro ambizioni, anche quelle che **si scontrano**[10] con il loro amore. Dico loro di uscire di casa, di **guardarsi attorno**,[11] di accettare le occasioni che **si prospettano**[12] e decidere sempre con la propria testa, solo così poi sarete felici delle vostre **scelte**.[13]

Una mamma all'antica

[8]**rimpianto** *regret*; [9]**consiglio** *advice*; [10]**si scontrano** *(they) clash*; [11]**guardarsi attorno** *to look around*; [12]**si prospettano** *(they) appear*; [13]**scelte** *choices*

Cara Olga,
ho appena finito l'università, mi sono laureata in biologia, e pochi giorni fa una ditta internazionale francese mi ha offerto un lavoro in Francia, a Lione. Io sono ancora **incredula**,[1] molti miei coetanei finiscono l'università e poi restano disoccupati per anni. È un lavoro ben pagato e poi si tratta di fare quello che mi piace. L'unico problema è Marco, il mio fidanzato. Lui ha ventisette anni ma è un po' all'antica. Lui vorrebbe infatti che io trovassi un lavoro qui in Italia (io abito a Lecce) e dice che se vado via cambierà tutto. Dice che il nostro amore non durerà e io troverò un ragazzo francese. Non è che mi **dà fastidio**[2] perché lui è **geloso**[3], non accetto la sua incapacità di vedere che io devo fare le mie scelte, per la mia carriera, la mia vita. Lui dice che non verrà a trovarmi, che la Francia è lontana e non sa neanche una parola di francese. Vedi come è poco maturo? Però lo amo tantissimo; di solito è così dolce, simpatico… insomma gli voglio tanto bene. A questo punto non so se seguire il consiglio di quel libro famoso qualche anno fa che diceva: "Va' dove ti porta il cuore" oppure andare dove mi porta la ragione e vedere cosa succede al cuore. Più che un consiglio da te volevo qualcuno che ascoltasse il mio **sfogo**.[4] So che al momento opportuno farò la scelta giusta. Grazie!

Laura

[1]**incredula** *stupified*; [2]**dà fastidio** *bothers*; [3]**geloso** *jealous*; [4]**sfogo** *venting*

II. Comprensione della lettura

Hai capito?

A. Da rispondere. Rispondi alle seguenti domande in modo completo.

1. Perché la mamma si è sposata giovane?
2. Perché la mamma ha rinunciato alla sua carriera?
3. Che rimpianti ha la mamma?
4. Che cosa era importante per il marito?
5. Secondo voi la mamma rifarebbe quello che ha fatto in passato?
6. In sostanza che cosa suggerisce di fare la persona che si firma "una mamma"?

7. Com'è il tono della lettera della mamma?

8. Chi ha offerto un lavoro a Laura?

9. Com'è il fidanzato di Laura?

10. Di che cosa ha paura il fidanzato?

B. Vero o falso? In base alle lettere sono **vere** o **false** le seguenti afferma-zioni? Spiega anche perché un'affermazione è falsa.

1. La mamma ha avuto due figlie femmine.		V	F
2. Il marito ha aiutato molto in casa.		V	F
3. Lei e suo marito erano diversi ma adesso sono simili.		V	F
4. Laura abita a Lione.		V	F
5. Il fidanzato è molto geloso.		V	F
6. A Laura piace l'idea di andare in Francia.		V	F
7. *Va' dove ti porta il cuore* è un libro famoso.		V	F
8. Laura non prenderà una decisione se Olga non le risponderà.		V	F

Attività comunicative

A. Consigli strettamente personali. Sei una persona curiosa e vuoi sapere se il tuo amico / la tua amica ha mai scritto a un giornale o una rivista per ricevere dei suggerimenti personali.

1. Hai mai messo un annuncio su un giornale? Se sì, su quale?

2. Che tipo di annuncio era?

3. Hai ricevuto una risposta?

4. Hai mai chiesto un consiglio tramite il giornale?

5. Hai seguito il consiglio dato?

6. Pensi che le rubriche tipo «Dear Abby» siano utili o no?

B. Un consiglio. Assieme a un compagno / una compagna leggi la seguente breve lettera, poi ciascuno di voi deve dare un suo consiglio sincero.

Sono Maria, ho 28 anni e mi è stato offerto un lavoro a Parigi. Non è un lavoro ben pagato ma è pur sempre un lavoro decente. In Italia dopo la laurea non ho trovato un lavoro stabile ma solo lavoretti saltuari (pulizie, ripetizioni, ecc.). Marco, il mio fidanzato da quattro anni, non vuole assolutamente che parta, anche se Torino è molto vicino a Parigi. Cosa devo fare?

Cominciamo: Cara Maria, dopo aver letto la tua lettera penso che tu…

C. Annunci, che divertimento! In gruppi di tre o quattro studenti raccogliete degli annunci da giornali o riviste diversi (sia italiani che americani) poi portateli in classe e parlatene con gli altri gruppi. Li trovate informativi, interessanti, buffi, imbarazzanti? In quali giornali o riviste li avete trovati?

Cominciamo: —Ho trovato quest'annuncio su *La Repubblica*. È buffo perché…
—Io ne ho trovato uno migliore, buffissimo…
—Mi è piaciuto questo da *Il Corriere della Sera* perché…

 D. Un fenomeno che prende piede. In gruppi di tre o quattro studenti spiegate perché gli annunci e le rubriche che trattano la vita personale dei lettori sono diffuse. Qual è l'età delle persone che scrivono? Scrivono più le donne o gli uomini?

Cominciamo: —Io credo che scrivano più le donne.
—Non sono d'accordo, ho visto molti annunci scritti da uomini.
—Anch'io, specialmente nelle rubriche di…

Attualità

Annunci di lavoro

Lavoropiù, agenzia di lavoro temporaneo, cerca con urgenza CUOCHI E AIUTO CUOCHI PER MENSE OSPEDALIERE. Sede: Milano e Hinterland. Durata: da definire con possibilità di conferma. Inviare curriculum dettagliato a Lavoropiù fax 0258325582 o e-mail milano@lavorapiu.it. Per ulteriori informazioni contattare il numero 02 58 32 55 18.

Residence in provincia di Siena cerca pizzaiolo anche con minima esperienza per periodo estivo (fino 15–20 settembre 2008). Il lavoro si svolgerebbe solo sera dalle 18:30 alle 24:00. Possibilità di alloggio, telefonare a 05 77 81 46 05 chiedere di Barbara o Brenda Magni.

In Job Spa cerca per propria azienda cliente del settore servizi, un'impiegata part-time per attività amministrativa generica, contatto con clienti, gestione della comunicazione esterna, gestione di un database aziendale e dati statistici. Requisiti: Diploma, età 40–48 anni, precedente esperienza in ufficio amministrativo/commerciale, ottimo conoscenza dei principali applicativi Office, in particolare Word, Excel e Access, flessibilità. Periodo: 1–2 mesi con possibilità d'assunzione. Luogo di lavoro: Milano centro. Inviare curriculum a: In Job Spa Via F. Filzi, 8 (ang. Via Marangoni) 20124 Milano Tel: 02 66 98 09 54 Fax: 02 67 10 02 19 e-mail: milano@injob.it www.injob.it.

Da rispondere. Dopo aver letto attentamente gli annunci di lavoro sopra riportati rispondi alle domande.

1. Che tipo di esperienza richiedono i lavori pubblicizzati?
2. Sono lavori temporanei o permanenti?
3. Come bisogna contattare chi offre il lavoro?
4. Quali altri dettagli vengono dati? (luogo, orario, limiti d'età)

Scriviamo!

A. **Dilemma in pubblico.** Immagina di dover scegliere tra un lavoro in Italia e il tuo fidanzato / la tua fidanzata nel paese dove abiti. Scrivi una lettera dove presenti a «Dear Abby» il tuo problema. Di' com'è il tuo fidanzato / la tua fidanzata, che cosa ti attrae all'idea di stare con lui/lei e poi parla del nuovo lavoro, delle prospettive e che cosa ti attrae di questa scelta.

B. **La risposta all'annuncio.** Scrivi una breve lettera in cui ti dichiari interessato/a al lavoro. Nella lettera metti in rilievo (*emphasize*) i seguenti punti: la tua esperienza precedente, cosa fai adesso, la tua disponibilità e le tue richieste.

C. **Il futuro.** Scrivi delle professioni che saranno secondo te più importanti nel futuro e spiega perché. Come cambierà il mercato del lavoro? Chi guadagnerà di più?

D. **Cosa è giusto, cosa no…** Scrivi dei lavori che tua madre fa (o faceva) in casa e spiega perché ti sembra giusto o meno che facesse questi lavori. Cosa fa adesso tua madre?

E. **Un mestiere difficile: il tassista.** Scrivi un dialogo tra te che sei un tassista e un cliente molto difficile (il cliente è salito un po' ubriaco, si mette a bere birra in macchina, parla a voce alta, si mette a cantare e poi inizia anche a fumare). Lui ha dato anche l'indirizzo di una zona un po' brutta della città. Sii creativo/a!

Capitolo 9   L'Italia multietnica

Non è facile essere un immigrato in Italia, si possono incontrare molti problemi d'adattamento.

Strategie per la lettura: More on skimming for basic information

Lettura 1: «Il nostro impossibile Nordest»

Lettura 2: «Intervista con un'immigrata equadoriana»

«Intervista con un immigrato arabo»

Attualità: L'assistenza offerta agli immigrati

A puntate

Una storia complicata

Parte V

È la giornata proprio ricca di eventi. La mattina verso le dieci Alex e Lele **si appostano**[1] vicino a un'edicola nei pressi della gioielleria. Aspettano che il gioielliere arrivi per l'apertura. Dopo circa mezza'ora arrivano tutti e due, il gioielliere e il suo complice. A questo punto, Lele pensa che la sua tesi sia ormai una certezza e quindi fa il numero di telefono pubblicizzato sulla tenda del negozio dove c'è scritto «Da Franco, il gioielliere di Monterosso». Dopo poche frasi Alex dà appuntamento ai due in un ristorante nella parte vecchia del paese. Alex segue Lele come un cagnolino, non gli è chiaro **fino in fondo**[2] cosa voglia fare Lele, il quale con un sorriso ora annuncia che hanno la mattinata libera e che possono anche divertirsi e quindi propone di fare la passeggiata tra Vernazza e Corniglia. Un sentiero molto più **ripido**[3] degli altri che serve a scaricare i nervi e per circa un'ora e mezza si è veramente soli con la natura. I due si incamminano passando tra oliveti e boschi bellissimi con il sentiero che **si arrampica**[4] sulla **scogliera**[5] a picco sul mare.

Dopo circa mezz'ora in cui incontrano solo turisti tedeschi e americani, succede un piccolo incidente che cambia totalmente lo sviluppo della giornata. Improvvisamente il sentiero fa una curva e il terreno diventa tutto d'un tratto molto ripido e **dissestato**.[6] Alex mette male un piede e per evitare di cadere fa una mossa strana con le braccia e gli cadono gli occhiali che si fermano circa due metri più in basso in una posizione precaria. Potrebbero cadere giù dal **dirupo**[7] e finire nel mare circa 50 metri più sotto. Mentre sono intenti a cercare di recuperare gli occhiali, passa una persona, un uomo di circa quarant'anni, che in pratica fa quello che aveva fatto Alex solo che riesce a mantenere l'equilibrio e a stare in piedi. L'uomo sembra sorpreso di vederli lì, chiede se hanno bisogno di aiuto e poi se ne va velocemente. Alex **non ci fa caso**[8] anche perché senza occhiali è **cieco come una talpa**[9] ma Lele ha un **sobbalzo**.[10] È sicuro che quell'uomo era sul treno con loro, è probabilmente un poliziotto che li **sta pedinando**[11] e che quindi bisogna avvisare il gioielliere che è necessario incontrarsi altrove. Però è meglio non telefonare alla gioielleria anche se Lele dubita che il telefono sia sotto controllo in quanto la polizia non sospetta del ruolo del gioielliere.

Lele decide di andare all'appuntamento al ristorante e di giocare l'unica carta possibile. Arrivano tardi e vede il gioielliere già seduto. Si siedono a un tavolo abbastanza distante, il posto è affollatissimo. Lele aspetta un po', poi fa notare a Alex che nel bar di fronte è seduto l'uomo che avevano visto durante la passeggiata. A questo punto Lele si avvicina al tavolo del gioielliere e indica l'uomo al bar di fronte, facendo ovviamente capire al gioielliere che la polizia è mezza **avvisata**,[12] se non vuole che sappia tutto deve andare al prossimo incontro. Proprio mentre sta pronunciando le sue parole più

---

[1]**si appostano** *to lie in wait;*   [2]**fino in fondo** *thoroughly;*   [3]**ripido** *steep;*   [4]**si arrampica** *climbs upward, ascends;*   [5]**scogliera** *cliff;*   [6]**dissestato** *dangerous;*   [7]**dirupo** *steep place;*   [8]**non ci fa caso** *pays no attention;*   [9]**cieco come una talpa** *blind as a mole;*   [10]**sobbalzo** *jolt;*   [11]**sta pedinando** *is shadowing (following closely);*   [12]**avvisata** *warned*

importanti e minacciose, suona il suo cellulare. Lele risponde e cerca di appartarsi ma si sente che Lele dice alla madre che tutto va bene e che lui e Alex non sono a casa perché si sono presi una mini-vacanza. Quando torna a parlare al gioielliere **ha perso la carica**,[13] il gioielliere lo guarda, sorride ironicamente e si alza, seguito dall'altro uomo, se ne va dal ristorante. Lele rimane come un sasso, è senza parole e torna al tavolo un po' sconsolato dicendo che il piano **è andato in fumo**[14] e non resta loro che tornare a Milano. Alex lo guarda stupito e incredulo.

Qualche giorno dopo, sono a cena in un elegante ristorante a Milano con Simona, Lele sta cercando di rimettere le cose a posto dopo l'incidente dell'anello. A cena è andata anche Marta, un'amica di Simona che Lele spera piaccia a Alex. Ma le cose stanno andando in modo strano. Simona è molto idealista e ha trovato in Alex una perfetta anima gemella. Stanno discutendo se l'università debba dare una base culturale o piuttosto essere il trampolino di lancio per una carriera finanziariamente sicura. Simona accusa Lele di essere troppo razionale e egoista. Proprio mentre Lele sta cercando di dire che lui è molto altruista, si sente il suo cellulare emettere il suono che indica un messaggio SMS in arrivo. Seccato lo legge, rimane per un attimo perplesso, e poi guarda in faccia Alex che invece è tutto preso nella conversazione con Simona. Lele non sa come uscire da questa situazione imbarazzante ma sa che deve assolutamente rispondere al messaggio del gioielliere che chiede un incontro in breve tempo in un autogrill vicino a Genova. Senza macchina e con le due ragazze a cena Lele si sente senza via d'uscita. Improvvisamente gli viene un'idea geniale.

[13]**ha perso la carica** *lost the upper hand;* [14]**è andato in fumo** *failed*

Hai capito?

A. Ricomporre. Ricostruisci la frase originale e poi di' se è vera o falsa in base al testo letto.

1. il gioielliere / Lele e Alex / per apertura / aspettare / il negozio
2. una passeggiata / proporre / Lele / a Milano
3. cadono / Alex / due metri in basso / gli occhiali / ha perso / perché / l'equilibrio
4. non incontrare / Lele / il gioielliere / al ristorante
5. è andato in fumo / Lele / il piano / a Milano / tornare / deve

B. Che cosa ti ricordano? Di' quello che ti ricorda dal racconto letto le seguenti parole.

1. «Da Franco, il gioielliere di Monterosso»
2. Vernazza e Corniglia
3. Simona
4. Marta
5. il messaggio SMS

Dialoghiamo!

 Due piani falliti. In questa puntata Lele deve affrontare due situazioni difficili. Prima con il gioielliere (ricordate che suona il cellulare di Lele nel momento più importante) e poi con Simona e gli amici (ricordate che riceve un SMS nel momento più importante della conversazione). In coppia provate a ricostruire i due dialoghi e vedere come Lele se la cava.

Dialogo 1

LELE: Buon giorno, come va? È un bel ristorantino questo.
GIOIELLIERE: Il ristorante non mi interessa, veniamo al sodo…

Dialogo 2

SIMONA: Lele, tu sei il solito egoista, pensi solo a te stesso.
LELE: Non è vero, per me gli amici vengono prima di ogni altra cosa.

Lettura 1

«Il nostro impossibile Nordest»

I. Prima di leggere

A. Strategie per la lettura

More on skimming for basic information. The first paragraph of the following article states its overall purpose: to depict lives of different ethnic groups in the province of Vincenza, which has the highest percentage of immigrants in Italy. The article continues with direct quotes from immigrants about their experience of living and working in Italy.

If you skim the article quickly to identify key information, you will be able to construct a rough outline of its content, even though at first you may not be able to understand all the vocabulary or the detailed narrative.

Skim the beginning of the second paragraph and decide which of the following topics it discusses.

- some Italians' attitudes toward immigrants
- an immigrant's problem with working in a factory
- why immigrants move to this region of Italy

Il posto di lavoro è l'unico luogo dove vicentini e immigrati vengono a contatto veramente. «In fabbrica ti rivolgono la parola» dice Nasser, algerino di trent'anni con lo sguardo fiero di chi non ha paura, «vedono che lavori, ti comporti bene. E allora ti accettano e diventano anche gentili. Ma al bar non esisti, e per strada non ti vedono».

Now skim the rest of the article and construct—either mentally or on paper—an outline of the content. Skimming will help you understand the gist of the article without overwhelming you with a lot of new vocabulary or grammatical structures.

B. Attività contestuali della pre-lettura

 1. Le recenti immigrazioni. Dato per scontato che gli Stati Uniti sono un paese di immigrati, ci sono state diverse ondate di recente che provengono da paesi come la ex Unione Sovietica, i paesi dell'Est europeo o il Vietnam. Nel tuo paese o nella tua città ci sono persone di recente immigrazione? Come lo si può notare? Si sono inserite nella società? Che lavori fanno? Ne conosci personalmente qualcuno? Parlane con un tuo compagno / una tua compagna.

Cominciamo: —Io conosco parecchi immigrati, specialmente ci sono tanti Messicani a…
—Io vengo dall'Arizona, …

 2. La famiglia multietnica. Quali sono le origini della tua famiglia? Da dove vengono i tuoi genitori o i tuoi nonni? Si parla un'altra lingua in casa? Se i tuoi genitori o i tuoi nonni provengono da un paese straniero, hai mai visitato il loro paese d'origine? Se sì, qual è la tua impressione? Se no, ti incuriosisce andare a visitarlo? Perché? Parlane con il tuo compagno / la tua compagna. Raccontagli/le qualche esperienza famigliare che abbia a che fare con l'immigrazione.

Cominciamo: —I miei genitori vengono dalla Croazia. Sai dove si trova?
—È in Europa, ma non so esattamente dove…

 3. Una società multiculturale. Cos'è il multiculturalismo? È la presenza di tanti immigrati inseriti in una nuova società? È la presenza di molti ristoranti di origine diversa? È la presenza di quartieri (*districts*) con etnie diverse? È la presenza di stazioni televisive in lingue diverse? In gruppi di tre o quattro studenti provate a dare una vostra definizione di multiculturalismo. Discutete con gli altri gruppi il vostro punto di vista sul multiculturalismo.

Cominciamo: Secondo me, il multiculturalismo non è…

C. Lessico ed espressioni comunicative

Sostantivi

l'abbigliamento *clothing*

gli alimentari *food, foodstuff*

l'aula *classroom*

il capannone *industrial building*

la caparra *security deposit*

la conceria *tannery*

la fabbrica *factory*

la fila *line, queue*

l'impresa *business*

l'incubo *nightmare*

il lamento *complaint*

il lasciapassare *pass, permit*

la macelleria *butcher shop*

i magrebini *people from the Maghreb (area of northwest Africa including Morocco, Algeria, and Tunisia)*

il passaparola *word of mouth*

il permesso di soggiorno *visa*

le rotture di scatole *troubles*

il sagrato *church square*

lo sguardo fiero *proud look*

Aggettivi

infantile *childlike*

massacrante *hard*

spiccio *abrupt*

Verbi

accontentarsi *to be happy*

avvenire *to happen*

farcela *to make it*

fare casino *to make noise*

fare i conti *to deal with*

farsi notare *to be visible*

gestire *to run, to manage*

lottare *to fight*

respirare *to breathe (to feel better financially)*

rivolgere la parola *to address someone*

sopravvivere *to survive*

tirare il fiato *to breathe*

Vocabolario attivo

A. Fare la spesa. Completa le parti mancanti con un sostantivo dal **Lessico ed espressioni comunicative.**

Una volta fare la spesa era complicato. Bisognava andare in un negozio diverso per ogni singolo prodotto. Per esempio se si voleva comprare il latte bisognava andare in latteria, per la carne c'era _____, per il pesce c'era la pescheria. Forse gli unici negozi che avevano un po' di tutto erano quelli chiamati _____. Oggi che ci sono i supermercati, fare la spesa è forse peggio di prima, per alcune persone è un vero _____. Infatti c'è tutto quello che si vuole ma poi quando si deve pagare, c'è sempre _____ lunghissima e poi bisogna ascoltare _____ delle persone che non sono mai contente di niente. Per fortuna si trovano ancora piccoli negozietti, sia di alimentari che di _____ e spesso sono pieni di gente perché grazie al _____ c'è sempre qualcuno pronto a pagare un po' di più per avere della qualità migliore.

B. Un'intervista. Completa la breve intervista a un lavoratore immigrato con un verbo tra quelli del **Lessico ed espressioni comunicative.**

DOMANDA: È da molto che lavora qui?

IMMIGRATO: Da un anno.

D: Come vanno le cose?

I: Beh, qui non mi pagano bene ma _____, non ho grandi pretese.

D: E con la famiglia da mantenere?

I: _____ appena, non avanzo niente dai soldi dello stipendio.

D: È vero che qui ci sono molti illegali?

I: Sì, per aiutarli noi legali _____ perché ci siano dei diritti anche per loro, ma i dirigenti tengono duro.

D: E per il futuro?

I: Spero di _____ un po' quando l'anno prossimo mi promuoveranno e mi daranno un aumento.

D: E con i lavoratori italiani?

I: Va male, loro non ci _____. Noi parliamo tra di noi e loro parlano tra di loro. L'importante è lavorare sodo, fare gli affari propri e soprattutto non _____ e cercare di non perdere il posto di lavoro.

«Il nostro impossibile Nordest»

I fantasmi sono usciti allo scoperto pur sapendo bene che in Italia **sopravvivi**[1] se non **ti fai notare**.[2] Lo hanno fatto mettendosi in **fila**[3] davanti agli uffici postali delle città italiane, per ottenere un pezzo di carta. E lo hanno fatto recentemente a Treviso, occupando il **sagrato**[4] del Duomo per una settimana, questa volta chiedendo non un **permesso di soggiorno**,[5] ma una casa per tutti. Non gratis, ma a un prezzo d'affitto accessibile. Oggi africani e indiani aprono negozi di **abbigliamento**,[6] **alimentari**,[7] videocassette; i **magrebini**[8] **gestiscono**[9] **macellerie**[10] e call-centers; i serbi rischiano in proprio con piccole imprese edili e bar. Non sono più poveri, spesso hanno successo grazie al **passaparola**[11] e sono un nuovo piccolo crescente potere economico con il quale **fare i conti**.[12] La provincia di Vicenza è un ottimo punto di osservazione per capire questa nuova realtà: qui gli immigrati sono tanti, più di 40 mila, più del 5% della popolazione, la percentuale più alta nel paese. Formano un mercato parallelo e indipendente, e sono protagonisti ma anche oggetti di nuovi **imprese**.[13] Dato il numero così alto parrebbe impossibile ignorarli, e invece è ciò che **avviene**.[14]

Il posto di lavoro è l'unico luogo dove vicentini e immigrati vengono a contatto veramente. «In **fabbrica**[15] **ti rivolgono la parola**»[16] dice Nasser, algerino di trent'anni con lo **sguardo fiero**[17] di chi non ha paura. «Vedono che lavori, ti comporti bene. E allora ti accettano e diventano anche gentili. Ma al bar non esisti, e per strada non ti vedono». Nemmeno i **lamenti**[18] per la noia della vita provinciale, che accomunano locali e stranieri, riescono a essere lo spunto per un'integrazione. Ci si annoia, ma da soli, **accontentandosi**[19] da una parte di conquistare piccoli spazi autonomi per la propria comunità (un **capannone**[20] in affitto per pregare, **aule**[21] per insegnare ai propri figli la cultura del paese d'origine), dall'altra del solito ritornello veneto: «Non abbiamo nulla contro gli stranieri, basta che lavorino». Del resto il lavoro è il **lasciapassare**[22] per chiunque viva qui.

Anche Pahloan, bengalese, dopo aver lavorato per anni in **conceria**[23] ha deciso di aprire un negozio di alimentari orientali e videocassette in hindi. Dietro il suo viso **infantile**[24] c'è una storia di determinazione insospettabile: «Facevo 13–14 ore di un lavoro **massacrante**,[25] **ho lottato**[26] e **ce l'ho fatta**.[27] Adesso, con il negozio, **respiro**[28] un po'». Clement, del Ghana, è più **spiccio**[29] e risoluto: «Per farsi rispettare bisogna avere un lavoro specializzato. Fino a quando sei un operaio comune hai solo **rotture di scatole**».[30]

Ma una volta trovato un impiego stabile, si trova anche casa? Questo è il problema di tutti, l'**incubo**[31] in cui si vive o da cui i più fortunati sono appena usciti. Boukary, con la moglie e una figlia in Senegal che

Ogni immigrato cerca di ottenere il permesso di soggiorno per poter sentirsi parte della società italiana.

---

[1]**sopravvivi** *you survive;* [2]**ti fai notare** *you are invisible;* [3]**fila** *line, queue;* [4]**sagrato** *church square;* [5]**permesso di soggiorno** *visa;* [6]**abbigliamento** *clothing;* [7]**alimentari** *food, groceries;* [8]**magrebini** *Maghrebs;* [9]**gestiscono** *manage;* [10]**macellerie** *butcher shops;* [11]**passaparola** *word of mouth;* [12]**fare i conti** *deal with;* [13]**imprese** *businesses;* [14]**avviene** *happens;* [15]**fabbrica** *factory;* [16]**ti rivolgono la parola** *they address (talk to) you;* [17]**sguardo fiero** *proud look;* [18]**lamenti** *complaints;* [19]**accontentandosi** *contenting oneself;* [20]**capannone** *industrial building;* [21]**aule** *classrooms;* [22]**lasciapassare** *pass;* [23]**conceria** *tannery;* [24]**infantile** *childlike (young);* [25]**massacrante** *hard;* [26]**ho lottato** *I fought;* [27]**ce l'ho fatta** *I made it;* [28]**respiro** *I can breathe;* [29]**spiccio** *abrupt;* [30]**rotture di scatole** *troubles, grief;* [31]**incubo** *nightmare*

aspettano una casa per raggiungerlo, ha dormito per quattro anni in un piccolo albergo di Chiampo, spendendo più della metà dei soldi che guadagnava in conceria. Poi è riuscito a trovare una sistemazione con altri senegalesi con cui condivide una vecchia casa. A Salam, bengalese, è andata peggio. Due anni fa, un'agenzia gli fece versare una **caparra**[32] di quasi due milioni di vecchie lire per bloccare un appartamento: «Mi hanno dato come ricevuta un pezzo di carta che usciva dal computer. Ma non valeva niente. L'ho capito quando non mi hanno dato né l'appartamento né i soldi che avevo anticipato. Ho pensato di andare da un avvocato ma costava troppo». La polizia? «Lasciamo perdere». Vicenza accoglie moltissimi immigrati che inizialmente hanno cercato una vita al Sud. Nasser racconta con nostalgia: «A Napoli camminavi per la strada e ti dicevano—*Viani acca' paisa*, oppure—*Ciao Ali*, —*Ëhi, Mustafa...* non è il tuo nome, ma quanto ti fa sentir bene che qualcuno ti chiami!»

Alloggio e servizi pubblici come croci quotidiane, quindi. Ma di razzismo non ne vogliamo parlare? Ormai si può affrontare l'argomento senza paure. «In realtà», ragiona Vesna, una ragazza serba che gestisce un bar frequentato per lo più dai suoi connazionali, «per come la vedo io, il problema del razzismo è questo: se un marocchino **fa casino**,[33] allora tutti i marocchini sono cattivi. Per esempio, adesso va di moda avercela con gli albanesi. Per noi serbi il peggio è passato e possiamo **tirare il fiato**».[34]

«A dir la verità» dice Abderrahim, marocchino da 18 anni a Vicenza, «il razzismo lo sento più nei mass-media che nella gente, nelle statistiche e nei sondaggi, nei titoli dei giornali che scrivono *Marocchino deruba tabaccheria*».

«Razzisti... razzisti no», analizza Omar, «piuttosto i vicentini sono razzisti timidi, freddi, che ti evitano piuttosto che attaccarti». Ciò che fa più male sono piccoli eventi quotidiani che non fanno notizia. Singh, indiano, un episodio lo vuole raccontare: «Ero entrato in un bar di Arzignano e, al banco, avevo chiesto un caffè. Mentre agli altri lo servivano nelle solite tazzine, a me l'hanno dato in un bicchiere di carta. Riesci a immaginare come ci si sente?»

(adattato da *D*, 14 settembre 2002, autore Fabrizio Andreella)

[32]**caparra** *security deposit;* [33]**fa casino** *makes noise (causes a stir);* [34]**tirare il fiato** *breathe, exhale*

II. Comprensione della lettura
Hai capito?

A. Vero o falso? Dopo aver letto l'articolo di' se le seguenti frasi sono **vere** o **false** e spiega la tua scelta.

1. Gli immigrati vogliono una casa gratis.   v   F

2. Sono sempre di più gli immigrati che riescono ad aprire delle   v   F
   attività proprie.

3. A Vicenza gli immigrati sono ben integrati con la popolazione locale.   v   F

4. Locali e stranieri si incontrano al bar.   v   F

5. La vita, in una città di provincia come Vicenza, può essere noiosa.   v   F

6. A Vicenza si rischia di lavorare sempre e di non avere una vita   v   f
   sociale.

7. Una volta trovato un lavoro stabile non è difficile trovare casa.   v   f

B. Se... Completa le frasi usando il tempo verbale adatto.

1. Se hanno le possibilità finanziarie, i magrebini _____ (aprire) delle macellerie.

2. Se i vicentini fossero più aperti, gli immigrati _____ (parlare) volentieri con loro.

3. Se si annoiano, gli immigrati _____ (cercare) di trovare degli spazi culturali autonomi.

4. Se uno è immigrato per trovare casa _____ (dovere) spingersi ai sobborghi (*suburbs*).

5. Se la gente _____ (salutare) gli immigrati, loro si sentirebbero meglio.

6. Se Nasser _____ (sapere) che i vicentini sono così chiusi non sarebbe andato via da Napoli.

7. Girare a Vicenza sarebbe più facile se _____ (esserci) più mezzi pubblici.

C. Varie storie. Cosa dicono? Da dove vengono le persone elencate qui sotto e perché la loro storia è importante? Rispondi basandoti sulla lettura.

1. Pahloan   4. Salam   7. Omar

2. Clement   5. Nasser   8. Singh

3. Boukary   6. Vesna

Attività comunicative

A. Un incontro difficile. Davanti a voi avete una persona che è assolutamemente contraria all'immigrazione. Cercate di riempire le parti mancanti rispondendo alle affermazioni di questa persona.

PERSONA: Gli immigranti portano via i posti di lavoro ai nostri cittadini.
TU: _____

PERSONA: Lei è contrario/a a chiudere le nostre frontiere?
TU: _____

PERSONA: Ma bisogna mettere un limite al numero di immigrati che entrano nel nostro paese.
TU: _____

PERSONA: Gli immigrati che entrano illegalmente devono essere deportati subito.
TU: _____

PERSONA: A chi darebbe Lei asilo politico?
TU: _____

B. Cosa fare? L'esistenza del razzismo è una questione di educazione civica ma anche un problema collegato con l'esistenza di leggi che proteggono le minoranze. In gruppi di tre o quattro studenti fate un elenco schematico dei vari episodi di discriminazione menzionati nell'articolo e dite quali si potrebbero evitare semplicemente con un minimo di buon senso civico e quali invece richiedono delle specifiche leggi (e quali). Informate gli altri gruppi delle vostre conclusioni. Paragonate le vostre conclusioni con quelle degli altri gruppi.

C. Che professioni fanno. In Italia gli immigrati che sono arrivati negli ultimi anni si sono specializzati in certe professioni in base alla loro nazionalità. In gruppi di tre o quattro studenti preparate un elenco di professioni tipiche di un certo gruppo di immigrati e poi cercate di spiegare perché (se esiste una ragione vera) esistono queste particolari professioni. Ad esempio molti immigranti italiani quando arrivarono negli Stati Uniti divennero muratori (*bricklayers*) perché avevano esperienza nel loro paese d'origine.

Lettura 2

«Intervista con Jahira, un'immigrata equadoriana»

«Intervista con Abdel, un immigrato arabo»

I. Prima di leggere

A. Attività contestuali della pre-lettura

1. Una nuova vita. Le persone che emigrano spesso incontrano gravi problemi di adattamento quando arrivano nel nuovo paese. Pensa, per esempio, a cosa può voler dire cercare casa per persone che vengono da culture diverse. Guarda l'elenco seguente e cerca di discutere con il tuo compagno/la tua compagna perché gli elementi indicati potrebbero rappresentare un problema e quale potrebbe essere la soluzione. Immagina di discutere il caso di un immigrato (uomo o donna) dall'Asia, uno dall'Europa e uno dall'Africa.

a. Cercare casa

b. Cercare lavoro

c. Abitudini dietetiche

d. Bambini all'asilo

e. Bambini a scuola

f. Moglie/marito dipendente

g. Religione.

2. Perché si emigra? Fa' una ricerca sulla provenienza degli immigrati legali che entrano negli Stati Uniti e poi cerca di determinare il motivo per cui secondo te queste persone decidono di venire negli Stati Uniti. Fa' poi un elenco della provenienza, in base alle tue conoscenze, degli immigrati illegali negli Stati Uniti. Che cosa spinge queste persone a rischiare la vita per venire negli Stati Uniti? Parlane con un tuo compagno / una tua compagna.

Cominciamo: —Un mio vicino di casa è brasiliano ed è ingeniere.
—Beato lui, io invece conosco una donna russa che…

B. Lessico ed espressioni comunicative

Sostantivi	Aggettivo
la carrozzina *baby carriage*	**scortese** *rude*
la casalinga *housewife*	
il compaesano *compatriot*	**Verbi**
il connazionale *compatriot*	**fregare** *to cheat somebody*
il cuoco *cook*	**svenire** *to faint*
il muratore *mason, bricklayer*	**vergognarsi** *to be ashamed*
il passatempo *hobby*	

Vocabolario attivo

Al comissariato. Completa il seguente brano consultando il **Lessico ed espressioni comunicative.**

Al comissariato c'erano molte persone e la fila era enorme. Le persone aspettavano da molte ore e molti avevano perso la pazienza. Qualcuno cercava di _____ gli altri e di arrivare prima a parlare con il poliziotto. C'erano persone di tutte le età e di tutti i paesi. Ho riconosciuto anche alcuni miei _____ perché parlavano la mia lingua. In fila c'erano studenti, operai, elettricisti, infermieri, _____, _____. C'era anche chi aveva portato un bambino piccolo in _____. Purtroppo i poliziotti erano molto _____ e a un certo punto una signora anziana _____ perché faceva molto caldo in quei locali. Era una situazione imbarazzante perché molti hanno ignorato la signora che era per terra e a un certo punto ho visto una poliziotta italiana che _____ moltissimo di quello che era successo e ha aiutato la donna che stava male.

Ci sono tanti equadoriani in Italia oggi.

«Intervista con Jahira, un'immigrata equadoriana»

INTERVISTATORE: Come ti chiami e dove sei nata?

JAHIRA: Mi chiamo Jahira Paola Vasquez, sono nata a Quito in Equador e ho 26 anni.

I: Perché hai deciso di venire in Italia?

J: La maggior parte dei miei **connazionali**[1] viene qui per i soldi. Io no. Sono venuta qui per scappare da mio padre. All'inizio volevo andare negli Stati Uniti poi però una mia amica mi ha detto che andava in Italia. Non sapevo niente dell'Italia. Quando sono venuta qui mi ha sorpreso la presenza di tanti emigrati, da tutto il mondo e dall'Equador. Oggi la metà degli emigrati dall'Equador va in Spagna e l'altra metà in Italia.

I: Come trovi la vita in Italia?

J: Mi piace. Prima era difficile ma ora che sono sposata è più facile.

I: Ti sei sposata con un equadoreno?

J: No, ho sposato Francesco, un ragazzo italiano che ha 32 anni e gestisce un'edicola.

[1]**connazionali** *compatriots*

I: Hai nostalgia dell'Equador?

J: Moltissimo. Mi manca la mia famiglia. Mia mamma è venuta a trovarmi una volta ma mio papà mai. All'inizio mi sono sentita isolata perché non parlavo italiano. Ho avuto problemi a imparare l'italiano soprattutto perché **mi vergognavo**[2] a parlarlo. Mi sembrava di parlare sempre spagnolo. Con il bambino e Francesco parliamo tutti e due.

I: Ti senti accettata dagli italiani?

J: No. Secondo me ci sono molti pregiudizi. Per esempio quando vado in giro sull'autobus la gente è **scortese**.[3] Mi guardano con la **carrozzina**[4] e a volte mi dicono che noi immigrati sappiamo fare solo figli. Però con i giovani mi sento bene.

I: Se contenta di fare la **casalinga**?[5]

J: No, per niente. Sono stanca di stare sempre a casa. Vorrei fare qualcosa, magari lavorare in un ufficio.

I: È stato difficile regolarizzare la tua posizione?

J: No, per niente. Sono venuta come turista ma sono rimasta dopo che mi è scaduto il visto e sono quindi diventata irregolare. Sono stata qui per qualche anno come illegale. Quando mi sono sposata mi hanno dato il permesso di soggiorno senza nessun problema.

I: Sei stata accetatta dai parenti di tuo marito?

J: Beh, lui non ha nessuno a parte il fratello che è anche sposato con una straniera. Però sento molte mie amiche che si lamentano delle suocere italiane.

I: Cosa è cambiato dopo il matrimonio?

J: È cambiato tanto. Prima non avevo responsabilità. Per esempio prima non cucinavo mai. Mi sembra di esistere ora che ho delle responsabilità. Prima avevo anche un po' di paura, paura di essere deportata. Anche se la polizia non mi ha mai fermato neanche una volta.

I: Che studi hai fatto?

J: Ho fatto tre anni di università e poi ho smesso.

I: Che **passatempo**[6] hai?

J: Mi piace ballare e ascoltare musica. In Equador ho fatto ginnastica artistica a livello olimpico, lo voleva mio padre che è un po' duro e severo e voleva che io facessi quello che voleva lui, sai, lui era militare.

I: Come hanno accolto il matrimonio i tuoi?

J: A essere sincera sono rimasta sorpresa perché l'hanno accolto bene. Mio padre ha conosciuto Francesco quando lui è andato in vacanza là ma io sono dovuta rimanere qui per problemi di visto.

I: Secondo te gli italiani sono razzisti?

J: Ma, forse cioè tutti... ma in fondo credo di no. Anche in Equador siamo razzisti tra di noi. I bianchi—che non sono veri bianchi—verso gli indios e così via.

(intervista condotta da Claudio Mazzola, settembre 2006)

[2]**mi vergognavo** *I was embarrassed;*   [3]**scortese** *rude, discourteous;*   [4]**carrozzina** *baby carriage;*
[5]**casalinga** *housewife;*   [6]**passatempo** *hobby*

«Intervista con Abdel, un immigrato arabo»

Una mensa per rifocillare giovani immigrati.

INTERVISTATORE: Da quanto tempo sei in Italia?

ABDEL: Da tredici anni, prima a Napoli per un anno e poi a Milano. Devo dire che mi trovo abbastanza bene qui.

I: Come mai hai deciso di venire in Italia?

A: Non per denaro o lavoro. Sono stato costretto a scappare dal mio paese per motivi religiosi. Sono andato a Napoli perché c'erano altri **compaesani**.[7] Ho anche una cugina che vive a Reggio Emilia.

I: Come è stato l'arrivo?

A: All'inizio molto difficile, soprattutto per la lingua, poi ho cominciato a parlare con tutti gli italiani che vedevo. Non sono rimasto a Napoli perché lì la gente è simpatica ma ti **fregano**[8] sul lavoro. C'è poco lavoro e poi lavori tanto e non pagano (400 euro al mese). Facevo soprattutto il **muratore**.[9]

I: Com'è stato il trasferimento a Milano?

A: Ero contento perché ho trovato subito lavoro come **cuoco**[10] in una moschea e da allora ho sempre lavorato. Ho fatto impianti di antenne, l'elettricista ad un certo punto ho anche aperto un negozietto di abbigliamento orientale ma poi è fallito. Tutto ovviamente **in nero**[11] perché quando sono entrato ho chiesto asilo e loro devono darti una risposta entro sei mesi. Dopo dodici anni la risposta non è ancora arrivata. Intanto non potresti lavorare. Pensa che io non sono mai uscito dall'Italia in dodici anni.

[7]**compaesani** *compatriots;*   [8]**fregano** *they cheat;*   [9]**muratore** *mason;*   [10]**cuoco** *cook;*   [11]**in nero** *illegally*

I: Sei stato in prigione?

A: Sì, dopo l'11 settembre tutti gli arabi erano guardati male e io ufficialmente non avevo un permesso anche se avevo chiesto asilo. Mi hanno portato a Torino, poi vicino a Milano, poi a Voghera. Poi non avevano niente contro di me e mi hanno lasciato libero.

I: Come sei stato trattato?

A: La polizia qui ti tratta malissimo. Ti tratta come se non esistessi. Anche quando vai in questura per chiedere notizie del tuo permesso, ti parlano male. Ieri sono andato al commissariato e c'era una signora straniera che stava facendo una lunga coda e ad un certo punto **è svenuta**[12] davanti a me e loro non l'hanno neanche guardata, l'impiegato ha continuato a fare quello che stava facendo.

I: Come ti hanno trattato a Milano?

A: Mi trattano bene le persone che hanno viaggiato e quelle che sono sposate con stranieri. Loro vedono la vita in un modo aperto, non sono chiusi di mente. Quelli che non sono mai usciti di qui sono razzisti.

I: Ma allora sono razzisti gli italiani?

A: Ma no, in generale non lo sono. I buoni e i cattivi ci sono dappertutto.

I: Sei sposato?

A: Sì, con una somala dal 1998 e ho quattro figli. Lei è residente. Tra l'altro lei ha una sorella che si è sposata con un italiano e stanno molto bene insieme. In famiglia parliamo italiano perché io non capisco il somalo e mia moglie non capisce l'arabo. I miei figli parlano solo italiano. Prima li mandavo in una scuola dove si insegnava l'arabo ma non era riconosciuta e il comune l'ha chiusa. Ora vanno in una scuola statale. Presto apriranno una scuola araba sotto la tutela del consolato egiziano.

I: Hai nostalgia dell'Algeria?

A: Sì, molta. Mi manca la famiglia. Là ho otto sorelle e tre fratelli. Sono sicuro che la mentalità è cambiata e che non mi troverei più bene là.

I: Ti piacerebbe tornare?

A: Forse sì, però ho timore per i miei figli. Per la lingua e tante altre cose. Ti faccio un esempio banale. I miei figli che hanno 7, 5, 3 e un anno e tutti hanno il pediatra. In Algeria solo i ricchi hanno il pediatra. Sarebbe un po' come fare un salto nel passato.

I: Cosa hai assorbito della cultura italiana, o cosa ti piace?

A: Tante cose che avete voi qua. Per esempio lo Stato italiano ruba ma dà qualcosa indietro al cittadino. Si fanno autostrade, metropolitane, opere pubbliche. In Algeria no. Poi mi piace il mangiare. Mia moglie fa da mangiare però a volte la aiuto. Quando mia madre è venuta qui si è stupita che io aiutavo mia moglie. Non ha mai visto mio padre o i miei fratelli aiutare le donne.

[12]**è svenuta** *fainted*

I: Cosa ne pensi di quello che è successo in Francia?*

A: È successo perché hanno isolato gli immigrati. C'è una generazione che non sa dove andare e cosa fare. Non sono né francesi né arabi. Potrebbe succedere anche qui se il governo non fa qualcosa.

(intervista condotta da Claudio Mazzola, settembre 2006)

II. Comprensione della lettura
Hai capito?

A. Confronto. Metti a confronto le risposte date dai due intervistati e rispondi a ogni domanda riferendoti prima a una poi all'altra intervista.

1. Si trova in Italia da molto tempo?
2. È entrato/a legalmente in Italia?
3. Perché è venuto/a in Italia?
4. Quali sono state le prime difficoltà?
5. Si è sposato/a in Italia?
6. Si è integrato/a?
7. Che cosa è stato assorbito della cultura italiana?
8. Secondo lui/lei, c'è razzismo in Italia?

B. La tua esperienza. In base a quello che hai visto se sei stato/a in Italia o che hai letto sull'Italia in giornali e riviste, fa un elenco delle cose e situazioni che secondo te sono più difficili e più facili da accettare per una persona che emigra in Italia.

Attività comunicative

 A. L'intervista continua. Facendo delle domande specifiche cerca di scoprire altri aspetti della vita degli immigrati in Italia, soprattutto quegli aspetti che potrebbero mettere in evidenza l'esistenza del razzismo in Italia. Insieme a un compagno / una compagna create una lista delle domande possibili. Uno di voi potrebbe recitare il ruolo di un immigrante che risponde a queste domande.

Cominciamo: —Quanto tempo ci hai messo per imparare italiano?
—Quasi un anno perché…

 B. Solidarietà. Fate una ricerca in Internet trovando dei siti italiani che offrono forme di assistenza e solidarietà agli immigrati. Cercate di determinare quale tipo di assistenza offrono. Quali altre attività promuovono? Discutete poi con gli altri gruppi quello che avete trovato.

---

*In 2005 and 2006, many young immigrants living in the suburbs and on the outskirts of large cities (in particular Paris) started a revolt to protest the policies of the French government.

Attualità

L'assistenza offerta agli immigrati

Un aiuto organizzato. Fa' una ricerca su associazioni che aiutano gli immigrati nel tuo paese. Cerca di determinare in base al loro sito Internet come aiutano gli immigrati, quali attività e servizi offrono, assistono anche nella ricerca di un posto di lavoro o nel processo per ottenere un permesso di soggiorno. Hai notato qualche differenza con i siti italiani che aiutano gli immigrati? Dopo avere fatto la ricerca riporta a tutti in classe quello che hai scoperto. Parlatene insieme.

Scriviamo!

A. **Un film.** Cerca di ricordare se hai visto un film che trattava della migrazione. Descrivi la trama (*plot*) e quale aspetto della migrazione viene messo in rilievo.

B. **Il razzismo esiste.** Descrivi una tua esperienza di razzismo a cui tu sei stato/a testimone. Dov'è successo? Cosa è successo? Com'è finita la storia?

Capitolo 10 Made in Italy

I prodotti italiani sono riconosciuti sul mercato internazionale non solo per il loro design originale ma anche per l'alta qualità del prodotto.

Strategie per la lettura: Using a title and familiar cultural context to guess content

Lettura 1: «Il Made in Italy»

Lettura 2: «La storia della Vespa»

Attualità: Per diffondere il Made in Italy

Lettura 1

«Il Made in Italy»

I. Prima di leggere

A. Strategie per la lettura

Activating background knowledge. Look at the title of the first reading selection in this chapter. What does the phrase «Made in Italy» mean to you? What do you think the reading will be about? By considering the connotation of familiar phrases and cultural information, you can more readily anticipate the content of a specific text. Here, the title suggests items manufactured in Italy.

Now scan the first paragraph, which contains the names of popular Italian stylists, many of whom you probably recognize. In subsequent sentences and paragraphs, other names you already know will appear; for example, in the sentence **Oppure il pensiero corre alla Ferrari, considerata come una vera e propria bandiera del nostro paese,** the brand name tells you that the author is talking about a specific automobile that helped popularize the «Made in Italy» phenomenon.

Using your knowledge of and/or familiarity with names of people, brands, and specific products will assist you greatly in understanding the meaning of this and other texts.

B. Attività contestuali della pre-lettura

 1. Made in USA. Quali sono i prodotti fatti negli Stati Uniti che sono famosi in tutto il mondo? A coppia fate un elenco di questi prodotti e poi dite come mai secondo voi sono diventati famosi all'estero. Ricordate che potete includere qualsiasi prodotto (alimentare, automobili, moda, ecc.). Parlatene!

> *Cominciamo:* —L'unico prodotto che mi viene in mente è…
> —Dubito che sia molto famoso, però…

 2. Un prodotto tipico. In gruppi di tre o quattro fate ora una ricerca su un particolare prodotto del vostro paese. Quando è iniziata la produzione? Dove? Ha avuto diffusione in tutto il mondo? Quando è stato esportato? Oggi è fabbricato ancora nel vostro paese? Discutete con gli altri gruppi quello che avelte scoperto.

> *Cominciamo:* —Io conosco un prodotto che rappresenta la nostra identità nazionale: il…
> —Non è vero…

C. Lessico ed espressioni comunicative

Sostantivi

l'abbigliamento *clothing*

l'ambito tessile-abbigliamento
textile-clothing industry

l'arredo *furnishing*

la bandiera *flag*

la borsa *purse, bag*

il boscaiolo *woodcutter*

i casalinghi (used in plural) *home appliances*

il calzolaio *shoemaker*

il cotone *cotton*

il divano *couch*

l'elettrodomestico *electric appliance*

la firma *signature*

la lana *wool*

il legname *wood*

la manodopera *skilled labor*

il marchio *brand name*

il mobile *furniture*

la montatura *frame*

l'oreficeria *jewelry*

la pelle *leather*

il reddito pro capite *per capita income*

il rubinetto *faucet*

la seta *silk*

la sfida *challenge*

i tessuti *fabrics, textiles*

il traguardo *goal*

il vestito *dress*

Aggettivi

doloso *criminal, illegal*

rinomato *renowned*

rude *rough, tough*

Verbi

affinare *to perfect, to refine*

richiamare *to bring to mind*

spaziare *to cover, to span*

vantare *to make a claim; to boast*

Vocabolario attivo

A. Di che cosa è fatto? Usando le parole dal **Lessico ed espressioni comunicative** completa le seguenti frasi.

1. Ho comprato la mia cravatta a Como, è fatta di _____.
2. La mia borsa l'ho presa a Firenze, è di vera _____.
3. Non hai caldo con quel vestito di _____? È pesantissimo.
4. Non bere l'acqua che esce dal _____. Mi sembra che qualcosa sia rotto.
5. Per fare quei mobili hanno usato del _____ che viene dal Canada.
6. La _____ di quegli occhiali è leggerissima, è di titanio.
7. D'estate mi piace mettere camice di _____ così non sudo.
8. Questo negozio vende solo _____. Devo andarci a comprare un nuovo frigo.
9. Quando paghi con la carta di credito, devi sempre mettere _____ sulla ricevuta.
10. _____ italiana è verde, bianca e rossa.
11. La casa di mio zio è bellissima, _____ è squisito.

B. Da completare. Completate il dialogo con le parole adatte dal **Lessico ed espressioni comunicative.**

FRANCO: Ciao, Marco, ma come sei vestito? Sembri un _____ che va a prendere del legname nel bosco.

MARCO: Beh, in effetti… ho deciso di costruire io il _____ del salotto dove tutti ci possiamo sedere per vedere la TV. Mio figlio si è messo spendere come un matto per _____, compra solo vestiti di famosi stilisti e io quindi devo risparmiare da qualche parte.

FRANCO: Così tuo figlio spende un occhio della testa.

MARCO: _____ con gli amici di avere solo abiti firmati e loro sono gelosissimi. Va solo in negozi _____ che tutti conoscono: Armani, Moschino, Versace…

FRANCO: Il suo comportamento mi _____ un po' il tuo di vent'anni fa.

C. Elettrodomestici. Con l'aiuto del dizionario fai un elenco degli elettrodomestici che si usano a casa tua. Poi scrivi delle frasi complete spiegando quante volte a settimana o al mese si usano e in quali occasioni.

«Il Made in Italy»

Quando si parla del Made in Italy è quasi inevitabile che la gente pensi subito e principalmente ai vestiti di Versace, Valentino e Armani, alle catene di negozi di **abbigliamento**[1] casual di Benetton, alle **borse**[2] di Gucci e Fendi, alle scarpe di della Valle e Ferragamo: insomma la moda italiana. Oppure il pensiero corre alla Ferrari, considerata come una vera e propria **bandiera**[3] del nostro paese. Ma il Made in Italy è un fenomeno più complesso, che tocca diversi settori ed attività economiche del sistema Italia, **spaziando**[4] dai più svariati beni industriali sino ai prodotti tipici dell'agricoltura ed anche al turismo.

Abusare di questa definizione però può determinare solo confusione. Quindi se il Made in Italy non è certo solo la moda o la «rossa» di Maranello, d'altra parte non può nemmeno essere tutta l'economia italiana. Cos'è dunque il Made in Italy? È una **firma**[5] d'autore, un **marchio**[6] distintivo che **richiama**[7] immediatamente l'idea di qualcosa di unico e speciale, più o meno come quando pensiamo alla meccanica tedesca, all'elettronica giapponese o allo champagne francese.

Sono i prodotti e i servizi in cui l'Italia **vanta**[8] un effettivo grado di specializzazione e in cui l'Italia è **rinomata**[9] in tutto il mondo. Stiamo parlando del «sistema moda», ma anche dei prodotti tipici dell'alimentazione cosidetta «mediterranea» e dei prodotti per la casa e l'**arredo**[10] tra cui **mobili**,[11] lampade, **casalinghi**[12] e **elettrodomestici**.[13] Inoltre, Made in Italy e certamente anche il turismo, che l'Italia attrae grazie alle bellezze paesaggistiche e ai tesori d'arte che possiede. Gli italiani, dunque, si sono realmente specializzati nelle produzioni legate al vestir bene, all'arredare bene, al mangiar bene.

Il Made in Italy è ormai diventato un simbolo di eccellenza a livello mondiale. Al punto che l'imitazione **dolosa**[14] dei marchi italiani dell'abbigliamento non è un fenomeno isolato.

Tra la pasta e i **rubinetti**,[15] tra i **tessuti**[16] di **seta**[17] e l'**orificeria**,[18] tra i **divani**[19] in **pelle**[20] e gli scarponi o gli occhiali da sole prodotti in Italia esistono dei denominatori comuni molto stretti. In primo luogo, l'arte, comune a tutte queste produzioni, nel lavorare certe materie prime e poi i livelli tecnici elevatissimi raggiunti dalle aziende italiane nell'impiego

(continued)

---

[1]**abbigliamento** *clothing;* [2]**borse** *handbags;* [3]**bandiera** *flag;* [4]**spaziando** *spanning;* [5]**firma** *signature;* [6]**marchio** *brand;* [7]**richiama** *brings to mind;* [8]**vanta** *boasts;* [9]**rinomata** *renowned;* [10]**arredo** *furnishings;* [11]**mobili** *furniture;* [12]**casalinghi** *small appliances;* [13]**elettrodomestici** *electric appliances;* [14]**dolosa** *illegal;* [15]**rubinetti** *faucets;* [16]**tessuti** *fabrics;* [17]**seta** *silk;* [18]**oreficeria** *jewelry;* [19]**divani** *sofas;* [20]**pelle** *leather*

Le botteghe artigiane sono sempre più rare.

di certe materie prime a fini specifici (ad esempio le plastiche negli scarponi da sci, i metalli e le **leghe**[21] speciali nelle **montature**[22] degli occhiali piuttosto che in certe parti delle biciclette). Il Made in Italy nasce dunque da una grandissima esperienza, pressoché unica al mondo, nel trasformare le materie prime, che spesso è vecchia di secoli. Un'altra caratteristica è l'organizzazione stessa della produzione: quasi i due terzi dell'output e dell'export del Made in Italy provengono da provincie specializzate. Anche qui dietro il successo vi è spesso una storia molto antica, che risale all'Italia dei comuni.

La geografia del Made in Italy coincide con la geografia del benessere del nostro paese. Infatti nelle città in cui sono intensamente presenti attività manifatturiere o agricole tipiche del Made in Italy il **reddito pro capite**[23] è generalmente ai livelli più elevati. Per esempio nell'**ambito tessile-abbigliamento**[24] le principali provincie esportarici coincidono con i maggiori distretti industriali: Como (seta), Prato e Biella (**lana**[25]), Bergamo (**cotone**[26]), Treviso (abbigliamento), ecc. Tre province sono invece specializzate nell'orificeria: Arezzo, Vicenza e Alessandria. A proposito della presenza di zone specializzate interessante è il caso della calzatura sportiva di Montebelluna (in provincia di Treviso) che coincide con la storia mondiale dello scarpone. Nel 1872 a Montebelluna si potevano contare 55 **calzolai**[27] su una popolazione di circa 8.000 abitanti. A quel tempo si lavorava soprattutto per i **boscaioli**[28] che richiedevano scarpe **rudi**[29], ma robuste per recuperare il **legname;**[30] fu solo con l'inizio del nuovo secolo e l'arrivo dei primi turisti che gli artigiani del posto ebbero l'occasione di **affinare**[31] la propria produzione realizzando interamente a mano i primi modelli di scarponi da montagna. Nel 1902 una famiglia su otto faceva scarpe. L'evoluzione delle scarpe da montagna

[21]**leghe** *fasteners;*   [22]**montature** *frames;*   [23]**reddito pro capite** *per capita income;*   [24]**ambito tessile-abbigliamento** *textile-clothing industry;*   [25]**lana** *wool;*   [26]**cotone** *cotton;*   [27]**calzolai** *shoemakers;*   [28]**boscaioli** *woodcutters;*   [29]**rudi** *rough;*   [30]**legname** *wood;*   [31]**affinare** *refine*

proseguì nel dopoguerra con il diffondersi degli sport invernali e dello sci alpino in particolare.

Negli ultimi 10–15 anni diversi paesi in via di sviluppo come Taiwan, la Corea del Sud, la Thailandia, la Cina e, più recentemente, anche il Vietnam hano avviato rilevanti attività produttive in molti settori tradizionali in cui l'Italia è specializzata. Molte imprese italiane hanno allora scelto recentemente la strada della delocalizzazione, cioè sono andate a produrre all'estero l'intero prodotto o sue parti cercando di beneficiare del più basso costo del lavoro. Ciò può influire sull'immagine conquistata dai marchi italiani in tutto il mondo? Secondo un autorevole protagonista come Giorgio Armani, no. Secondo Armani «Non è detto che andare a produrre in Romania significhi per forza scadere di qualità». Naturalmente questo vale per i prodotti «veloci» e non per i più importanti, dove serve **manodopera**[32] specializzata che c'è solo in Italia.

È ovvio quindi che le provincie del Made in Italy sono alle prese con nuove **sfide**[33] e complessità legate alla globalizzazione dei mercati. La politica economica e industriale dell'Italia deve accompagnare lo sforzo di crescita del Made in Italy verso nuovi e più ambiziosi **traguardi**.[34]

(estratti adattati da *Il Made in Italy*, Bologna: Il Mulino, 1998, autore Marco Fortis)

[32]**manodopera** *skilled labor;*   [33]**sfide** *challenges;*   [34]**traguardi** *goals*

II. Comprensione della lettura
Hai capito?

A. Ma no! Completa il seguente dialogo tra uno studente (S1) che non ha capito niente e un altro (S2) che ha capito tutto. Riempi le parti mancanti in base alla lettura.

S1: Non ho capito. Ma è vero che Armani ha inventato il Made in Italy?
S2: Ma no! _____.
S1: Allora l'ha inventato la Ferrari?
S2: Beh, la Ferrari è un marchio _____.
S1: Ah, allora il cibo non è parte del Made in Italy?
S2: E invece sì, perché _____.
S1: Anche il vino come il Barolo o il Chianti?
S2: Sì, perché sono prodotti _____.
S1: Ma perché l'imitazione di questi prodotti è dolorosa (*painful*)?
S2: Non è dolorosa ma dolosa (*malicious*), cioè _____.
S1: Forse è meglio che rilegga il brano, avevo capito male molte cose.
S2: Bravo, rileggilo, così _____.

B. Vero o falso? Scegli la risposta giusta.

1. Il Made in Italy include prodotti molto diversi fra loro.   V   F

2. Gli italiani sono bravi ad usare certe materie prime per fare   V   F
   prodotti originali.

3. Queste tecniche si sono sviluppate da quando la moda è   V   F
   diventata importante.

4. Ogni zona o città è specializzata nella produzione di prodotti   V   F
   particolari.

(continued)

5. Il reddito per persone è più alto dove esistono industrie   v   F
   manifatturiere.

6. Le oreficerie si sono sviluppate solo nel nord d' Italia.   v   F

C. Da combinare. Combina le parole dei tre gruppi per formulare cinque frasi riferite alla lettura. Aggiungi tutte le parti che servono per fare delle frasi complete.

A	B	C
Nel 1872	Cina	prodotti veloci
Recentemente	Montebelluna	prodotti tipici del Made in Italy
Negli ultimi anni	imprese	55 calzolai
Secondo Armani	gli artigiani	lo scarpone da montagna
Con l'inzio del secolo	Romania	delocalizzazione

Attività comunicativa

 I vini veneti nel mondo. Guardate la tabella, analizzate i dati, e poi in gruppi rispondete alle seguenti domande: Quali sono le nazioni dove si esportano di più i vini veneti? Qual è la nazione che ha comprato più vino veneto?

Cominciamo: Sembra che il Veneto…

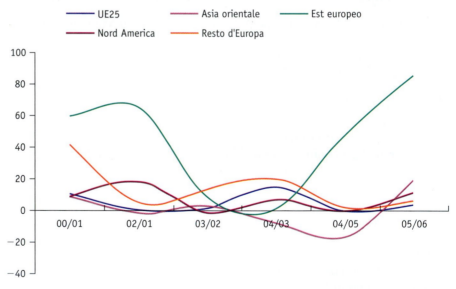

Variazioni % esportazioni di vino degli operatori veneti verso le principali aree geografiche (Anni 2000–2006)

Fonte: Elaborazioni Regione Veneto–Direzione Sistema Statistico Regionale su dati Istat; http://statistica.regione.veneto.it

Il reddito per persone è più alto dove esistono industrie manifatturiere.

Vacanze romane (*Roman Holiday*) con Audrey Hepburn e Gregory Peck, 1953:
La Vespa è ancora molto popolare oggi in Italia perché puo risolvere problemi di traffico e di parcheggio.

«La storia della Vespa»

I. Prima di leggere

A. Attività contestuale della pre-lettura

Storia di ditte statunitensi. Dividetevi in gruppi e cercate di fare la storia di tre o quattro grandi compagnie degli Stati Uniti (o del vostro paese) che hanno una tradizione nel loro campo.

B. Lessico ed espressioni comunicative

Sostantivi

gli addetti ai lavori *the insiders*

gli arredamenti navali *ship furnishings*

la biga *chariot*

il brevetto *patent*

la carrozza ferroviaria *car (of a train)*

la crescita *growth*

il decennio *decade*

la gomma *tire*

la guida *driving*

l'idrovolante *hydroplane*

l'imprenditore *business person, entrepreneur*

il **paracadutista** *parachuter*

la **ruota** *wheel*

il **tram** *streetcar*

la **traversata** *crossing*

la **vespa** *wasp*

la **vita** *waist*

Aggettivi

ampio *large, roomy*

ingombrante *bulky*

scomodo *uncomfortable*

Verbi

appoggiarsi *to depend on*

attingere *to draw upon, to tap into*

bastare *to be enough*

cogliere *to see (a quality in something)*

coniare *to create, to coin (a new name for something)*

decollare *to take off*

inserire *to introduce*

mostrare *to show*

sbarcare *to land, to arrive*

suscitare *to elicit, to provoke*

tenersi *to take place*

Espressioni comunicative

in bilico *unstable balance*

di largo consumo *of broad consumption (i.e., widely used)*

rimettere in moto *to restart, to resume*

Vocabolario attivo

A. Da bambino. Completa questa breve storia con una delle parole tratte dal **Lessico ed espressioni comunicative.**

Quando ero bambino io e la mia famiglia andavamo spesso al mare in Vespa con un side-car. Mio papà odiava i treni, soprattutto perché diceva che _____[1] erano sporche e affollate, e i sedili (*seats*) erano _____.[2] Così in agosto partivamo al mattino presto, lui, mia madre ed io. Io lo guardavo con ammirazione nella sua posizione eretta, alla _____[3] delle moto; mi sembrava un eroe, un cavaliere medievale con quegli occhiali grossi e il giubbotto di pelle (*leather jacket*). La sua voce sicura _____[4] in me un senso di sicurezza. Appena acceso il motore sembrava che la Vespa _____[5] come un aeroplano. Allora la mamma _____[6] a mio papà e lo stringeva forte: eravamo tutti pronti a partire. Ero pronto a fare anche _____[7] dell'oceano in quelle condizioni. Ancora adesso mi ricordo quei viaggi con un grande senso di euforia.

B. Sinonimi. Trova nella lettura delle parole che abbiano lo stesso significato di quelle sottolineate.

1. Papà <u>mi fece vedere</u> la sua nuova Vespa quando avevo sei anni.

2. Molti nel pubblico <u>trovarono</u> nelle idee dello speaker una proposta nuova e rivoluzionaria.

3. Quando McDonald's <u>arrivò</u> in Italia non ebbe subito molto successo, ma ora si trova dappertutto.

4. Il festival del cinema più importante del mondo <u>si svolge</u> ogni anno a maggio a Cannes.

5. Per risolvere i problemi della sua ditta il proprietario <u>è ricorso</u> alla sua enorme esperienza in campo internazionale e ha iniziato a esportare i suoi prodotti in tutto il mondo.

6. Le parole <u>integrate</u> nel lessico di questo capitolo sono state usate per questo esercizio.

«La storia della Vespa»

Con una Vespa è facile muoversi in città e trovare parcheggio.

Fondata a Genova nel 1884 da Rinaldo Piaggio la società Piaggio si dedica inizialmente alla costruzione di **arredamenti navali**[1] per poi estendere la propria attività alla costruzione di **carrozze ferroviarie**,[2] motori e **tram**.[3]

Con la prima guerra mondiale, Piaggio entra nel settore aeronautico, un business in cui opererà per i decenni. Inizia così la produzione di **idrovolanti**[4] e aeroplani.

Negli anni che precedono la seconda guerra mondiale, e durante il conflitto, Piaggio è uno dei maggiori produttori italiani di aerei.

L'invenzione del 1946: nascita di un mito
La Vespa nasce della determinazione di creare un prodotto a basso costo e **di largo consumo**.[5] Alla fine della guerra, Enrico, figlio di Rinaldo, studia ogni soluzione per **rimettere in moto**[6] la produzione della Piaggio. Venne realizzato un «motorscooter» sul modello delle piccole motociclette per **paracadutisti**.[7] Il prototipo venne chiamato «**Paperino**»[8] per la sua strana forma: ma non piacque ad Enrico, che incaricò Corradino D'Ascanio di rivedere il progetto. Il progettista aeronautico non amava però la motocicletta. Secondo lui era **scomoda**,[9] **ingombrante**,[10] con

(continued)

[1]**arredamenti navali** *ship furnishings;* [2]**carrozze ferroviarie** *railroad cars;* [3]**tram** *streetcars;* [4]**idrovolanti** *hydroplanes;* [5]**di largo consumo** *of broad consumption;* [6]**rimettere in moto** *to restart, resume;* [7]**paracadutisti** *parachuters;* [8]**Paperino** *"Donald Duck" (the name of the motorcycle's prototype);* [9]**scomoda** *uncomfortable;* [10]**ingombrante** *bulky*

gomme[11] troppo difficili da cambiare. L'ingegnere trovò tuttavia tutte le soluzioni del caso **attingendo**[12] proprio alla sua esperienza aeronautica.

Decenni[13] prima della diffusione degli studi ergonomici, la posizione di **guida**[14] di Vespa era pensata per stare comodamente e sicuramente seduti, anziché pericolosamente **in bilico**[15] su una motocicletta a **ruote**[16] alte.

A Corradino D'Ascanio **bastarono**[17] pochi giorni per preparare il primo progetto della Vespa, prodotto nel 1946. Il nome fu **coniato**[18] dallo stesso Enrico Piaggio che davanti al prototipo MP 6, dalla parte centrale molto **ampia**[19] per accogliere il guidatore e dalla «**vita**[20]» stretta, esclamò: «Sembra una **vespa**[21]!» E Vespa fu.

Il primo brevetto[22] di Vespa

Non passa molto tempo e Vespa viene finalmente **mostrata**[23] al pubblico, **suscitando**[24] reazioni contrastanti. Enrico Piaggio tuttavia non esita a iniziare la produzione in serie di duemila esemplari della prima Vespa. Il debutto in società del nuovo veicolo **si tiene**[25] al prestigioso Circolo del Golf di Roma.

Gli italiani avrebbero visto per la prima volta la Vespa nelle pagine di *Motor* (24 marzo '46) toccandola con mano alla Fiera di Milano dello stesso anno.

Dallo scetticismo al «miracolo»

Addetti ai lavori[26] ed esperti del mercato si divisero: da una parte chi **coglieva**[27] nella Vespa la realizzazione di un'idea geniale, dall'altra gli scettici destinati però a cambiar parere ben presto.

Le iniziali difficoltà convincono Enrico Piaggio ad offrire la diffusione della Vespa al conte Parodi, produttore della Moto Guzzi, al fine di **inserire**[28] la Vespa nella rete commerciale del più famoso marchio. Il conte Parodi rifiutò decisamente ogni collaborazione, considerando la Vespa un prodotto di scarso successo, la diffusione iniziale **si appoggiò**[29] invece alla rete commerciale della Lancia.

Negli ultimi mesi del '47 la produzione inizia a **decollare**.[30] Il «miracolo» Vespa è ormai una realtà, e la produzione cresce incessantemente: nel '46 Piaggio immise sul mercato 2.484 scooter, che diventarono 10.535 l'anno seguente, nel 1948 l'azienda arriva a produrre 19.822 mezzi.

Anche i mercati esteri guardano con interesse alla nascita dello scooter, che suscita curiosità e ammirazione nei commenti di pubblico e stampa. Il *Times* parla di «un prodotto interamente italiano come non se ne vedevano da secoli dopo la **biga**[31] romana». Enrico Piaggio promuove una fitta rete di assistenza in tutto il mondo. L'**imprenditore**[32] crea intorno al suo prodotto un'attenzione costante anche con iniziative come la fondazione e la diffusione dei Vespa Club.

Nel 1950 la Vespa, a soli quattro anni dal debutto, viene prodotta in Germania e l'anno dopo in Gran Bretagna e Francia; e poi nel '53 in Spagna. Nascono stabilimenti a Bombay e in Brasile; Vespa **sbarca**[33]

---

[11]**gomme** *tires;*   [12]**attingendo** *drawing upon*   [13]**Decenni** *Decades;*   [14]**guida** *driving;*   [15]**in bilico** *in balance;*   [16]**ruote** *wheels;*   [17]**bastarono** *were enough;*   [18]**coniato** *coined;*   [19]**ampia** *large, roomy;*   [20]**vita** *waist;*   [21]**vespa** *wasp;*   [22]**brevetto** *patent;*   [23]**mostrata** *shown;*   [24]**suscitando** *eliciting;*   [25]**si tiene** *takes place;*   [26]**Addetti ai lavori** *The insiders;*   [27]**coglieva** *saw;*   [28]**inserire** *introduce;*   [29]**si appoggiò** *depended on;*   [30]**decollare** *take off;*   [31]**biga** *chariot;*   [32]**imprenditore** *entrepreneur;*   [33]**sbarca** *arrives*

anche negli USA. Ma non è che l'inizio: presto Vespa sarà prodotta in 13 nazioni e commercializzata in 114 paesi nel mondo.

Record, sport e raid: intorno al mondo con la Vespa

La Vespa è anche protagonista di altre «avventure» del tutto inusuali.

Nel 1952 il francese Georges Monneret costruisce una «Vespa Anfibia» per la corsa Parigi-Londra, e compì con successo la **traversata**[34] della Manica.

Giancarlo Tironi, studente universitario italiano, raggiunge il Circolo Polare Artico in Vespa. Anno dopo anno, la Vespa conquista sempre maggiore popolarità tra gli amanti dei viaggi-avventura: Roberto Patrignani va in Vespa da Milano a Tokyo; James P. Owen dagli USA alla Tierra del Fuego; Santiago Guillen e Antonio Veciana da Madrid a Atene (la loro Vespa, che per l'occasione fu decorata personalmente da Salvador Dalì, è tuttora esposta al Museo Piaggio).

Vespa, il cinema e gli USA

Linee morbide e inconfondibilmente Vespa, motori a basso impatto ambientale, freni a disco per la massima sicurezza, eccezionale comfort, i modelli della nuova generazione di Vespa sono oggi in vendita anche nelle numerose «Vespa Boutiques» statunitensi (ormai 60 tra la California e la Florida, New York e le Hawaii).

Ritornata a fine 2000 negli USA (ne era uscita nel 1985, a causa delle norme antinquinamento) Vespa è immediatamente tornata a essere un successo commerciale oltreoceano: nel giro di due anni, una quota del 20% circa del settore dello scooter in USA, un mercato ancora relativamente «piccolo», ma **in crescita**.[35] 6.000 le Vespa vendute negli USA il primo anno, il 2001; oltre 7.000 nel 2002.

Ma Vespa non è solo un fenomeno commerciale. È un evento che coinvolge la storia del costume. Negli anni della *Dolce vita* Vespa diventò sinonimo di scooter, i reportage dei corrispondenti stranieri descrivevano l'Italia come «il Paese delle Vespe» e il ruolo giocato da Vespa nel costume non solo italiano è documentato dalla sua presenza in centinaia di film. Ed è una storia che continua anche oggi. Audrey Hepburn e Gregory Peck in *Vacanze romane* infatti sono solo i primi di una lunga serie di attrici e attori internazionali che negli anni sono stati ripresi sullo scooter più famoso del mondo, in film che vanno da *Quadrophenia* ad *American graffiti*, da *Il talento di Mr. Ripley* fino a *La carica dei 102*. Nelle foto e nei film Vespa è stata «compagna di viaggio» di nomi quali Joan Collins, Charlton Heston, John Wayne, Henry Fonda, Gary Cooper, Anthony Perkins, Sting, Antonio Banderas, Matt Damon, Gérard Depardieu, Jude Law, Eddie Murphy, Owen Wilson, ecc.

(adattato da *Kataweb Motori*, 25 marzo 2003)

[34]**traversata** *crossing;* [35]**in crescita** *growing*

II. Comprensione della lettura
Hai capito?

A. Supposizioni. Di' se le seguenti frasi sono **vere** o **false** e se sono false sostituisci la parola sottolineata con la parola che rende la frase vera.

1. Credo che all'inizio Piaggio producesse <u>navi</u>.   V   F

2. Credo che poi costruisse <u>carrozze</u> per treni.   V   F

3. Mi sembra che <u>per pochi anni</u> la Piaggio abbia anche prodotto aerei.   V   F

4. Mi pare che la Vespa sia nata dall'idea di produrre un veicolo   V   F
   che i <u>paracadutisti</u> potessero usare.

5. Si dice che il progettista della Piaggio preferisse <u>gli aerei</u> alle   V   F
   motociclette.

6. Il progettista pensava che le motociclette fossero troppo <u>scomode</u>.   V   F

7. <u>Il progettista</u> chiamò la nuova motocicletta Vespa per la forma   V   F
   strana che aveva.

B. La Vespa dal 1946. Completa le frasi in modo logico in base alla lettura. Le parole fra parentesi suggeriscono parte della risposta.

1. Nel 1946 La Vespa viene mostrata _____. (golf)
2. Il signor Piaggio cerca una _____. (Guzzi)
3. Il *Times* sostiene che _____. (prodotto italiano)
4. La famiglia Piaggio sa come tenere l'attenzione del pubblico _____. (club)
5. Vespa diventa un marchio _____. (pubblicità)

C. Cosa si può fare con una Vespa. Il testo indica molte cose che si possono fare con una Vespa... suggeriscine alcune!

1. Con una Vespa che può andare in acqua si può...
2. Con una Vespa il cui motore resiste a temperature basse si può...
3. Con una Vespa decorata da un grande artista si può...
4. Con un passeggero come Audrey Hepburn si potrebbe...
5. Se si vede una Vespa guidata da Matt Damon si potrebbe...

Attività comunicative

 A. Le fabbriche italiane. Dividetevi in gruppi e fate una ricerca in un particolare settore per vedere quali sono le fabbriche italiane più importanti. Per esempio, fabbriche di cioccolatini, di elettrodomestici, di macchine per il caffè, così via. Dove sono localizzate queste fabbriche? Sono in crisi o sono in crescita? Sono state comprate da multinazionali? Parlatene e fate un reportage alla classe.

Cominciamo: L'unica fabbrica italiana che io conosca è...

B. I siti sulla Vespa. Fa' una ricerca in Internet trovando dei siti dedicati alla Vespa. Alcuni sono dei club, altri fanno la storia della Vespa, ecc. Dividetevi in gruppi e esplorate i siti. A chi si indirizzano questi siti? Cosa si può comprare? Sono interattivi?

Attualità

Per diffondere il Made in Italy

 Il mio Made in Italy. Scegliete un particolare prodotto che conoscete e vi piace (può essere un tipo di pasta, un famoso designer di moda, un modello di bicicletta, così via) e poi fate una ricerca (se avete dei testi oppure usate l'Internet) cercando di stabilire la storia, il presente e il futuro della compagnia che avete scelto. Riportate alle classe quello che avete scoperto.

Scriviamo!

A. La mia prima cosa italiana. Ricorda quale è stata la prima cosa «italiana» che hai apprezzato? Era qualcosa da mangiare, da bere o un prodotto particolare? Chi te la fatta conoscere? Perché ti è piaciuta? Scrivi un breve tema.

B. Come me la immaginavo. Descrivi cosa ti aspettavi dalla vita italiana (sia a livello turistico che riferito a un prodotto) e come è stato l'impatto con la realtà italiana. Se non sei ancora stato/a in Italia, descrivi quello che ti aspetti di trovare quando ci andrai un giorno.

Cannes, 2006: Nanni Moretti (nel mezzo) insieme al cast alla proiezione del film Il caimano. *Moretti è ormai diventato il regista italiano più famoso sia in Italia che all'estero.*

Strategie per la lettura: Reading an interview
Lettura 1: «Intervista a Nanni Moretti»
Lettura 2: «Francesca Archibugi: Note di regia»
Attualità: Quali film piacciono agli italiani ora?

A puntate

Una storia complicata

Parte VI

Usciti abbastanza velocemente dal ristorante Alex, Lele, Simona e Marta si immettono sull'autostrada per Genova e il mare. Lele ha proposto un'improvvisa gita al mare cercando così di mettere in evidenza il suo lato imprevedibile e spontaneo. Tutti hanno accolto la proposta con grande entusiasmo anche se a Alex la cosa **puzza di bruciato**.[1] Arrivati nei pressi di Genova in poco più di un'ora Lele chiede di fermarsi a un autogrill per usare il bagno.

L'autogrill **pullula**[2] di gente, Lele nota una coda interminabile sia al bar che per andare in bagno. C'è la solita folla caotica degli autogrill: bambini isterici che urlano, ragazzotti che fanno chiasso e anziani che si lamentano di tutto. Alex è sceso con Lele per avere delle spiegazioni mentre le ragazze sono rimaste in macchina. Alex pensa che sia un'idea folle ma capisce anche che non c'erano molte alternative. Intanto Lele ha girato tutto l'autogrill senza vedere ombra del gioielliere. Dopo un po' Alex fa notare in modo nervoso che l'ora dell'appuntamento è passata da quindici minuti e che non possono far aspettare Simona e Marta ancora per molto. Lele sembra invece tranquillo, è in controllo della situazione. Dopo un po' suggerisce a Alex di andare a **fare il pieno**[3] intanto che aspettano, e di parcheggiare la macchina dietro la stazione di benzina nel caso debbano fare una fuga veloce. Alex crede che Lele abbia davvero perso la testa, che sia un po' troppo in un ruolo non suo ma ormai deve **stare al gioco**.[4] Alex entra per pagare ma è **rimasto al verde**[5] e dice a Lele di pagare lui. Proprio mentre Lele estrae i pochi soldi che gli sono rimasti sente da dietro qualcuno che glieli strappa di mano e lo saluta con un sorriso malizioso. È il gioielliere, che però è solo. Ha una valigetta con sé e subito chiede a Lele cosa vuole in cambio del suo silenzio. I due si mettono in un angolo a discutere animatamente mentre Alex osserva tutto dalla macchina parcheggiata subito fuori la stazione di benzina.

Mentre stanno discutendo, un ragazzo dietro di loro dice di non voltarsi e di consegnargli tutto quello che hanno. Lele nota che il gioielliere è agitato e quasi senza pensarci si volta appena e fa giusto in tempo a vedere un ragazzo con i capelli a spazzola e tanti orecchini; poi gli arriva un pugno che lo fa cadere. Nel cadere vede che il gioielliere ha fatto in tempo a mettere la borsa dietro il frigo delle bibite. Intanto il ragazzo si fa consegnare i soldi della cassa poi prende collane, orologi e portafogli a due o tre altri clienti che stavano pagando. Improvvisamente però si sentono delle sirene e all'interno del benzinaio è un caos generale. Il rapinatore urla a tutti di stare fermi poi esce e sale su un'auto che lo stava aspettando e **si dilegua**[6] nell'intenso traffico dell'autostrada.

(continued)

---

[1]**puzza di bruciato** *there is something fishy there;*   [2]**pullula** *swarms;*   [3]**fare il pieno** (di benzina) *to fill up;*   [4]**stare al gioco** *to play along;*   [5]**rimasto al verde** *was broke;*   [6]**si dilegua** *disappears*

Con gran sorpresa, Lele vede uscire di corsa anche il gioielliere che evidentemente si è spaventato per l'arrivo della polizia. Prima che arrivi la polizia, Lele prende la valigetta, esce e sale in macchina dove Alex sta intrattenendo le ragazze con il suo solito charm. Lele sorride e dice di essere pronto per un bel bagno e poi suggerisce sottovoce a Alex di partire piano senza mostrare **premura**[7] mentre tiene la valigetta seminascosta tra le gambe. Arrivano alla prima spiaggia che trovano dopo Genova e dopo aver comprato dei costumi si tuffano in mare, ancora caldo anche se l'estate è ormai finita. Simona sembra ora essere molto più cordiale con Lele. Tutti d'accordo decidono di passare la notte in una località sul mare. Entrati nella loro camera Alex chiede a Lele cosa sia successo all'autogrill mentre Lele apre la valigetta e insieme a varie carte ci sono almeno 10.000 euro in contanti.

[7]**premura** *haste, hurry*

Hai capito?

Domande e risposte. Rispondi alle domande che seguono in modo completo.

1. Dove vanno i quattro amici uscendo dal ristorante?
2. Dove si fermano e perché?
3. Com'è la scena che trovano?
4. Con chi si deve incontrare Lele e perché?
5. Cosa porta con sé il gioielliere e dove la nasconde?
6. Che fa il gioielliere quando avviene la rapina?
7. Cosa propone Lele che facciano i suoi amici?
8. Entrati nella loro camera, che cosa trova nella valigetta Lele?

Dialoghiamo!

 Proposte. Ricreate i due dialoghi in cui prima Lele propone improvvisamente di andare al mare (senza che nessuno se lo aspettasse) e poi Alex propone qualcosa a Simona e Marta mentre Lele sta cercando il gioielliere nell'autogrill.

Dialogo 1
LELE: A me è venuta un'idea geniale vista la bella giornata e che stiamo bene tutti insieme.
SIMONA: Sentiamo, tu hai sempre idee geniali…

Dialogo 2
ALEX: Guardate, Lele deve fare una telefonata importante, perché non…
SIMONA: Ma non doveva solo andare in bagno?

Lettura 1

«Intervista a Nanni Moretti»

I. Prima di leggere

A. Strategie per la lettura

Reading an interview. In reading the following interview with Nanni Moretti, apply some of the strategies you reviewed in earlier chapters: identify cognates, focus on the principal elements of each sentence, and try to understand meanings through context and logic.

In journalistic prose, you frequently find the main points of the article stated in the title, subtitles, and, in the case of an interview, in the questions being asked. The title of the article, **«Intervista a Nanni Moretti»,** indicates the article's format and the name of the person interviewed. The first question, rich with cognates, points to the main subject of the interview—the director's personal experience in the world of cinema:

> Qual è stata la sua esperienza personale nel mondo del cinema?

Now look through the article and read the follow-up questions. These will help you form a mental outline of the content of the interview and allow you to guess at or anticipate the interviewee's responses.

B. Attività contestuali della pre-lettura

1. Una scelta difficile: quale film? Quando andate a noleggiare un film dovete cercare negli scaffali (*shelves*) in base al tipo di film che cercate. Ecco qui di seguito i generi cinematografici in base alla categorizzazione italiana. In coppia cercate di definirli con vostre parole.

> *Esempio:* Un film western è un film in cui…, di solito ambientato (*set*) in…, di solito i protagonisti sono…, alla fine…

1. drammatico   3. giallo   5. storico
2. commedia   4. azione   6. documentario

2. Un suggerimento. Scegli un film che hai visto di recente e cerca di pensare ai motivi principali per cui lo raccomanderesti al tuo migliore amico / alla tua migliore amica. Puoi usare alcune delle seguenti espressioni.

Mi ha colpito molto perché…

Tratta di…

Il film ha il merito di…

Secondo me, ti piacerà perché…

La recitazione…

Il regista è stato bravo a…

La scenografia è veramente…

3. Il cinema. Oggi i cinema sono cambiati molto rispetto a quelli di una volta. Per esempio, una volta si trovavano in centro città, oggi invece troviamo le multisale nei centri commerciali che spesso sono in periferia. In gruppi di tre o quattro studenti descrivete due tipi di cinema diversi, uno nuovo e uno vecchio. Che cosa si può comprare prima di andare a vedere il film? Quali altre attività si possono fare? Come sono i posti? Sono comodi, scomodi? Come è lo schermo? Come potranno cambiare in futuro i cinema se vorranno fare concorrenza ai siti Internet dove si può scaricare i film?

Cominciamo: —A me piace quel cinema perché i posti sono comodi.

—Io non vado mai al cinema, mi piace di più stare seduto sul divano di casa.

C. Lessico ed espressioni comunicative

Sostantivi

l'augurio *wish*

il consiglio *suggestion*

il cortometraggio *short movie*

i film militanti *political movies*

il lungometraggio *feature-length film*

il mezzo *means; tool; money*

la pancia *stomach*

la ripresa *shooting (of a movie)*

lo sceneggiatore *screenwriter*

la scorciatoia *shortcut*

il super otto *super-eight (type of film, camera)*

la testardaggine *stubbornness*

Verbi

buttare via *to throw away*

essere adatto *to be suitable, qualified*

ricalcare *to imitate, to follow*

rivolgersi *to address*

Espressioni comunicative

a disposizione *available*

a ruota *following, soon after*

addirittura *even*

essere un'impresa *to be very difficult*

fuoricampo *off-screen*

innanzitutto *first of all*

sbagliando si impara *by making mistakes one learns*

Aggettivi

aleatorio *uncertain*

lampante *obvious*

Vocabolario attivo

A. Sinonimi. Trova un sinonimo delle parole sottolineate tra quelle del **Lessico ed espressioni comunicative.**

1. I <u>suggerimenti</u> di quel regista famoso sono molto utili per la mia carriera.

2. Dal tipo di film che lui fa è <u>ovvio</u> che è una persona con molti problemi psicologici.

3. Ho trovato <u>una strada più breve</u> per ottenere dei finanziamenti per il mio film.

4. Purtroppo Nanni Moretti non ha <u>i soldi</u> per finanziare il suo nuovo film.

5. Quel regista è molto difficile da convincere, la sua <u>ostinatezza</u> ha finora bloccato qualsiasi progetto di finanziamento del suo film.

6. Il mio <u>desiderio</u> per il tuo futuro è che tu possa diventare una grande attrice.

7. Molti giovani registi d'oggi <u>imitano</u> lo stile dei classici del cinema.

8. Il cinema e il teatro sono due campi non molto <u>sicuri</u> e ci vogliono fortuna e determinazione per riuscirci.

B. Da completare. Completa le seguenti frasi con i vocaboli dal **Lessico ed espressioni comunicative.**

1. Fellini ha fatto grandi film anche perché aveva a _____ attori bravissimi.

2. Oggi molti registi non fanno delle scuole speciali di cinema, molti non hanno nessun'esperienza nel mondo del cinema e vengono _____ da esperienze lavorative completamente diverse.

3. Orson Welles era un regista molto esigente e _____ molte sceneggiature che non gli piacevano.

4. Oggi in Italia ci sono pochi produttori pronti a prendere dei rischi, _____ finanziare un film.

5. Adam Sandler è un attore soprattutto comico, non è _____ a fare quel film drammatico.

6. Se vuoi conoscere qualche produttore cinematografico, _____ a Nanni Moretti, lui conosce tutti a Cinecittà.

7. Le _____ dei *Pirati dei caraibi* sono state fatte proprio nel Mar dei Caraibi, vero?

8. Quel regista è specializzato in film brevi, infatti un suo _____ ha vinto un premio internazionale l'anno scorso.

«Intervista a Nanni Moretti»

È un pomeriggio primaverile e mancano quattro giorni alle elezioni politiche. All'interno del più grande circolo ricreativo fiorentino arriva un regista romano. Sta girando per l'Italia in cerca di materiale per il suo prossimo film *Aprile*. Tre studenti universitari cercano, invece, materiale per il loro contenitore di immagini, il «controspot».

Intervistano lui… Nanni Moretti!

Qual è stata la sua esperienza personale nel mondo del cinema?

Ma la mia esperienza è molto particolare e appunto molto personale. Non ho fatto scuole di regia e non ho fatto scuole di recitazione e non ho fatto nemmeno l'aiuto regista anche se l'ho chiesto all'inizio, quando avevo diciannove anni, venti anni. Quand'ero a scuola l'ho chiesto a molti registi con i quali mi sarebbe piaciuto lavorare, dai fratelli Taviani a Peter Del Monte a Bellocchio.

Il grande regista Nanni Moretti.

Per fortuna tutti mi hanno detto di no. Dico per fortuna perché poi forse, che ne so, magari avrei fatto l'aiuto regista e non il regista perché sono due mestieri diversi. Ti può aiutare fare l'aiuto ma non è detto che si impari il mestiere del regista.

*Può dare dei **consigli**[1] al ragazzo o alla ragazza che volessero iniziare a fare cinema?*

Consigli… ma **innanzitutto**[2] un **augurio**.[3] Ad una ragazza ed un ragazzo che vogliono fare cinema gli auguro di avere fortuna perché ci vuole… gli auguro di avere talento che ci vuole anche quello e infine li inviterei ad essere molto determinati perché ci vogliono forse queste tre cose: fortuna, talento e determinazione, **testardaggine**[4] perché il cinema come il teatro, la letteratura ed il giornalismo sono mondi, sono campi così **aleatori**[5] per cui è importante la tenacia ecco!

Io ho iniziato con il **super otto**.[6] Quando avevo vent'anni c'era il super otto ed ho fatto i miei primi **cortometraggi**[7] ed un **lungometraggio**[8] «Io sono un autarchico» che al di là dei risultati chiamiamoli espressivi o artistici che io non voglio e non sono in grado di giudicare, da un punto di vista organizzativo lo considerai un miracolo! Riuscire a realizzare un lungometraggio narrativo in super otto **era un'impresa**![9] Il super otto veniva usato per fare dei documentari o di filmini delle vacanze oppure dei **film militanti**[10] dove si vedevano delle manifestazioni dove magari **fuoricampo**[11] c'era un commento parlato o della musica; però fare un film di finzione **addirittura**[12] un lungometraggio in questo formato era considerata una cosa impossibile quindi fu un risultato eccezionale dal punto di vista organizzativo e produttivo.

Oggi c'è il video: è meno bello perché non è pellicola ma è elettronica comunque è più comodo ed economico. Consiglierei ad un ragazzo e ad una ragazza che vogliono fare dei film innanzitutto di trovare delle persone che sono nelle stesse loro condizioni, ragazzi che vogliono fare gli attori, altri che vogliono fare il direttore della fotografia e la produzione, altri ancora che vogliono fare gli **sceneggiatori**.[13] Bisogna riuscire a trovare delle persone con cui lavorare insieme e così magari scrivere insieme la sceneggiatura perché l'isolamento a volte può essere esaltante ma è anche molto faticoso e può diventare noioso. Trovare, quindi, dei ragazzi che vogliono fare questo lavoro e rendersi conto delle proprie possibilità perché facendo si capisce se **si è adatti**[14] e si ha talento e poi **sbagliando si impara**[15] ecc…, ecc…, ecc…

Quali possono essere le principali difficoltà nell'affrontare la realizzazione di un film, un'opera prima cinematografica?

Uno dei problemi di un regista sia che questo regista sia noto che completamente sconosciuto è di capire quanti e quali mezzi ha **a disposizione**;[16] è in base a questo che può farsi venire in mente delle idee che possono essere realizzate con molti soldi quando il regista ha a disposizione tanti soldi oppure con pochissimi soldi nel caso contrario. Mi spiego: un

---

[1]**consigli** *suggestions;* [2]**innanzitutto** *first of all;* [3]**augurio** *wish;* [4]**testardaggine** *stubbornness;* [5]**aleatori** *uncertain;* [6]**super otto** *super-eight (camera);* [7]**cortometraggi** *short film;* [8]**lungometraggio** *feature film;* [9]**era un'impresa** *was difficult;* [10]**film militanti** *political films;* [11]**fuoricampo** *off-screen;* [12]**addirittura** *even;* [13]**sceneggiatori** *screenwriters;* [14]**si è adatti** *one is suitable;* [15]**sbagliando si impara** *by making mistakes one learns*

regista capisce che riesce ad avere solamente **trecento milioni*** per realizzare il suo film? Ecco invece scrive un copione che dovrebbe essere realizzato con **tre miliardi***; il film viene fatto ed alla prima proiezione in sala il pubblico si accorge che sono mancati i **mezzi**[17] ed è **lampante**[18] la miseria produttiva e **a ruota**[19] quella espressiva del film. Secondo me quel regista deve **buttare via**[20] la sceneggiatura che aveva in mente, quella da tre miliardi e fare il film cercando un soggetto da realizzare con il budget più piccolo, trecento milioni.

Funziona così anche per i livelli economici più elevati. Il problema dei registi o filmmaker è capire quali mezzi, quali attori o quali non attori si hanno a disposizione, quante settimane di **riprese**[21] ed in base a tutto questo ristrutturare la propria storia o avere il coraggio di cambiarla.

Un augurio per i nostri autori di cortometraggi?

Spero per gli spettatori che questi cortometraggi siano dei bei filmini, spero che non siano banali, spero che non siano qualunque, spero che non siano facili e spero che non **ricalchino**[22] in piccolo i difetti del cinema e del peggiore cinema industriale. Spero che i corti che vogliono fare ridere facciano ridere in maniera intelligente e non prendendo **scorciatoie**[23] e spero che nella loro maggioranza questi cortometraggi **si rivolgono**[24] alla testa dello spettatore e non solo alla sua **pancia**[25] perché molti registi grandi e piccoli pensano che lo spettatore non abbia testa ed allora lo colpiscono con colpi ad effetto allo stomaco…

Grazie Nanni!

(intervista a cura di Francesco Azzini, Lavinia Rosso e Valentina Ielo pubblicata sul web da *Hulot.it*, marzo 1996)

[16]**a disposizione** *available;* [17]**mezzi** *means;* [18]**lampante** *obvious;* [19]**a ruota** *soon after;* [20]**buttare via** *throw out;* [21]**riprese** *shooting;* [22]**ricalchino** *imitate;* [23]**scorciatoie** *shortcuts;* [24]**si rivolgono** *address, appeal to;* [25]**pancia** *stomach*

II. Comprensione della lettura

Hai capito?

A. Vero o falso? Di' se le seguenti affermazioni sono **vere** o **false** in base al testo letto e poi aggiungi una frase che spieghi la tua scelta.

1. Fare l'aiuto regista è importante per qualcuno che poi vuole diventare regista. V F

2. Nanni Moretti ha lavorato con registi importanti come i fratelli Taviani e Peter Del Monte. V F

3. Il primo lungometraggio di Nanni Moretti si chiamava «Io sono un autarchico». V F

(*continued*)

---

*Amounts here are in *lire,* which are no longer used as the Italian currency. In today's market, **trecento milioni di lire** would be equivalent to approximately **150.000 euro; tre miliardi di lire** would be equivalent to approximately **1.500.000 euro.**

4. Prendere scorciatoie è importante se si vuole avere successo   V   F
   nel mondo del cinema.

5. Prima di scrivere la sceneggiatura è sempre importante sapere   V   F
   di quanti soldi si dispone.

6. Quando si progetta un film è meglio lavorare da soli per non   V   F
   essere disturbati e per evitare interferenze esterne.

B. Cosa ci vuole? Secondo Moretti cosa ci vuole o che cosa non è necessario per fare le seguenti cose?

1. Per diventare un buon regista…

2. Per scrivere una sceneggiatura buona…

3. Per iniziare la carriera cinematografica…

C. Un augurio: spero che… Sostituisci **spero che** con un verbo che abbia un significato simile mettendo però il verbo al passato. Poi continua la frase in modo logico.

> *Esempio:*   Spero che i vostri cortometraggi siano bei film. →
>   **Mi auguravo** che i vostri cortometraggi fossero bei film ma
>   quelli che ho visto sono proprio brutti.

1. Spero che i vostri lungometraggi non siano banali.

2. Spero che i vostri film non ricalchino i difetti dei film commerciali.

3. Spero che la vostra commedia faccia ridere in modo intelligente.

4. Spero che voi non prendiate scorciatoie per avere successo commerciale.

5. Spero che i vostri gialli si rivolgano all'intelligenza dello spettatore.

Attività comunicativa

 Dibattito. Scegliete un film che quasi tutta la classe ha visto (oppure scegliete un film che avete visto tutti insieme in classe). Due studenti devono preparare la difesa del film, descrivendo perché il film è valido, poi altri due devono invece descriverne gli aspetti negativi. Poi iniziate un dibattito che viene moderato da un quinto studente. Perché il dibattito abbia successo dovete scegliere un film un po' controverso e poi il moderatore deve fare delle domande al pubblico (gli altri studenti) su quello che hanno detto i due gruppi a favore e contro.

> *Cominciamo:*   —Il film… ci è piaciuto perché…
>   —Noi invece pensiamo che…
>   —Voi altri, che ne pensate?

Lettura 2

«Francesca Archibugi: Note di regia»

I. Prima di leggere

A. Attività contestuali della pre-lettura

 1. Un capolavoro nazionale. Esiste nel tuo paese un romanzo popolare che si possa dire che tutti conoscono? Qual è? A che cosa si può attribuire la sua popolarità? Di che cosa tratta? Si insegna nelle scuole? Parlatene in coppia e raccontate brevemente la trama.

> *Cominciamo:* —Al liceo abbiamo letto…
> —Anche noi, però…

 2. Cinema e letteratura. Da sempre il cinema ha tratto ispirazione dalla letteratura. Dividetevi in gruppi e scegliete film che sono tratti da famosi romanzi. Discutete in gruppo quali sono le parti migliori del film e del romanzo. Il regista ha cambiato qualcosa nell'adattamento del testo letterario? Ogni gruppo deve poi fare una breve presentazione sulle conclusioni a cui siete arrivati.

> *Cominciamo:* —Secondo me, un romanzo…
> —Io considero qualche volta il film…
> —Io non leggo mai romanzi perché…

 3. Facciamo del cinema. In gruppi scegliete un romanzo che vi piace e immaginate quali saranno i problemi che un regista senza molti soldi avrà nel girare il film (per esempio: luoghi [*locations*], ambienti [*sets*], comparse [*extras*], ecc.). Poi cercate anche di spiegare quali altre difficoltà ci possono essere (pochi dialoghi, poca azione, ecc.).

> *Cominciamo:* —Leggendo il primo capitolo, è ovvio che…
> —Ma, la località sarebbe…
> —Ci vorrebbero anche…

B. Lessico ed espressioni comunicative

Sostantivi

la caducità *frailty*

il copione *script*

la denutrizione *malnutrition*

il disprezzo *disdain*

il divario *gap*

la finzione *fiction*

la moltitudine *multitude, crowd*

la peste *plague*

la sala *theater*

la sferza *whip, lash*

la stesura *draft*

lo stupore *surprise, wonder*

il tumulto *turmoil*

la vicenda *story*

Aggettivi

abissale *abyssal*

apocrifo *apocryphal*

appassionato *passionate*

avvincente *charming*

coinvolto *involved*

incolto *uneducated*

inconcepibile *incomprehensible*

intollerabile *intolerable*

legittimato *justified*

sazio *full*

scartato dal cellophane *just unwrapped (i.e., brand new)*

Verbi

approfondire *to elaborate (on)*

inginocchiarsi *to kneel*

insinuare *to insinuate*

mescolare *to mix*

rendere *to render, to restore*

trarre *to draw from*

Vocabolario attivo

A. Sostituzioni. Sostituisci alla parola sottolineata una parola che abbia il significato uguale o simile apportando dei cambiamenti alla frase se necessario. Segui l'esempio.

> *Esempio:* La <u>stesura</u> della sceneggiatura l'abbiamo fatta in cinque mesi poi abbiamo girato il film in tre settimane. →
> **La scrittura** della sceneggiatura l'abbiamo fatta in cinque mesi…

1. È con grande <u>stupore</u> che ho notato che il nuovo film di quel regista, che prima non mi piaceva, è bellissimo.
2. <u>La vicenda</u> del film mi sembra piuttosto semplice e poco interessante.
3. Mi sembra che molte modelle e attrici soffrano di <u>denutrizione</u> perché vogliono essere magrissime.
4. <u>Il divario</u> fra il romanzo e la versione cinematografica è enorme.
5. L'attore famoso ha guardato il produttore con gran <u>disprezzo</u> perché gli ha proposto un copione volgare e inaccettabile.

B. Significati simili. Sostituisci alle parole sottolineate nel seguente brano un aggettivo tratto dal **Lessico ed espressioni comunicative.**

> Sono un vero fan di tutto il cinema, vecchio e nuovo, anche se la mia istruzione è informale perché non ho mai seguito una scuola di cinema. Anzi sono proprio <u>ignorante</u> da un punto di vista formale ma so riconoscere un film che sia <u>coinvolgente</u>, non perché l'azione sia importante ma perché la sceneggiatura sia così interessante che lo spettatore sia completamente <u>attirato</u> nella visione del film. Per me è <u>inaccettabile</u> che il film abbia sempre una fine lieta.

C. Da completare. Completa il seguente brano con verbi tratti dal **Lessico ed espressioni comunicative.**

> Un critico molto giovane e senza molta esperienza nella sua recensione _____[1] che il film _____[2] dal romanzo di Hemingway *A Farewell to Arms* sia orrendo. Secondo lui, il dialogo intenso e poco

chiaro _____[3] le cose ancora più difficili. Lo stile del regista, che _____[4] in modo poco convincente film d'azione con l'aspetto psicologico è forse l'aspetto più deludente del film. Sarà vero quello che dice questo giovane critico? Forse doveva _____[5] la sua recensione per renderla più convincente.

«Francesca Archibugi: Note di regia»

Non mi interessava di rifare una versione de *I promessi sposi* per la televisione. Ci ho messo un po' di tempo a leggere la sceneggiatura che mi avevano proposto. Ma appena l'ho fatto, mi sono sentita **coinvolta**[1] e **appassionata**.[2] Scardamaglia e Lusuardi, che non conoscevo, avevano scritto un bellissimo **copione**[3] con un'idea **avvincente**[4] e evocativa: partire da una specie di antefatto della storia che tutta l'Italia conosce, cercando di non inventare ma estrapolare dal libro le motivazioni dei personaggi.

Francesca Archibugi

I promessi sposi comincia con Renzo e Lucia già fidanzati, dicono i critici letterari che sia un romanzo d'amore senza amore. Manzoni aveva avuto la geniale idea narrativa di sostituire la psiche del personaggio di Lucia con la luce di Dio, il segno della provvidenza.

Il libro è raccontato come una storia vera, **mescola**[5] elementi reali e di **finzione**,[6] personaggi veri e inventati, si propone come metafora ottocentesca su una storia del Seicento, cioè come romanzo **apocrifo**[7] e quindi ci siamo sentiti **legittimati**[8] a **trarne**[9] un film apocrifo.

Da quella prima versione di sceneggiatura, abbiamo lavorato altri otto mesi. È stato bello e interessante fare un passo indietro alla sua prima **stesura**,[10] Fermo e Lucia. Da regista, ho dovuto **approfondire**[11] un secolo, il Seicento, che non avevo quasi più toccato dal liceo. Scoprire la vita quotidiana e l'ideologia minuta, il rapporto fra potere e religione, fra ricchi e poveri, fra uomini e donne.

Sono una regista cinematografica, ho l'ambizione di fare film veri, più che realistici, un cinema di personaggi, e ho applicato questo mio sentire anche a questo progetto. Non ho mai dimenticato comunque che facevo televisione, che cioè mi confrontavo con uno spettatore più casuale, che vai a cercare te e che non ti viene a cercare lui in **sala**.[12] Che devi raccontare una storia a tutti, vecchi e bambini compresi, intellettuali e **incolti**,[13] facendo il grande sforzo di farti capire senza banalizzare, semplificando. Senza **disprezzo**,[14] quindi, per chi ti guarda.

Insomma, ho avuto il cuore pieno di **tumulti**,[15] di interrogativi narrativi e idealistici. Ma siccome non insegnavo, imparavo, mentre facevo questo film, spero di aver reso lo **stupore**[16] e la passione per questa **vicenda**[17] e per i suoi significati sulla natura umana.

Poche cose, vivide, mi hanno guidato. Agnese, la madre di Lucia, nel romanzo dice che «i ricchi sono tutti pazzi». A questa luce abbiamo visto Rodrigo, Virginia de Leyva (la monaca di Monza riportata al suo vero nome), Bernardino Visconti l'Innominato. Delle persone a cui l'esercizio

---

[1]**coinvolta** *involved;* [2]**appassionata** *passionate;* [3]**copione** *script;* [4]**avvincente** *charming;* [5]**mescola** *it combines;* [6]**finzione** *fiction;* [7]**apocrifo** *apocryphal;* [8]**legittimati** *justified;* [9]**trarne** *drawing from;* [10]**stesura** *draft;* [11]**approfondire** *elaborate on;* [12]**sala** *theater;* [13]**incolti** *the uneducated;* [14]**disprezzo** *disdain;* [15]**tumulti** *turmoil;* [16]**stupore** *wonder;* [17]**vicenda** *story*

sregolato del potere ha portato a una confusione prima di tutto in loro stessi. Come il piccolo imperatore che vede **inginocchiarsi**[18] il mondo ai suoi piedi, sono tutte persone che hanno un delirio di onnipotenza, che conduce per via maestra alla mancanza di identità e alla solitudine.

E poi il significato stesso della vita collettiva era alterato dalla presenza della **caducità**[19] del corpo, la fame e la malattia, la **sferza**[20] che piega milioni di persone, tutt'ora, in tutto il mondo. La **peste**,[21] la possibilità sempre presente di decimazioni per le varie pestilenze, la **denutrizione**,[22] **rendono**[23] diverso il concetto che l'individuo ha del proprio sé. E la religione che s'impossessa delle **moltitudini**,[24] fornendo riposte maiuscole a quegli interrogativi che una vita tanto miserevole **insinua**[25] in ogni psiche.

Non ci siamo sentiti arbitrari nel rintracciare una similitudine con quello che accade oggi nel terzo mondo. Quando guardiamo la televisione, e ci vengono raccontate dall'attualità storie di violenza religiosa, di morti di massa, di fanatismi, di **divario abissale**[26] e **intollerabile**[27] fra ricchi e poveri, fra **sazi**[28] e affamati, ci siamo sentiti di poter dire che se potessimo voltare la testa all'indietro, e vedere chi eravamo, chi era l'Italia, capiremmo molto meglio ciò che adesso ci sembra **inconcepibile**.[29] Nel nome di Dio si sono fatta atrocità più forti che nel nome di Allah.

Dentro a tutto questo, Renzo e Lucia. Li ho desiderati giovanissimi, la coscienza nuova, **scartata dal cellophane**,[30] ad affrontare una vita tanto complessa. Abbiamo voluto raccontare anche quanto l'amore infondo consola, e spesso sia l'unico, irragionevole motivo di vita.

(adattato dal sito *Mediaset*)

[18]**inginocchiarsi** *kneeling*;   [19]**caducità** *frailty*;   [20]**sferza** *lash*;   [21]**peste** *plague*;   [22]**denutrizione** *malnutrition*;   [23]**rendono** *render*;   [24]**moltitudini** *multitudes*;   [25]**insinua** *insinuates*;   [26]**divario abissale** *huge gap*;   [27]**intollerabile** *intolerable*;   [28]**sazi** *full (not hungry)*;   [29]**inconcepibile** *incomprehensible*;   [30]**scartata dal cellophane** *brand new*

II. Comprensione della lettura
Hai capito?

A. Vero o falso? Di' se le seguenti frasi sono **vere** o **false** e poi danne una spiegazione usando la congiunzione suggerita.

1. A Francesca Archibugi non intressava il libro *I promessi sposi*,   V   F
   ma _____.

2. La regista ha trovato la sceneggiatura molto interessante   V   F
   perché _____.

3. *I promessi sposi* è un romanzo con tante scene d'amore,   V   F
   infatti _____.

4. Il romanzo si svolge nell'Ottocento,   V   F
   invece _____.

5. La sceneggiatura è stata completata in due mesi,   V   F
   ma _____.

6. Lo spettatore televisivo e meno colto, meno attento,   V   F
   e _____.

7. La vita nel 1600 era dominata dalla fame e dalle malattie,   V   F
   e _____.

8. Secondo Archibugi ci sono delle similarità tra il mondo
   d'oggi e il mondo descritto nel romanzo,   V   F
   soprattutto _____.

B. Il punto di vista dell'Archibugi. Completa le frasi in modo logico
secondo il testo letto. Il soggetto è sempre **la regista.**

1. Archibugi conosceva bene il romanzo e _____.
2. Archibugi non conosceva Scardamiglio ma _____.
3. Archibugi non conosceva bene il Seicento e _____.
4. Archibugi conosce bene il pubblico televisivo e _____.
5. Archibugi conosce bene la situazione italiana oggi e _____.

Attività comunicative

 A. Intervista. Fa' una ricerca in Internet trovando dei vari siti
dedicati al cinema italiano. Lì vedrai interviste con attori e registi di
tutto il mondo. Scegline una e leggila. Poi di' al tuo compagno / alla
tua compagna di classe che informazioni interessanti sono emerse
dall'intervista e che impressione hai delle persone intervistate.

 B. Locandine. In gruppi di tre o quattro preparate tre brevissime
locandine (*blurbs*) di tre film recenti che avete visto. Potete includere
anche i film italiani se ne conoscete alcuni. Confrontate le vostre
locandine con quelle degli altri gruppi. Seguite il modello seguente.

> *Spiderman 3* di Sam Raimi
> Ovviamente spettacolare e ben diretto, il film non è mai volgare e,
> nonostante il genere, neanche troppo patriottico o melodrammatico:
> un «discreto prodotto», una definizione che sa di sconfitta viste le
> ambizioni e la profondità autoriale recentemente attribuite a
> Raimi.

Quali film piacciono agli italiani ora?

Quali film piacciono agli italiani ora? Fa' una ricerca in Internet trovando dei vari siti dedicati al cinema italiano. Scegline uno e guarda la classifica settimanale dei film più visti. Comparala con quella dei film più visti nel tuo paese. Ci sono film che appaiono in tutte due le classifiche? Ora clicca su un film che conosci e apparirà una recensione del film. Leggila e poi scrivi un breve commento a quello che ha detto il critico.

Scriviamo!

A. **La trama.** Scrivi la trama di un film molto famoso. Cerca di entrare nei dettagli di fatti e personaggi principali. Prima di tutto individua le azioni principali del film (5–6 frasi in tutto). Poi, attorno a queste azioni importanti, costruisci una serie di frasi che diano dettagli secondari rispetto alle azioni principali.

B. **Il mio film.** Prova a scrivere il soggetto (*storyboard*) di un tuo film. Scegli prima il genere di film che vuoi scrivere (una commedia, un film drammatico, così via) e poi decidi anche quali attori metteresti nel tuo film e a chi lo faresti dirigere.

La propria camera rappresenta lo spazio privato ed intimo degli italiani di varie età.

Strategie per la lettura: Review: Guessing
meaning through context

Lettura 1: «Profili di giovani oggi»

Lettura 2: «In cerca dell'anima gemella»

Attualità: Visita il sito!

Una storia complicata

Parte VII

Dopo aver scoperto che la valigetta conteneva una cifra non indifferente per due studenti come loro, Alex e Lele si domandano sul da farsi.

Primo finale: Un rischio calcolato

Lele si rende conto che comunque è un grosso rischio tenere quei soldi anche perché il gioielliere non sembra certo un dilettante e sicuramente troverebbe il modo per recuperare i soldi magari facendo anche del male a Lele e Alex. Quindi Lele trova una soluzione che definirebbe «a rischio calcolato». Prima di tutto **si sente in vena**[1] di proporre a Alex, Simona e Marta di prolungare la loro mini vacanza marina passando un paio di giorni a Monterosso. Una volta arrivati lì vanno nell'albergo più bello del paese, il Porto Roca, un albergo **a strapiombo**[2] sul mare. Prendono due suite con una vista mozzafiato sul piccolo porticciolo di Monterosso. Paga l'albergo con i soldi del gioielliere e poi invita gli amici a una stupenda cena, sempre offerta dal gioielliere, nel miglior ristorante del paese. Il mattino seguente Lele va a trovare il gioielliere in negozio. Questo appena lo vede **si infuria**[3] ma Lele lo convince a stare calmo, compra un anello per Simona, lo paga con i soldi del gioielliere e poi gli restituisce il resto. Lele deve anche trovare un modo per **discolparsi**[4] davanti alla polizia e quindi dice chiaramente al gioielliere che bisogna dare alla polizia il suo complice. Il gioielliere non è per nulla d'accordo ma capisce che non ci sono molte vie d'uscita se vuole proteggere tutti gli altri affari **loschi**.[5] **Patteggiano**[6] così il modo in cui daranno tutta la colpa di quello che è successo al complice quando improvvisamente quest'ultimo entra in gioielleria, guarda Lele e poi il suo amico e chiede:

«Cosa sta succedendo qui? Sento puzza di bruciato… »

Secondo finale: Un gioco troppo pericoloso

Quando vede tutti quei soldi a Lele viene quasi da svenire. Finora aveva fatto un po' il duro giocando sulla rabbia che aveva dentro per essere stato incolpato di qualcosa di cui non sapeva niente, ma ora il gioco è più grande di lui. Sono ancora all'albergo dove hanno passato la notte, l'euforia della sera prima è passata. Lele si affaccia alla finestra e vede proprio sotto il loro albergo il solito uomo che li segue di cui, in verità, si era quasi dimenticato. Anche Alex trema come una foglia di fronte all'idea che hanno in mano dei soldi che appartengono a un criminale. A Lele viene un'idea che potrebbe mettere tutto a posto nel migliore dei modi. Escono dall'albergo con una certa indifferenza e improvvisamente Lele si allontana del gruppo dirigendosi verso la macchina del poliziotto, questi sta per andarsene ma Lele lo ferma e in poche parole gli spiega cosa sta succedendo e il suo piano per liberarsi

[1]**si sente in vena** *he feels;* [2]**a strapiombo** *leaning;* [3]**si infuria** *gets mad;* [4]**discolparsi** *to prove his innocence;* [5]**loschi** *shady, underhanded;* [6]**Patteggiano** *They bargain; make a deal*

dell'incubo che lo perseguita. Il poliziotto dopo essersi consultato con i superiori accetta la proposta e nel pomeriggio del giorno stesso vanno tutti a Monterosso per quello che Alex ha chiamato una mini vacanza premio. A questo punto Lele spiega quanto è successo all'autogrill a Simona e Marta e quindi presenta anche il piano che coinvolge direttamente le due ragazze. Sono sicuri che il gioielliere e il suo amico non tenterà lo stesso gioco con Simona e Marta, che dovrebbero far finta di andare a far spese nel negozio, ma sicuramente qualche cosa tenteranno. Simona, la più **intraprendente**[7] delle due ha deciso che farà finta di voler comprare degli orecchini di valore per sua madre. Userà la sua carta di credito che non ha limite di spesa. Le due ragazze si comprano addirittura dei vestiti nuovi per **calarsi**[8] nel nuovo ruolo. Il sospetto di Lele è che il gioielliere traffichi in roba rubata o in falsi per cui il poliziotto ha fatto venire da Genova un esperto in gioielli e ha stabilito che tutto debba succedere il giorno dopo il loro arrivo.

Appena aperto il negozio le due ragazze entrano e iniziano a fare domande sui vari pezzi che ci sono in vetrina, vogliono dimostrare di intendersene e di non aver problema di soldi. Sia Simona che Marta recitano magnificamente la loro parte ma i due uomini sono ossi duri. Alla fine però le ragazze convincono il gioielliere a tirare fuori dalla cassaforte i pezzi veramente pregiati, e dopo una lunga discussione comprano un anello per tremila euro. Appena escono dal negozio a Simona e Marta gira un po' la testa. Vanno subito in camera loro dove le aspettano tutti, anche l'esperto in gioielli che prende in mano l'anello e dopo un'occhiata brevissima sorride e dice:

«Ma questo anello è un banale falso, lo si vede anche a occhio nudo».

[7]**intraprendente** *resourceful;*   [8]**calarsi** *to fit*

Hai capito?

A. Due finali. Completa le frasi in modo logico basandoti su due finali letti.

1. Lele si rende conto del rischio tenere i soldi perché

   _____

2. Lelle propone ai suoi amici

   _____

3. Con i soldi del gioielliere compra

   _____

4. Lele cerca anche di convincere il gioielliere a

   _____

5. La cosa più importante che Lele vuole fare è

   _____

6. Lele propone al poliziotto che

   _____

7. Simona e Marta entrano in gioielleria perché

   _____

8. Lele sospetta che il gioielliere

   _____

(continued)

9. Il poliziotto invita da Genova

_____.

10. Simona e Marta comprano

_____.

11. Dopo essere tornate in camera fanno vedere _____
all'esperto e lui conclude che _____.

 B. La tua scelta. Scegli finale che preferisci e continua la storia di Alex e Lele. Parlane con un tuo compagno / una tua compagna.

> *Cominciamo:* —Mi piace il primo finale perché…
> —Il secondo è il mio preferito perché…

Dialoghiamo!

 Due finali imprevisti e uno nuovo. Questa puntata propone due finali molto diversi e viene già data la prima battuta che inizia il dialogo. Completate il dialogo di ognuno dei due finali tenendo fede allo spirito del finale che state completando. Proponete poi un terzo dialogo di un terzo finale che piacerebbe a voi.

Lettura 1

«Profili di giovani d'oggi»

I. Prima di leggere

A. Strategie per la lettura

Review: Guessing meaning through context. Through the course of this text you have learned several techniques that can help you become an effective reader in Italian. Let's quickly review one of the basic strategies.

To guess the meaning of an unfamiliar word or phrase, it is important to examine the sentence structure as well as the context in which the word appears. Once you determine how the word or expression functions within the sentence (as a noun, verb, or adverb, for example) you will be able to narrow down its possible meanings. This process is made easier by considering the context of the sentences that precede and follow the given word or phrase.

The text you are about to read was written in the first person and contains vocabulary that, for the most part, should be familiar to you. However, you may encounter syntax or grammatical structures that might be foreign to you. As you will note in the sentences below, this text uses an abundance of negative forms; their repetition and the narration in the first person create a clear context: pessimistic self-analysis by its author. Use this context to help interpret the parts of the narrative you find challenging.

1. <u>Non ero soddisfatta di niente</u> di quello che facevo, ero convinta di deludere il mondo intero e, boh… <u>non c'era niente</u> che andava bene.

2. <u>Andavo male</u> a scuola, <u>non andava bene</u> con i miei, <u>non andava bene</u> con gli amici, <u>non andava bene niente di niente, stavo malissimo</u>.

B. Attività contestuali della pre-lettura

1. Le mie caratteristiche. Prepara una breve scheda in cui elenchi le principali caratteristiche della tua personalità. Cerca di iniziare presentando un aneddoto, un fatto che ti è successo che spieghi un aspetto della tua personalità (per esempio, il tuo ottimismo o il tuo pessimismo). Poi descrivi vari dettagli della tua personalità. Aggiungi, se puoi, una spiegazione di alcune caratteristiche. Parlane al tuo compagno / alla tua compagna.

> *Cominciamo:* Sono molto disordinata/o infatti la mia camera è sempre un po' in casino con libri, CD, DVD dappertutto, la mia compagna di camera si lamenta sempre di me…

2. Che cosa cerchiamo negli altri. Spesso quando incontriamo un'altra persona sappiamo subito quali qualità ci interessano di questa altra persona per sapere se possiamo andare d'accordo, se possiamo diventare amici, se possiamo fidarci, ecc. In gruppi provate a elencare le caratteristiche o il tipo di comportamento che vi ispirano fiducia, magari facendo anche un esempio specifico di qualcosa che vi è successo. Discutete le vostre conclusioni con gli altri gruppi.

> *Cominciamo:* —Mi piacciono le persone che…
> —Io non sopporto…
> —Mi dà ai nervi quando…

C. Lessico ed espressioni comunicative

Sostantivi

la campagna *countryside*
il campo *field*
la felpa *sweatshirt*
la patente *driver's license*
il paesone *big village*
l'uccellino *little bird*

Aggettivi

legato *connected, tied*
sconosciuto *unknown*
spoglio *bare, undecorated*

Verbi

affrontare *to face*
appendere *to hang*

bocciare *to fail (a class, test)*
passarci *to go through*
piangere *to cry*
rendere *to make, to turn into*
sfogarsi *to give an outlet*
spaventare *to scare, to frighten*
tagliare *to cut*
tagliare fuori *to drop out*

Espressioni comunicative

di transito *transitional*
in comune *to share*
magari *perhaps*
un domani *someday*

Vocabolario attivo

A. Da completare. Completa le seguenti frasi con uno dei verbi del **Lessico ed espressioni comunicative.**

1. Una volta avevo i capelli lunghi e brutti e nessuno mi guardava, allora sono andata da un famoso parrucchiere che mi _____ i capelli così bene che mi ha cambiato il look.

2. Ero sempre arrabbiata e nessuno voleva uscire con me. Avevo molti problemi e ho deciso di _____ con la mia migliore amica che mi capisce bene.

3. Durante la crisi depressiva mangiavo molto e quando mi guardavo allo specchio _____, ero diventato grasso come un maiale.

4. Quando la mia prima ragazza mi ha lasciato io _____ per ore e i miei occhi sono diventati rossi, per _____ più belli ho dovuto mettere molte gocce.

5. Da quando non mi vesto più alla moda, alcuni miei amici mi _____ dal loro giro e al sabato sera sono sempre solo e sto a casa a guardare la TV. Che tristezza!

6. Non mi sento pronto a _____ i miei problemi personali, devo assolutamente _____ il legame.

7. I muri della mia stanza sono così spogli, ci devo _____ un poster.

B. Da inserire. Inserisci nella prima parte della frase un sostantivo tratto dal **Lessico ed espressione comunicative** e poi finisci la frase mettendo una parola logica che manca.

> *Esempio:* La pallanuoto (*water polo*) si gioca in piscina. Il calcio si gioca su **un campo** (dal **Lessico**) e il ping pong si gioca su **un tavolo** (parola mancante).

1. Roma è una metropoli, ma San Gemignano è un _____; mentre Bologna è una _____.

2. Per andare a teatro mi metto una giacca, ma per correre basta una _____; per andare a un concerto mi metto _____.

3. In montagna si può sciare, ma _____ si possono fare passeggiate, mentre _____ si può nuotare.

4. Le aquile mangiano la carne, ma _____ le briciole di pane (*bread crumbs*), e _____ mangiano pesce.

5. Per parcheggiare in quella parte della città ci vuole un permesso. Per guidare ci vuole _____, e per andare in un paese straniero ci vuole _____.

«Profili di giovani d'oggi»

I

Ci sono passata[1] anch'io, l'anno scorso. Un anno terribile. Terribile nel senso che stavo sempre male, male, male. Non ero soddisfatta di niente di quello che facevo, ero convinta di deludere il mondo intero e, boh… non c'era niente che andava bene. Andavo male a scuola, non andava bene con i miei, non andava bene con gli amici, non andava bene niente di niente, stavo malissimo. **Piangevo**[2] spesso, di sera ad esempio, dentro questa camera. Mai davanti agli altri però. Un periodo lunghissimo, da settembre fino a giugno. Avevo dei momenti di depressione totale e dei momenti di allegria totale. Poi uno dice: «l'adolescenza». Io però ero sempre giù, sempre giù, il perché non lo so. Cioè, lo so: sono anche le cose che uno si fa, che uno si crea. A uno viene la paura di andare a scuola perché va male, perché non ha voglia di **affrontare**[3] i professori, perché vuole capire le cose che ha davanti e invece non capisce niente. Il pomeriggio vuole uscire con gli amici ma **magari**[4] non ha amici, non ha il ragazzo, non ha niente, non si trova bene. Poi la sera arrivano a casa i genitori, e magari c'è qualche problema anche con loro. Tutto insieme, male. Ma sono periodi che passano più o meno tutti, credo.

Adesso però sto bene, sto benissimo. È passata quest'estate, non so per quale motivo, non so che collegamento ci possa essere. Magari sono cose che devono venire da te, anche. **Mi sono tagliata**[5] i capelli, ho pianto per due settimane di seguito e poi basta, da lì tutto a posto. Sarà l'estate, il fatto che uno cambia, le vacanze. Essere stata **bocciata**[6] mi ha aiutato tantissimo. Sono troppo felice di essere stata bocciata.

*Giulia, 15 anni, liceo classico. Non le piace nessun gruppo musicale in particolare. Sente qualche canzone di qualche gruppetto punk, meglio se **sconosciutissimo**.[7] Non **ha mai appeso**[8] un poster. Sabato scorso ha comprato, usati, un paio di pantaloni, una maglietta e una **felpa**[9] **in comune**[10] con una amica.*

II

I miei abitano in **campagna**:[11] da sempre la mattina la prima cosa che vedo quando esco di casa sono **campi**[12] e **uccellini**.[13] È bello, ma per un lungo periodo **mi ha tagliato fuori**[14] dalla vita sociale. In quel periodo l'unica cosa con cui **mi sfogavo**[15] era il telefono. Poi finalmente ho preso la **patente**,[16] e la mia vita è cambiata. Anche adesso che sono libera di andare e venire, però, durante il giorno tendo a stare più fuori possibile, all'università o comunque in città, in mezzo al traffico. In questa camera non ci sono quasi mai, se non per dormire; per questo è così **spoglia**,[17] non ho mai avuto il tempo di **renderla**[18] mia del tutto. È un po' una camera «**di transito**»;[19] tutta l'esperienza l'ho sempre vissuta al di fuori.

(continued)

L'adolescenza è un periodo difficile per i giovani italiani.

[1]**Ci sono passata** *I went through it;*   [2]**Piangevo** *I would cry;*   [3]**affrontare** *face;*   [4]**magari** *perhaps;*
[5]**Mi sono tagliata** *I cut;*   [6]**bocciata** *failed;*   [7]**sconosciutissimo** *really unknown, obscure;*   [8]**ha mai appeso** *she never hung;*   [9]**felpa** *sweatshirt;*   [10]**in comune** *to share;*   [11]**campagna** *country;*
[12]**campi** *fields;*   [13]**uccellini** *little birds;*   [14]**mi ha tagliato fuori** *I dropped out of;*   [15]**mi sfogavo** *gave me an outlet;*   [16]**patente** *driver's license;*   [17]**spoglia** *bare;*   [18]**renderla** *to make it;*
[19]**di transito** *transitional*

Lo scorso anno, quando la mia amica Alix si è trasferita da Parigi a Roma, mi è venuta una gran voglia di andarci anch'io a Roma con lei. Ci sono stata diverse volte, a Roma, e mi piace molto: è più «città» rispetto a Firenze, Firenze è sempre un po' un **paesone**.[20] Anche a Parigi mi piacerebbe andare, però per qualche mese, magari con un Erasmus*; in realtà è una cosa che un po' anche mi **spaventa**,[21] perché sarebbe come passare da un estremo all'altro. Non credo che mi trasferirei mai definitivamente all'estero, in fondo sono molto **legata**[22] all'Italia. Quello che spero, per quando avrò finito l'università, è di trovare un posto tutto mio, un posto dove cercare di costruire una vita indipendente, tutta per me; un posto dove sentire la mia vita proprio nelle mie mani.

Annalisa, 23 anni. Frequenta storia dell'arte a Firenze e spera, **un domani,**[23] di poter applicare nell'ambito della Sovrintendenza ai Beni culturali ciò che oggi studia.

(estratto da Fuori tutti: Una generazione in camera sua di Carlo Antonelli, Marco Delogu, Fabio De Luca, 1996)

[20]**paesone** big village;   [21]**spaventa** scares, frightens;   [22]**legata** connected;   [23]**un domani** someday

II. Comprensione della lettura

Hai capito?

A. Da rispondere. Rispondi in modo completo alle seguenti domande.

1. Cosa vuol dire la protagonista quando dice: «Ci sono passata anch'io»?
2. Con chi non andavano bene le cose?
3. Con chi piangeva?
4. Quanto tempo è durata la crisi?
5. La depressione era costante?
6. Cosa vuol dire: «Poi uno dice "l'adolescenza"»?
7. Che spiegazione dà Giulia della sua depressione?
8. Cosa è cambiato poi nella sua vita? Come è andata a scuola?

B. Motivi generici. Completa in modo logico le seguenti frasi in base alla lettura.

1. Uno gli viene la crisi perché…
2. Uno gli viene paura ad andare a scuola perché…
3. Una vuole uscire con il ragazzo ma…
4. Uno è a casa, arrivano i genitori e…
5. Uno pensa che l'adolescenza sia facile ma…
6. Uno vuole capire tutto quello che gli succede ma…

C. Secondo te… Completa le frasi.

1. La vita in campagna è bella ma…
2. La vita di Annalisa è cambiata perché…

—————

*Established in 1987, Erasmus is a European program that supports and develops student exchange as a major part of the European Union Lifelong Learning Program.

3. La sua camera è spoglia perché…

4. Roma le piace più di Firenze perché…

5. Le piacerebbe tornare a Roma perché…

6. La sua grande speranza è di…

7. È importante trovare un posto perché…

Attività comunicativa

 Blogs. Fate una ricerca in Internet trovando dei siti dedicati ai giovani. Notate come ci sono molti blog in cui ognuno può dire le proprie opinioni. Preparate un reportage sulle vostre impressioni di questi siti (come sono organizzati, come si rivolgono ai giovani, che cosa organizzano, ecc). Parlatene in coppia.

Lettura 2

«In cerca dell'anima gemella»

I. Prima di leggere

A. Attività contestuali della pre-lettura

 1. L'anima gemella. Per molte persone la persona perfetta la si trova tra coloro che sono nati sotto un particolare segno zodiacale. Fa' una ricerca in Internet e descrivi quali sono le caratteristiche principali del tuo segno zodiacale (timido, serio, interessato ai soldi, ecc.) e poi, leggendo la descrizione degli altri segni di' qual è in teoria il segno che ti piace di più. Parlane a un tuo compagno / una tua compagna.

Cominciamo: —Sono nato/a sotto il segno dei pesci, e tu?
—Io sotto il leone e sono proprio…

 2. Un incontro alla cieca. Quello che si chiama un «blind date» non esiste veramente nella cultura italiana. Di solito si esce con un'altra persona perché quella persona vi piace ma spesso anche solo a livello di amicizia. Vi sarà sicuramente capitato di uscire con qualcuno in un vero «blind date» oppure con un amico / un'amica che vuole farvi conoscere una persona che fa per voi. In gruppi raccontate come è andato questo incontro alla cieca. Dite che cosa vi è piaciuto e non vi è piaciuto dell'altra persona.

Cominciamo: —Una volta mia sorella…
—Il mio compagno di camera mi ha presentato…
—Il mio primo incontro alla cieca era…

B. Lessico ed espressioni comunicative

Sostantivi

l'onestà *honesty*
l'ottimista *optimistic*
il pregio *quality*
la serietà *seriousness*

Verbi

abbronzarsi *to sun tan*
andare a caccia *to go hunting*
dividere *to share*
mentire *to tell a lie*

Aggettivi

colto *educated*
coraggioso *couragious*
goloso *to have a sweet tooth*
sensibile *sensitive*
spensierato *happy-go-lucky*
spontaneo *spontaneous*
tenero *sweet, kind*

Vocabolario attivo

A. Da sostituire. Cambia le frasi indicate sostituendo il sostantivo con l'aggettivo derivato. Fa' tutti i cambiamenti necessari.

> *Esempio:* L'eleganza di Marco è indiscutibile, si veste sempre con abiti costosissimi. →
> Marco **è molto elegante** e si veste sempre con abiti costosissimi.

1. Franco manca di coraggio con le donne, non riesce a dire a Carla che l'ama.

2. Secondo la sua capoufficio, Lele non ha serietà, arriva sempre al lavoro in ritardo.

3. La qualità migliore di Francesca è l'ottimismo, riesce sempre a superare qualsiasi ostacolo con grande spirito.

4. Il difetto principale di Giuseppe è la golosità, quando andiamo al ristorante diventa un'altra persona, a volte sembra quasi che non mangi da giorni.

5. Veronica ha mostrato molta sensibilità in quell'occasione e non mi ha chiesto niente del mio divorzio.

6. Apprezzo la tenerezza di Samanta, ha sempre qualche parola buona per me quando torno dal lavoro arrabbiato.

B. Qualche consiglio. Franco sta preparando una scheda da mandare a una rivista di cuori solitari e Marco, un vero dongiovanni, gli dà qualche consiglio.

FRANCO: Cosa metto quando dicono «Cosa faresti se vincessi la lotteria»?

MARCO: Di' che li _____ con la mamma e i tuoi fratelli. La generosità fa sempre un effetto positivo.

FRANCO: Vogliono anche sapere se sono romantico e se farei cose strane per la persona che amo.

MARCO: Certo, è fondamentale. Di' che una volta hai fatto una cosa che non ti piace per niente, soprattutto per uno che ama gli animali come te: sei _____ con il padre della tua fidanzata.

FRANCO: Potrei anche inventare qualcosa di più forte, che ne so…

MARCO: No, quello è troppo.

FRANCO: Sì, ma succede.

MARCO: Sì, ma tu non sei un eroe.

FRANCO: Va be', e per gli hobby?

MARCO: Ah, mostra qualche segno artistico ma anche un po' di forza…

FRANCO: Mi piace fare fotografie, _____, stare all'aperto e ammirare il paesaggio.

MARCO: Benissimo, sono _____, le qualità che tutti amano. Cos'altro?

FRANCO: Che ne so… che mi piacciono i cani.

MARCO: Qualcosa di più forte, che ne so… di' che ti piacciono le moto grosse e la porteresti fare _____ sulla costa di Amalfi.

FRANCO: Ma se non ho mai guidato neanche una Vespa!

MARCO: Che importa, io ti suggerisco quello che dovresti fare per avere successo. Non potrai mica sempre andare in giro in autobus. Comprati una Vespa e impara a guidarla poi puoi guidare tutto, anche una Harley.

FRANCO: Dovrei anche descrivere me stesso, no?

MARCO: Certo, scrivi che sei, secondo le tue amiche, una persona allegra, uno _____, che _____ con gli altri. Puoi anche dire che ti interessano molte cose, che hai una laurea, che leggi molto, che sei in breve una persona _____.

Mariella

Mariella

Residenza: Genova   Professione: Guardia
Età: 35 anni   Segno zodiacale: Toro   Stato Civile: Divorziata
Famiglia: Vive da sola in un piccolo appartamento in centro

1. *Cosa fai durante il tempo libero?* Mi piace cucinare, ascoltare musica pop, nuotare e fare passeggiate sulla spiaggia con i miei cani.
2. *Cosa cerchi nell'altra persona?* Deve accettare i miei **pregi**[1] e i miei difetti. **Sensibile**[2] e **colto**[3] allo stesso tempo.
3. *Una tua qualità?* La generosità.
4. *Un difetto?* La gente pensa che io sia troppo aggressiva.
5. *Cosa faresti se tu vincessi la lotteria?* Probabilmente comprerei una casa vicino al mare per i miei genitori.
6. *Dove andresti per il primo appuntamento?* A vedere un film e poi a parlare in un buon ristorante.
7. *Cosa gli diresti alla fine della serata?* Ti va di andare al cinema anche domani sera?
8. *Cosa gli regaleresti per S. Valentino?* Qualcosa che gli piaccia.

[1]**pregi** *qualities*; [2]**Sensibile** *sensitive*; [3]**colto** *educated*

Marco

Marco

Residenza: Latina   Professione: ingegnere civile
Età: 47 anni   Segno zodiacale: Vergine   Stato Civile: Divorziato
Famiglia: Vive da solo con un grosso cane

1. *Cosa fai durante il tempo libero?* Mi diverto ad **andare a caccia**,[1] andare al cinema e visitare musei.
2. *Cosa cerchi nell'altra persona?* **Serietà**,[2] **onestà**[3]… e sincerità. Odio le persone che **mentono**.[4]
3. *Una tua qualità?* La mia serietà sul lavoro, l'ordine, l'organizzazione.
4. *Un difetto?* Gli amici dicono che sono troppo legato al lavoro.
5. *Cosa faresti se tu vincessi la lotteria?* Comprerei una fattoria nella campagna toscana per andare a caccia.
6. *Dove andresti per il primo appuntamento?* La inviterei a fare un giro sulla mia auto nuova e poi andrei a cena in un ristorante di lusso.
7. *Cosa gli diresti alla fine della serata?* Mi piacerebbe rivederti. Ti telefono appena ho un minuto libero.
8. *Cosa gli regaleresti per S. Valentino?* Un anello d'oro.

[1]**andare a caccia** *to go hunting;*   [2]**Serietà** *Seriousness;*   [3]**onestà** *honesty;*   [4]**mentono** *tell lies*

Francesca

Francesca

Residenza: Bari   Professione: Impiegata agenzia di viaggi
Età: 30 anni   Segno zodiacale: Cancro   Stato Civile: Single
Famiglia: vive con i genitori e un fratello minore

1. *Cosa fai durante il tempo libero?* Adoro la fotografia, andare in bicicletta e correre.
2. *Cosa cerchi nell'altra persona?* Vorrei qualcuno che sia **coraggioso**[1] e **tenero**[2] allo stesso tempo; qualcuno che ami la vita all'aperto e che **divida**[3] con me tutto.
3. *Una tua qualità?* Due, sono **spontanea**[4] e sensibile.
4. *Un difetto?* Forse sono un po' invadente, parlo troppo, sono sempre in movimento.
5. *Cosa faresti se tu vincessi la lotteria?* Beh, andrei a fare un giro nei posti che mi attraggono di piu': il Brasile, il Peru… insomma tutto il Sud America.
6. *Dove andresti per il primo appuntamento?* Andrei a passare una giornata in spiaggia, ad **abbronzarmi**[5] e a nuotare.
7. *Cosa gli diresti alla fine della serata?* Stai bene abbronzato… andiamo anche domani?
8. *Cosa gli regaleresti per S. Valentino?* Delle scarpe per correre… lo voglio sportivo

[1]**coraggioso** *couragious*;   [2]**tenero** *sweet, kind*;   [3]**divida** *divides*;   [4]**spontanea** *spontaneous*;
[5]**abbronzarmi** *to sun tan (myself)*

Simone

Simone

Residenza: Como   Professione: Impiegato comunale
Età: 40 anni   Segno zodiacale: Bilancia   Stato Civile: Single
Famiglia: vive con la madre

1. *Cosa fai durante il tempo libero?* Mi piace andare in discoteca, andare a vedere partite di calcio e girare con la mia motocicletta.
2. *Cosa cerchi nell'altra persona?* Voglio trovare una persona **spensierata**,[1] affettuosa e dolce. Un'**ottimista**![2]
3. *Una tua qualità?* Sono gentile.
4. *Un difetto?* Beh, niente. Credo… sono l'uomo perfetto.
5. *Cosa faresti se tu vincessi la lotteria?* Sicuramente mi trasferirei in una città più grande. Como e' piccola, non c'è molto da fare.
6. *Dove andresti per il primo appuntamento?* Nella migliore discoteca della zona e ballerei con lei fino all'alba.
7. *Cosa gli diresti alla fine della serata?* Adesso dove andiamo a ballare?
8. *Cosa gli regaleresti per S. Valentino?* Un bel cuore di cioccolata, se non lo mangia lei lo mangio io… ho un debole per tutte le cose dolci, sono sempre stato molto **goloso**.[3]

[1]**spensierata** *happy-go-lucky;*   [2]**ottimista** *optimist;*   [3]**goloso** *to have a sweet tooth*

II. Comprensione della lettura
Hai capito?

A. Dialogo al mare. Completa questo dialogo con Mariella in modo logico in base alle risposte e alle domande che lei fa.

MARIELLA: Come si sta bene qui: il sole, il mare…

X: _____.

MARIELLA: Sono contenta che piaccia anche a te, dopo andiamo a fare una nuotatina?

X: _____.

MARIELLA: Certo non saper nuotare è un problema perché a me piace tanto nuotare! Va beh, vado da sola e dopo andiamo a casa mia e ci facciamo qualcosa da mangiare.

X: _____.

MARIELLA: Anch'io. Sono una golosona.

X: _____.

MARIELLA: Certo non saper far da mangiare è un problema, ma cucino io. Non ti preoccupare.

X: _____.

MARIELLA: Certo, possiamo andare alla macelleria, lì la carne è sempre freschissima. Sono contenta che ti piaccia la carne. Piace anche a Lulù e a Arnold.

X: _____.

MARIELLA: Come chi sono? Sono i miei due cani, li vedrai quando vieni a casa mia.

X: _____.

MARIELLA: Certo che, se non ti piacciono i cani, non sai cucinare, non sai nuotare, è un bel problema.

X: _____.

MARIELLA: Ecco, forse è meglio così. Mi dispiace. Ciao.

B. A una mostra. Conversazione a una mostra d'arte moderna. Completa il dialogo con Marco in modo logico in base alle risposte e alle domande che lui fa.

MARCO: Guarda che bello quel quadro.

X: _____.

MARCO: Come «non si capisce niente»?

X: _____.

MARCO: Ma se non ti piace l'arte moderna perché siamo venuti qui?

X: _____.

MARCO: (*a voce alta*) Solo perché lo volevo io?

X: _____.

MARCO: Io adesso sarei un po' lunatico?

X: _____.

MARCO: Guarda, usciamo, andiamo a mangiarci una pizza, almeno quella ti piace?

X: _____.

MARCO: (*un po' più calmo*) Poi magari possiamo andare al cinema.

X: _____.

MARCO: Beh, guarda, facciamo una cosa, facciamo finta di non esserci mai visti e andiamo ognuno per la sua strada… perché se non ti piace neanche andare al cinema…

X: _____

Attività comunicative

 A. Una sera… a cena. Immagina una cena in un ristorante che conosci bene con una delle quattro persone sopra elencate. Di che cosa parlate? Cosa fate per cercare di scoprire di più della sua personalità? Lasci parlare l'altra persona o parli più spesso tu? Quando si tratta di ordinare, dai dei consigli o lasci che scelga il tuo / la tua partner? Cosa proponi di fare dopo cena? Chi paga il conto? Parlane con un tuo compagno / una tua compagna.

Cominciamo: —Mi piacerebbe mangiare…
—D'accordo, allora andiamo…

 B. Suggerimenti. A coppia guardate le schede delle quattro persone, sceglietene due (i due uomini o le due donne) e aggiungete altre domande (e le possibili risposte in base alle personalità espresse) che possano dare meglio il profilo caratteriale della persona.

Cominciamo: —Donatella, saresti disposta a…
—Piero, perché…

 C. Tocca a voi! In gruppi di tre o quattro studenti usate la stessa scheda che è stata usata per le quattro persone e rispondete in base alla vostra personalità. Potete aggiungere delle altre domande che chiarificano di più il vostro profilo caratteriale. Scambiate le vostre risposte con gli altri gruppi.

Attualità

Visita il sito!

Cercando amore e/o amicizia. Cerca in Internet il sito di una rivista che offre annunci per chi cerca l'anima gemella. Analizza questi annunci. Chi li scrive? Cosa cercano? Qual è il tono generale degli annunci? C'è l'età e la professione di chi ha messo l'annuncio?

A. Il primo incontro. Descrivi il giorno in cui hai incontrato il tuo ragazzo / la tua ragazza. Dove eravate voi? Cosa facevate? Vi siete piaciuti subito? Racconta tutti i dettagli!

B. Il matrimonio. Descrivi dove vorresti andare ad abitare, che tipo di casa vorresti, se vorresti dei bambini, quali cose faresti con tua moglie / tuo marito dopo esservi sposati.

Appendici

I. CONIUGAZIONE DEI VERBI

A. Coniugazione del verbo *avere*

INFINITO
presente: avere
passato: aver(e) avuto

PARTICIPIO
presente: avente (*raro*)
passato: avuto

GERUNDIO
presente: avendo
passato: avendo avuto

INDICATIVO

PRESENTE	IMPERFETTO	PASSATO REMOTO	FUTURO
ho	avevo	ebbi	avrò
hai	avevi	avesti	avrai
ha	aveva	ebbe	avrà
abbiamo	avevamo	avemmo	avremo
avete	avevate	aveste	avrete
hanno	avevano	ebbero	avranno

PASSATO PROSSIMO	TRAPASSATO	TRAPASSATO REMOTO	FUTURO ANTERIORE
ho	avevo	ebbi	avrò
hai	avevi	avesti	avrai
ha avuto	aveva avuto	ebbe avuto	avrà avuto
abbiamo	avevamo	avemmo	avremo
avete	avevate	aveste	avrete
hanno	avevano	ebbero	avranno

CONDIZIONALE

PRESENTE	PASSATO
avrei	avrei
avresti	avresti
avrebbe	avrebbe avuto
avremmo	avremmo
avreste	avreste
avrebbero	avrebbero

CONGIUNTIVO

PRESENTE	IMPERFETTO	PASSATO	TRAPASSATO
abbia	avessi	abbia	avessi
abbia	avessi	abbia	avessi
abbia	avesse	abbia avuto	avesse avuto
abbiamo	avessimo	abbiamo	avessimo
abbiate	aveste	abbiate	aveste
abbiano	avessero	abbiano	avessero

IMPERATIVO

—
abbi (non avere)
abbia
abbiamo
abbiate
abbiano

B. Coniugazione del verbo *essere*

INFINITO
presente: essere
passato: esser(e) stato/a/i/e

PARTICIPIO
presente: ——
passato: stato/a/i/e

GERUNDIO
presente: essendo
passato: essendo stato/a/i/e

INDICATIVO

PRESENTE	IMPERFETTO	PASSATO REMOTO	FUTURO
sono	ero	fui	sarò
sei	eri	fosti	sarai
è	era	fu	sarà
siamo	eravamo	fummo	saremo
siete	eravate	foste	sarete
sono	erano	furono	saranno

PASSATO PROSSIMO	TRAPASSATO	TRAPASSATO REMOTO	FUTURO ANTERIORE
sono	ero	fui	sarò
sei stato/a	eri stato/a	fosti stato/a	sarai stato/a
è	era	fu	sarà
siamo	eravamo	fummo	saremo
siete stati/e	eravate stati/e	foste stati/e	sarete stati/e
sono	erano	furono	saranno

CONDIZIONALE

PRESENTE	PASSATO
sarei	sarei
saresti	saresti stato/a
sarebbe	sarebbe
saremmo	saremmo
sareste	sareste stati/e
sarebbero	sarebbero

CONGIUNTIVO

PRESENTE	IMPERFETTO	PASSATO	TRAPASSATO
sia	fossi	sia	fossi
sia	fossi	sia stato/a	fossi stato/a
sia	fosse	sia	fosse
siamo	fossimo	siamo	fossimo
siate	foste	siate stati/e	foste stati/e
siano	fossero	siano	fossero

IMPERATIVO

—
sii (non essere)
sia
siamo
siate
siano

C. Variations in spelling and pronunciation of conjugated verbs

they have a hard **g** sound in the first-person singular and third-person plural form: **leggo, leggono.** All other present-tense forms use the soft **g** sound: **leggi, leggete.**

1. Verbs ending in **-care** and **-gare** require an **h** in the **tu** and **noi** forms to maintain the hard sound of **c** and **g**: **dimenticare → dimentichi, dimentichiamo; litigare → litighi, litighiamo.**

2. Verbs ending in **-gere**, like **leggere, distruggere** (*to destroy*), and **dipingere** (*to paint*), follow a regular spelling pattern. However,

3. Verbs ending in **-ciare** and **-giare** keep the soft **c** and **g** sound throughout: **cominciare → comincio, cominci, comincia.**

4. When verbs end in **-iare** and the **i** of the ending is stressed, the **tu** form requires an extra **i**: **inviare → invii.** When the **i** of the ending is not stressed, no doubling occurs: **studiare → studi.**

D. Verbi regolari

1. *Coniugazione dei verbi in* -are: **imparare**

INFINITO
presente: imparare
passato: aver(e) imparato

PARTICIPIO
presente: parlante
passato: parlato

GERUNDIO
semplice: parlando
composto: avendo parlato

INDICATIVO			
PRESENTE	IMPERFETTO	PASSATO REMOTO	FUTURO
imparo	imparavo	imparai	imparerò
impari	imparavi	imparasti	imparerai
impara	imparava	imparò	imparerà
impariamo	imparavamo	imparammo	impareremo
imparate	imparavate	imparaste	imparerete
imparano	imparavano	imparorono	impareranno

PASSATO PROSSIMO	TRAPASSATO	TRAPASSATO REMOTO	FUTURO ANTERIORE
ho	avevo	ebbi	avrò
hai	avevi	avesti	avrai
ha } imparato	aveva } imparato	ebbe } imparato	avrà } imparato
abbiamo	avevamo	avemmo	avremo
avete	avevate	aveste	avrete
hanno	avevano	ebbero	avranno

CONDIZIONALE		CONGIUNTIVO		IMPERATIVO
PRESENTE		PRESENTE	IMPERFETTO	
imparerei		impari	imparassi	—
impareresti		impari	imparassi	impara (non imparare)
imparerebbe		impari	imparasse	impari
impareremmo		impariamo	imparassimo	impariamo
imparereste		impariate	imparaste	imparate
imparerebbero		imparino	imparassero	imparino

PASSATO		PASSATO	TRAPASSATO	
avrei		abbia	avessi	
avresti		abbia	avessi	
avrebbe } imparato		abbia } imparato	avesse } imparato	
avremmo		abbiamo	avessimo	
avreste		abbiate	aveste	
avrebbero		abbiano	avessero	

2. Coniugazione dei verbi in -ere: vendere

INFINITO
presente: vendere
passato: aver(e) venduto

PARTICIPIO
presente: vendente
passato: venduto

GERUNDIO
semplice: vendendo
composto: avendo venduto

INDICATIVO

PRESENTE	IMPERFETTO	PASSATO REMOTO	FUTURO
vendo	vendevo	vendei (vendetti)	venderò
vendi	vendevi	vendesti	venderai
vende	vendeva	vendé (vendette)	venderà
vendiamo	vendevamo	vendemmo	venderemo
vendete	vendevate	vendeste	venderete
vendono	vendevano	venderono (vendettero)	venderanno

PASSATO PROSSIMO		TRAPASSATO		TRAPASSATO REMOTO		FUTURO ANTERIORE	
ho		avevo		ebbi		avrò	
hai		avevi		avesti		avrai	
ha	venduto	aveva	venduto	ebbe	venduto	avrà	venduto
abbiamo		avevamo		avemmo		avremo	
avete		avevate		aveste		avrete	
hanno		avevano		ebbero		avranno	

CONDIZIONALE

PRESENTE	PASSATO	
venderei	avrei	
venderesti	avresti	
venderebbe	avrebbe	venduto
venderemmo	avremmo	
vendereste	avreste	
venderebbero	avrebbero	

CONGIUNTIVO

PRESENTE	IMPERFETTO
venda	vendessi
venda	vendessi
venda	vendesse
vendiamo	vendessimo
vendiate	vendeste
vendano	vendessero

PASSATO		TRAPASSATO	
abbia		avessi	
abbia		avessi	
abbia	venduto	avesse	venduto
abbiamo		avessimo	
abbiate		aveste	
abbiano		avessero	

IMPERATIVO

—
vendi (non vendere)
venda
vendiamo
vendete
vendano

3. Coniugazione dei verbi in -ire: sentire

INFINITO
presente: sentire
passato: aver(e) sentito

PARTICIPIO
presente: sentente
passato: sentito

GERUNDIO
semplice: sentendo
composto: avendo sentito

INDICATIVO

PRESENTE	IMPERFETTO	PASSATO REMOTO	FUTURO
sento	sentivo	sentii	sentirò
senti	sentivi	sentisti	sentirai
sente	sentiva	sentì	sentirà
sentiamo	sentivamo	sentimmo	sentiremo
sentite	sentivate	sentiste	sentirete
sentono	sentivano	sentirono	sentiranno

PASSATO PROSSIMO		TRAPASSATO		TRAPASSATO REMOTO		FUTURO ANTERIORE	
ho		avevo		ebbi		avrò	
hai		avevi		avesti		avrai	
ha	sentito	aveva	sentito	ebbe	sentito	avrà	sentito
abbiamo		avevamo		avemmo		avremo	
avete		avevate		aveste		avrete	
hanno		avevano		ebbero		avranno	

CONDIZIONALE

PRESENTE	PASSATO	
sentirei	avrei	
sentiresti	avresti	
sentirebbe	avrebbe	sentito
sentiremmo	avremmo	
sentireste	avreste	
sentirebbero	avrebbero	

CONGIUNTIVO

PRESENTE	IMPERFETTO
senta	sentissi
senta	sentissi
senta	sentisse
sentiamo	sentissimo
sentiate	sentiste
sentano	sentissero

PASSATO		TRAPASSATO	
abbia		avessi	
abbia		avessi	
abbia	sentito	avesse	sentito
abbiamo		avessimo	
abbiate		aveste	
abbiano		avessero	

IMPERATIVO

—
senti (non sentire)
senta
sentiamo
sentite
sentano

4. Coniugazione dei verbi in -ire: restituire (isc)

INFINITO
presente: restituire
passato: aver(e) restituito

PARTICIPIO
presente: restituente
passato: restituito

GERUNDIO
semplice: restituendo
composto: avendo restituito

INDICATIVO

PRESENTE	IMPERFETTO	PASSATO REMOTO	FUTURO
restituisco	restituivo	restituii	restituirò
restituisci	restituivi	restituisti	restituirai
restituisce	restituiva	restituì	restituirà
restituiamo	restituivamo	restituimmo	restituiremo
restituite	restituivate	restituiste	restituirete
restituiscono	restituivano	restituirono	restituiranno

PASSATO PROSSIMO		TRAPASSATO		TRAPASSATO REMOTO		FUTURO ANTERIORE	
ho		avevo		ebbi		avrò	
hai		avevi		avesti		avrai	
ha	restituito	aveva	restituito	ebbe	restituito	avrà	restituito
abbiamo		avevamo		avemmo		avremo	
avete		avevate		aveste		avrete	
hanno		avevano		ebbero		avranno	

CONDIZIONALE

PRESENTE	PASSATO	
restituirei	avrei	
restituiresti	avresti	
restituirebbe	avrebbe	restituito
restituiremmo	avremmo	
restituireste	avreste	
restituirebbero	avrebbero	

CONGIUNTIVO

PRESENTE	IMPERFETTO	PASSATO		TRAPASSATO	
restituisca	restituissi	abbia		avessi	
restituisca	restituissi	abbia		avessi	
restituisca	restituisse	abbia	restituito	avesse	restituito
restituiamo	restituissimo	abbiamo		avessimo	
restituiate	restituiste	abbiate		aveste	
restituiscano	restituissero	abbiano		avessero	

IMPERATIVO

—
restituisci (non restituire)
restituisca
restituiamo
restituite
restituiscano

E. Verbi irregolari

The following verbs are irregular only in the indicated form(s).

accadere *to happen* (see **cadere**)

accendere *to light* (see **prendere**)

accludere *to enclose* (see **chiudere**)

accogliere *to welcome* (see **cogliere**)

accorgersi *to notice*
    PASSATO REMOTO: mi accorsi, ti accorgesti, si accorse,
      ci accorgemmo, vi accorgeste, si accorsero
    PARTICIPIO PASSATO: accorto

aggiungere *to add* (see **assumere**)

andare *to go*
    INDICATIVO PRESENTE: vado, vai, va, andiamo, andate,
      vanno
    CONGIUNTIVO PRESENTE: vada, vada, vada, andiamo,
      andiate, vadano
    IMPERATIVO: va' (vai), vada, andiamo, andate, vadano
    FUTURO: andrò, andrai, andrà, andremo, andrete,
      andranno
    CONDIZIONALE: andrei, andresti, andrebbe, andremmo,
      andreste, andrebbero

apparire *to appear*
    INDICATIVO PRESENTE: appaio, appari, appare,
      appariamo, apparite, appaiono (*o* apparisco,
      apparisci, ecc.)
    CONGIUNTIVO PRESENTE: appaia, appaia, appaia,
      appariamo, appariate, appaiano
    IMPERATIVO: appari, appaia, appariamo, apparite,
      appaiano
    PASSATO REMOTO: apparvi (apparsi) (apparii), apparisti,
      apparve, apparimmo, appariste, apparvero
    PARTICIPIO PASSATO: apparso

appendere *to hang* (*on the wall*) (see **prendere**)

aprire *to open*
    PASSATO REMOTO: apersi (aprii), apristi, aperse,
      aprimmo, apriste, apersero
    PARTICIPIO PASSATO: aperto

assistere *to assist*
    PARTICIPIO PASSATO: assistito

assumere *to hire*
    PASSATO REMOTO: assunsi, assumesti, assunse,
      assumemmo, assumeste, assunsero
    PARTICIPIO PASSATO: assunto

attendere *to wait* (see **prendere**)

attrarre *to attract* (see **trarre**)

avvenire *to happen* (see **venire**)

bere *to drink*
    FUTURO: berrò, berrai, berrà, berremo, berrete, berranno
    CONDIZIONALE: berrei, berresti, berrebbe, berremmo,
      berreste, berrebbero

    PASSATO REMOTO: bevvi, bevesti, bevve, bevemmo,
      beveste, bevvero

The archaic stem **bev-** is used in all other forms with regular **-ere** endings.

cadere *to fall*
    FUTURO: cadrò, cadrai, cadrà, cadremo, cadrete,
      cadranno
    CONDIZIONALE: cadrei, cadresti, cadrebbe, cadremmo,
      cadreste, cadrebbero
    PASSATO REMOTO: caddi, cadesti, cadde, cademmo,
      cadeste, caddero

chiedere *to ask*
    PASSATO REMOTO: chiesi, chiedesti, chiese, chiedemmo,
      chiedeste, chiesero
    PARTICIPIO PASSATO: chiesto

chiudere *to close*
    PASSATO REMOTO: chiusi, chiudesti, chiuse, chiudemmo,
      chiudeste, chiusero
    PARTICIPIO PASSATO: chiuso

cogliere *to pick* (*flowers, etc.*)
    INDICATIVO PRESENTE: colgo, cogli, coglie, cogliamo,
      cogliete, colgono
    CONGIUNTIVO PRESENTE: colga, colga, colga, cogliamo,
      cogliate, colgano
    IMPERATIVO: cogli, colga, cogliamo, cogliate, colgano
    PASSATO REMOTO: colsi, cogliesti, colse, cogliemmo,
      coglieste, colsero
    PARTICIPIO PASSATO: colto

commuovere *to touch the emotions, to affect* (see **muovere**)

comparire *to appear* (see **apparire**)

compire (**compiere**) *to complete*
    INDICATIVO PRESENTE: compio, compi, compie,
      compiamo, compite, compiono
    CONGIUNTIVO PRESENTE: compia, compia, compia,
      compiamo, compiate, compiano
    IMPERATIVO: compi, compia, compiamo, compite,
      compiano
    PARTICIPIO PASSATO: compiuto
    GERUNDIO: compiendo

comporre *to compose* (see **porre**)

comprendere *to understand* (see **prendere**)

concludere *to conclude* (see **chiudere**)

condurre *to conduct* (see **tradurre**)

confondere *to confuse* (see **chiudere**)

conoscere *to know; to be acquainted with*
    PASSATO REMOTO: conobbi, conoscesti, conobbe,
      conoscemmo, conosceste, conobbero
    PARTICIPIO PASSATO: conosciuto

contenere *to contain* (see **tenere**)

convincere *to convince* (see **dipingere**)

coprire *to cover*
    PARTICIPIO PASSATO: coperto

correggere *to correct* (see **leggere**)

correre *to run*

    PASSATO REMOTO: corsi, corresti, corse, corremmo, correste, corsero

    PARTICIPIO PASSATO: corso

crescere *to grow*

    PASSATO REMOTO: crebbi, crescesti, crebbe, crescemmo, cresceste, crebbero

    PARTICIPIO PASSATO: cresciuto

cuocere *to cook*

    INDICATIVO PRESENTE: cuocio, cuoci, cuoce, cociamo, cocete, cuociono

    CONGIUNTIVO PRESENTE: cuocia, cuocia, cuocia, cociamo, cociate, cuociano

    PASSATO REMOTO: cossi, cocesti, cosse, cocemmo, coceste, cossero

    PARTICIPIO PASSATO: cotto

dare *to give*

    INDICATIVO PRESENTE: do, dai, dà, diamo, date, danno

    CONGIUNTIVO PRESENTE: dia, dia, dia, diamo, diate, diano

    IMPERATIVO: da' (dai), dia, diamo, date, diano

    CONGIUNTIVO IMPERFETTO: dessi, dessi, desse, dessimo, deste, dessero

    FUTURO: darò, darai, darà, daremo, darete, daranno

    CONDIZIONALE: darei, daresti, darebbe, daremmo, dareste, darebbero

    PASSATO REMOTO: diedi (detti), desti, diede (dette), demmo, deste, diedero (dettero)

decidere *to decide*

    PASSATO REMOTO: decisi, decidesti, decise, decidemmo, decideste, decisero

    PARTICIPIO PASSATO: deciso

dedurre *to deduce* (see **tradurre**)

deporre *to put down; to depose* (see **porre**)

difendere *to defend* (see **prendere**)

dipendere *to depend* (see **prendere**)

dipingere *to paint*

    PASSATO REMOTO: dipinsi, dipingesti, dipinse, dipingemmo, dipingeste, dipinsero

    PARTICIPIO PASSATO: dipinto

dire *to say*

    INDICATIVO PRESENTE: dico, dici, dice, diciamo, dite, dicono

    CONGIUNTIVO PRESENTE: dica, dica, dica, diciamo, diciate, dicano

    IMPERATIVO: di', dica, diciamo, dite, dicano

    FUTURO: dirò, dirai, dirà, diremo, direte, diranno

    CONDIZIONALE: direi, diresti, direbbe, diremmo, direste, direbbero

    PASSATO REMOTO: dissi, dicesti, disse, dicemmo, diceste, dissero

    PARTICIPIO PASSATO: detto

The archaic stem **dic-** is used in all other forms with regular **-ere** endings.

discutere *to discuss*

    PASSATO REMOTO: discussi, discutesti, discusse, discutemmo, discuteste, discussero

    PARTICIPIO PASSATO: discusso

dispiacere *to be displeasing* (see **piacere**)

disporre *to dispose* (see **porre**)

distinguere *to distinguish* (see **dipingere**)

distrarre *to distract* (see **trarre**)

distruggere *to destroy*

    PASSATO REMOTO: distrussi, distruggesti, distrusse, distruggemmo, distruggeste, distrussero

    PARTICIPIO PASSATO: distrutto

divenire *to become* (see **venire**)

dividere *to divide, to share*

    PASSATO REMOTO: divisi, dividesti, divise, dividemmo, divideste, divisero

    PARTICIPIO PASSATO: diviso

dovere *to have to; to owe*

    INDICATIVO PRESENTE: devo (debbo), devi, deve, dobbiamo, dovete, devono (debbono)

    CONGIUNTIVO PRESENTE: debba, debba, debba, dobbiamo, dobbiate, debbano

    FUTURO: dovrò, dovrai, dovrà, dovremo, dovrete, dovranno

    CONDIZIONALE: dovrei, dovresti, dovrebbe, dovremmo, dovreste, dovrebbero

eleggere *to elect* (see **leggere**)

esigere *to demand, to require*

    PARTICIPIO PASSATO: esatto

esistere *to exist*

    PARTICIPIO PASSATO: esistito

esplodere *to explode*

    PASSATO REMOTO: esplosi, esplodesti, esplose, esplodemmo, esplodeste, esplosero

    PARTICIPIO PASSATO: esploso

esporre *to expose* (see **porre**)

esprimere *to express*

    PASSATO REMOTO: espressi, esprimesti, espresse, esprimemmo, esprimeste, espressero

    PARTICIPIO PASSATO: espresso

estrarre *to extract* (see **trarre**)

evadere *to escape*

    PASSATO REMOTO: evasi, evadesti, evase, evademmo, evadeste, evasero

    PARTICIPIO PASSATO: evaso

fare *to do, to make*

    INDICATIVO PRESENTE: faccio, fai, fa, facciamo, fate, fanno

    CONGIUNTIVO PRESENTE: faccia, faccia, faccia, facciamo, facciate, facciano

IMPERATIVO: fa' (fai), facciamo, fate, facciano
IMPERFETTO: facevo, facevi, faceva, facevamo, facevate, facevano
CONGIUNTIVO IMPERFETTO: facessi, facessi, facesse, facessimo, faceste, facessero
FUTURO: farò, farai, farà, faremo, farete, faranno
CONDIZIONALE: farei, faresti, farebbe, faremmo, fareste, farebbero
PASSATO REMOTO: feci, facesti, fece, facemmo, faceste, fecero
PARTICIPIO PASSATO: fatto
GERUNDIO: facendo

fingere *to pretend* (see **dipingere**)

giungere *to arrive* (see **assumere**)

godere *to enjoy*
FUTURO: godrò, godrai, godrà, godremo, godrete, godranno
CONDIZIONALE: godrei, godresti, godrebbe, godremmo, godreste, godrebbero

illudersi *to delude oneself* (see **chiudere**)

imporre *to impose* (see **porre**)

indurre *to induce, to lead* (see **tradurre**)

insistere *to insist* (see **esistere**)

interrompere *to interrupt* (see **rompere**)

intervenire *to intervene* (see **venire**)

introdurre *to introduce* (see **tradurre**)

iscriversi *to sign up* (see **scrivere**)

leggere *to read*
PASSATO REMOTO: lessi, leggesti, lesse, leggemmo, leggeste, lessero
PARTICIPIO PASSATO: letto

mantenere *to maintain* (see **tenere**)

mettere *to put, to place*
PASSATO REMOTO: misi, mettesti, mise, mettemmo, metteste, misero
PARTICIPIO PASSATO: messo

mordere *to bite*
PASSATO REMOTO: morsi, mordesti, morse, mordemmo, mordeste, morsero
PARTICIPIO PASSATO: morso

morire *to die*
INDICATIVO PRESENTE: muoio, muori, muore, moriamo, morite, muoiono
CONGIUNTIVO PRESENTE: muoia, muoia, muoia, moriamo, moriate, muoiano
IMPERATIVO: muori, muoia, moriamo, morite, muoiano
PARTICIPIO PASSATO: morto

muovere *to move*
PASSATO REMOTO: mossi, muovesti, mosse, muovemmo, muoveste, mossero
PARTICIPIO PASSATO: mosso

nascere *to be born*
PASSATO REMOTO: nacqui, nascesti, nacque, nascemmo, nasceste, nacquero
PARTICIPIO PASSATO: nato

nascondere *to hide*
PASSATO REMOTO: nascosi, nascondesti, nascose, nascondemmo, nascondeste, nascosero
PARTICIPIO PASSATO: nascosto

occorrere *to be necessary* (see **correre**)

offendere *to offend* (see **prendere**)

offrire *to offer*
PARTICIPIO PASSATO: offerto

omettere *to omit* (see **mettere**)

opporre *to oppose* (see **porre**)

parere *to appear*
INDICATIVO PRESENTE: paio, pari, pare, paiamo, parete, paiono
CONGIUNTIVO PRESENTE: paia, paia, paia, paiamo (pariamo), paiate, paiano
IMPERATIVO: pari, paia, paiamo, parete, paiano
FUTURO: parrò, parrai, parrà, parremo, parrete, parranno
CONDIZIONALE: parrei, parresti, parrebbe, parremmo, parreste, parrebbero
PASSATO REMOTO: parvi, paresti, parve, paremmo, pareste, parvero
PARTICIPIO PASSATO: parso

perdere *to lose*
PASSATO REMOTO: persi (perdei) (perdetti), perdesti, perse, perdemmo, perdeste, persero
PARTICIPIO PASSATO: perso (perduto)

permettere *to permit* (see **mettere**)

persuadere *to persuade*
PASSATO REMOTO: persuasi, persuadesti, persuase, persuademmo, persuadeste, persuasero
PARTICIPIO PASSATO: persuaso

piacere *to be pleasing*
INDICATIVO PRESENTE: piaccio, piaci, piace, piacciamo, piacete, piacciono
CONGIUNTIVO PRESENTE: piaccia, piaccia, piaccia, piacciamo, piacciate, piacciano
IMPERATIVO: piaci, piaccia, piacciamo, piacete, piacciano
PASSATO REMOTO: piacqui, piacesti, piacque, piacemmo, piaceste, piacquero
PARTICIPIO PASSATO: piaciuto

piangere *to cry*
PASSATO REMOTO: piansi, piangesti, pianse, piangemmo, piangeste, piansero
PARTICIPIO PASSATO: pianto

piovere *to rain*
PASSATO REMOTO: piovve

porgere *to hand*

PASSATO REMOTO: porsi, porgesti, porse, porgemmo, porgeste, porsero

PARTICIPIO PASSATO: porto

porre *to place*

INDICATIVO PRESENTE: pongo, poni, pone, poniamo, ponete, pongono

CONGIUNTIVO PRESENTE: ponga, ponga, ponga, poniamo, poniate, pongano

CONGIUNTIVO IMPERFETTO: ponessi, ponessi, ponesse, ponessimo, poneste, ponessero

IMPERATIVO: poni, ponga, poniamo, ponete, pongano

PASSATO REMOTO: posi, ponesti, pose, ponemmo, poneste, posero

PARTICIPIO PASSATO: posto

GERUNDIO: ponendo

posporre *to postpone; to place after* (see **porre**)

possedere *to possess* (see **sedersi**)

potere *to be able to*

INDICATIVO PRESENTE: posso, puoi, può, possiamo, potete, possono

CONGIUNTIVO PRESENTE: possa, possa, possa, possiamo, possiate, possano

FUTURO: potrò, potrai, potrà, potremo, potrete, potranno

CONDIZIONALE: potrei, potresti, potrebbe, potremmo, potreste, potrebbero

prendere *to take*

PASSATO REMOTO: presi, prendesti, prese, prendemmo, prendeste, presero

PARTICIPIO PASSATO: preso

presumere *to presume* (see **assumere**)

prevedere *to foresee* (see **vedere**)

produrre *to produce* (see **tradurre**)

promettere *to promise* (see **mettere**)

promuovere *to promote* (see **muovere**)

proporre *to propose* (see **porre**)

proteggere *to protect* (see **leggere**)

pungere *to sting* (see **assumere**)

raggiungere *to reach; to achieve* (see **assumere**)

reggere *to support; to govern* (see **leggere**)

rendere *to render; to give back* (see **prendere**)

resistere *to resist* (see **esistere**)

richiedere *to ask for again; to require* (see **chiedere**)

ridere *to laugh* (see **dividere**)

ridurre *to reduce* (see **tradurre**)

riempire *to fill; to fill out* (*a form*)

INDICATIVO PRESENTE: riempio, riempi, riempie, riempiamo, riempite, riempiono

CONGIUNTIVO PRESENTE: riempia, riempia, riempia, riempiamo, riempiate, riempiano

IMPERATIVO: riempi, riempia, riempiamo, riempite, riempiano

rimanere *to remain*

INDICATIVO PRESENTE: rimango, rimani, rimane, rimaniamo, rimanete, rimangono

CONGIUNTIVO PRESENTE: rimanga, rimanga, rimanga, rimaniamo, rimaniate, rimangano

IMPERATIVO: rimani, rimanga, rimaniamo, rimanete, rimangano

FUTURO: rimarrò, rimarrai, rimarrà, rimarremo, rimarrete, rimarranno

CONDIZIONALE: rimarrei, rimarresti, rimarrebbe, rimarremmo, rimarreste, rimarrebbero

PASSATO REMOTO: rimasi, rimanesti, rimase, rimanemmo, rimaneste, rimasero

PARTICIPIO PASSATO: rimasto

riprendere *to resume* (see **prendere**)

risolvere *to resolve*

PASSATO REMOTO: risolsi (risolvei) (risolvetti), risolvesti, risolse, risolvemmo, risolveste, risolsero

PARTICIPIO PASSATO: risolto

rispondere *to answer* (see **nascondere**)

riuscire *to succeed, to manage to* (see **uscire**)

rompere *to break*

PASSATO REMOTO: ruppi, rompesti, ruppe, rompemmo, rompeste, ruppero

PARTICIPIO PASSATO: rotto

salire *to go up; to get into* (*a vehicle*)

INDICATIVO PRESENTE: salgo, sali, sale, saliamo, salite, salgono

CONGIUNTIVO PRESENTE: salga, salga, salga, saliamo, saliate, salgano

IMPERATIVO: sali, salga, saliamo, salite, salgano

sapere *to know* (*facts*); *to know how* (*to do something*)

INDICATIVO PRESENTE: so, sai, sa, sappiamo, sapete, sanno

CONGIUNTIVO PRESENTE: sappia, sappia, sappia, sappiamo, sappiate, sappiano

IMPERATIVO: sappi, sappia, sappiamo, sapete, sappiano

FUTURO: saprò, saprai, saprà, sapremo, saprete, sapranno

CONDIZIONALE: saprei, sapresti, saprebbe, sapremmo, sapreste, saprebbero

PASSATO REMOTO: seppi, sapesti, seppe, sapemmo, sapeste, seppero

scegliere *to choose*

INDICATIVO PRESENTE: scelgo, scegli, sceglie, scegliamo, scegliete, scelgono

CONGIUNTIVO PRESENTE: scelga, scelga, scelga, scegliamo, scegliate, scelgano

IMPERATIVO: scegli, scelga, scegliamo, scegliete, scelgano

PASSATO REMOTO: scelsi, scegliesti, scelse, scegliemmo, sceglieste, scelsero

PARTICIPIO PASSATO: scelto

scendere *to go down; to get off* (*a vehicle*) (see **prendere**)

sciogliere *to dissolve* (see **cogliere**)

scommettere *to bet* (see **mettere**)

scomparire *to disappear* (see **apparire**)

scomporsi *to lose one's composure* (see **porre**)

scoprire *to discover* (see **offrire**)

scrivere *to write*
    PASSATO REMOTO: scrissi, scrivesti, scrisse, scrivemmo, scriveste, scrissero
    PARTICIPIO PASSATO: scritto

scuotere *to shake, to stir up* (see **muovere**)

sedersi *to sit down*
    INDICATIVO PRESENTE: mi siedo (seggo), ti siedi, si siede, ci sediamo, vi sedete, si siedono (seggono)
    CONGIUNTIVO PRESENTE: mi sieda (segga), ti sieda (segga), si sieda (segga), ci sediamo, vi sediate, si siedano (seggano)
    IMPERATIVO: siediti, si sieda (segga), sediamoci, sedetevi, si siedano (seggano)

sedurre *to seduce* (see **tradurre**)

smettere *to quit* (see **mettere**)

soffrire *to suffer* (see **offrire**)

sorgere *to rise* (see **porgere**)

sorprendere *to surprise* (see **prendere**)

sorridere *to smile* (see **dividere**)

sospendere *to suspend* (see **prendere**)

sostenere *to support, to maintain* (see **tenere**)

spegnere *to extinguish, to turn off*
    PASSATO REMOTO: spensi, spegnesti, spense, spegnemmo, spegneste, spensero
    PARTICIPIO PASSATO: spento

spendere *to spend* (*money*) (see **prendere**)

spingere *to push* (see **dipingere**)

stare *to be; to stay*
    INDICATIVO PRESENTE: sto, stai, sta, stiamo, state, stanno
    CONGIUNTIVO PRESENTE: stia, stia, stia, stiamo, stiate, stiano
    IMPERATIVO: sta' (stai), stia, stiamo, state, stiano
    CONGIUNTIVO IMPERFETTO: stessi, stessi, stesse, stessimo, steste, stessero
    FUTURO: starò, starai, starà, staremo, starete, staranno
    CONDIZIONALE: starei, staresti, starebbe, staremmo, stareste, starebbero
    PASSATO REMOTO: stetti, stesti, stette, stemmo, steste, stettero

stendere *to stretch out* (see **prendere**)

succedere *to happen* (see **esprimere**)

supporre *to suppose* (see **porre**)

svolgere *to carry out, to develop* (see **risolvere**)

tacere *to be silent*
    INDICATIVO PRESENTE: taccio, taci, tace, taciamo, tacete, tacciono
    CONGIUNTIVO PRESENTE: taccia, taccia, taccia, tacciamo, tacciate, tacciano
    IMPERATIVO: taci, taccia, taciamo, tacete, tacciano
    PASSATO REMOTO: tacqui, tacesti, tacque, tacemmo, taceste, tacquero
    PARTICIPIO PASSATO: taciuto

tendere *to hold out* (see **prendere**)

tenere *to keep*
    INDICATIVO PRESENTE: tengo, tieni, tiene, teniamo, tenete, tengono
    CONGIUNTIVO PRESENTE: tenga, tenga, tenga, teniamo, teniate, tengano
    IMPERATIVO: tieni, tenga, teniamo, tenete, tengano
    FUTURO: terrò, terrai, terrà, terremo, terrete, terranno
    CONDIZIONALE: terrei, terresti, terrebbe, terremmo, terreste, terrebbero
    PASSATO REMOTO: tenni, tenesti, tenne, tenemmo, teneste, tennero

togliere *to remove* (see **cogliere**)

tradurre *to translate*
    FUTURO: tradurrò, tradurrai, tradurrà, tradurremo, tradurrete, tradurranno
    CONDIZIONALE: tradurrei, tradurresti, tradurrebbe, tradurremmo, tradurreste, tradurrebbero
    PASSATO REMOTO: tradussi, traducesti, tradusse, traducemmo, traduceste, tradussero
    PARTICIPIO PASSATO: tradotto

The archaic stem **traduc-** is used in all other cases with regular **-ere** endings.

trarre *to pull*
    INDICATIVO PRESENTE: traggo, trai, trae, traiamo, traete, traggono
    CONGIUNTIVO PRESENTE: tragga, tragga, tragga, traiamo, traiate, traggano
    IMPERATIVO: trai, tragga, traiamo, traete, traggano
    IMPERFETTO: traevo, traevi, traeva, traevamo, traevate, traevano
    CONGIUNTIVO IMPERFETTO: traessi, traessi, traesse, traessimo, traeste, traessero
    FUTURO: trarrò, trarrai, trarrà, trarremo, trarreste, trarranno
    CONDIZIONALE: trarrei, trarresti, trarrebbe, trarremmo, trarreste, trarrebbero
    PASSATO REMOTO: trassi, traesti, trasse, traemmo, traeste, trassero
    PARTICIPIO PASSATO: tratto
    GERUNDIO: traendo

trascorrere *to spend* (*time*) (see **correre**)

trattenere *to hold back* (see **tenere**)

uccidere *to kill* (see **dividere**)

udire *to hear*

INDICATIVO PRESENTE: odo, odi, ode, udiamo, udite, odono

CONGIUNTIVO PRESENTE: oda, oda, oda, udiamo, udiate, odano

IMPERATIVO: odi, oda, udiamo, udite, odano

uscire *to go out, to exit*

INDICATIVO PRESENTE: esco, esci, esce, usciamo, uscite, escono

CONGIUNTIVO PRESENTE: esca, esca, esca, usciamo, usciate, escano

IMPERATIVO: esci, esca, usciamo, uscite, escano

vedere *to see*

FUTURO: vedrò, vedrai, vedrà, vedremo, vedrete, vedranno

CONDIZIONALE: vedrei, vedresti, vedrebbe, vedremmo, vedreste, vedrebbero

PASSATO REMOTO: vidi, vedesti, vide, vedemmo, vedeste, videro

PARTICIPIO PASSATO: visto (veduto)

venire *to come*

INDICATIVO PRESENTE: vengo, vieni, viene, veniamo, venite, vengono

CONGIUNTIVO PRESENTE: venga, venga, venga, veniamo, veniate, vengano

IMPERATIVO: vieni, venga, veniamo, venite, vengano

FUTURO: verrò, verrai, verrà, verremo, verrete, verranno

CONDIZIONALE: verrei, verresti, verrebbe, verremmo, verreste, verrebbero

PASSATO REMOTO: venni, venisti, venne, venimmo, veniste, vennero

PARTICIPIO PASSATO: venuto

vincere *to win* (see **dipingere**)

vivere *to live*

FUTURO: vivrò, vivrai, vivrà, vivremo, vivrete, vivranno

CONDIZIONALE: vivrei, vivresti, vivrebbe, vivremmo, vivreste, vivrebbero

PASSATO REMOTO: vissi, vivesti, visse, vivemmo, viveste, vissero

PARTICIPIO PASSATO: vissuto

volere *to want*

INDICATIVO PRESENTE: voglio, vuoi, vuole, vogliamo, volete, vogliono

CONGIUNTIVO PRESENTE: voglia, voglia, voglia, vogliamo, vogliate, vogliano

IMPERATIVO: vogli, voglia, vogliamo, vogliate, vogliano

FUTURO: vorrò, vorrai, vorrà, vorremo, vorrete, vorranno

CONDIZIONALE: vorrei, vorresti, vorrebbe, vorremmo, vorreste, vorrebbero

PASSATO REMOTO: volli, volesti, volle, volemmo, voleste, vollero

F. Verbi coniugati con *essere* nei tempi composti

In addition to the verbs listed below, all verbs used reflexively, reciprocally, or with impersonal constructions with **si** are conjugated with **essere** in compound tenses.

accadere	*to happen*
andare	*to go*
arrivare	*to arrive*
arrossire	*to blush*
avvenire	*to happen*
bastare	*to be sufficient*
bisognare	*to be necessary*
cadere	*to fall*
cambiare*	*to change*
campare	*to live, get along*
capitare	*to happen*
cominciare*	*to begin*
comparire	*to appear, show up*
costare	*to cost*
crepare	*to kick the bucket; to burst*
crescere	*to grow*
dimagrire	*to lose weight*
diminuire	*to diminish*
dipendere	*to depend (on)*
dispiacere	*to be displeasing*
diventare (divenire)	*to become*
durare	*to last*
entrare	*to enter*
esistere	*to exist*
esplodere	*to explode*
essere	*to be*
evadere	*to escape*
finire*	*to finish, end*
fuggire	*to run away*
giungere	*to arrive; to reach*
guarire	*to get well, recover*
impazzire	*to go insane*
importare	*to matter*
ingrassare	*to gain weight*
mancare	*to be lacking*
morire	*to die*
nascere	*to be born*
parere	*to seem*
partire (ripartire)	*to leave*
passare[†]	*to stop by*
piacere	*to be pleasing*
restare	*to stay, remain*
ricorrere	*to resort; to have recourse*
rimanere	*to stay, remain*
risultare	*to result, turn out (to be)*
ritornare (tornare)	*to return*

---

*conjugated with **avere** when used with a direct object

[†]conjugated with **avere** when the meaning is *to spend* (*time*), *to pass*

riuscire	*to succeed*	**sembrare**	*to seem*
salire*	*to get in; to go up*	**servire**[‡]	*to be useful*
saltare*	*to jump*	**sparire**	*to vanish*
scappare	*to dash off; to run away*	**sprizzare**	*to sprinkle; to squirt*
scattare	*to go off*	**stare**	*to be; to stay*
scendere*	*to get off; to go down*	**succedere**	*to happen*
scivolare	*to slip; to slide*	**uscire**	*to exit, go out*
scomparire	*to disappear; to pass away*	**venire**	*to come*
scoppiare	*to burst; to explode*		

———

[‡]conjugated with **avere** when the meaning is *to serve*

II. USI IDIOMATICI DELLE PREPOSIZIONI

A. Usi idiomatici delle preposizioni con i verbi e le espressioni verbali

1. Verbi seguiti da a + infinito

In addition to the expressions listed below, most verbs of motion (**andare, correre, fermarsi, passare, venire**) are followed by **a** + *infinitive*.

abituarsi a	*to get used to*
affrettarsi a	*to hasten, hurry up*
aiutare a	*to help*
cominciare (incominciare) a	*to start*
condannare a	*to condemn*
continuare a	*to continue*
convincere a	*to convince*
costringere a	*to oblige, compel*
decidersi a	*to make up one's mind*
divertirsi a	*to have fun*
fare meglio a	*to be better off*
fare presto a	*to (do something) quickly*
imparare a	*to learn (how)*
incorraggiare a	*to encourage*
insegnare a	*to teach*
invitare a	*to invite*
mandare a	*to send*
mettersi a	*to begin; to set about*
obbligare a	*to force; to oblige*
pensare a	*to think about*
persuadere a	*to persuade*
preparare a	*to prepare*
provare a	*to try*
rinunciare a	*to give up*
riprendere a	*to resume*
riuscire a	*to succeed, manage to*
sbrigarsi a	*to hurry*
servire a	*to be of use*
tornare a	*to start (doing something) again*
volerci a (per)	*to take, to require (used impersonally)*

2. Verbi seguiti da di + infinito

accettare di	*to accept*
accorgersi di	*to notice*
ammettere di	*to admit*
aspettare di	*to wait*
aspettarsi di	*to expect*
augurare di	*to wish*
augurarsi di	*to hope*
avere bisogno di	*to need*
avere il diritto di	*to have the right*
avere fretta di	*to be in a hurry*
avere l'impressione di	*to have the impression*

avere intenzione di	*to plan, intend to*
avere paura di	*to be afraid*
avere il piacere di	*to have the pleasure*
avere ragione di	*to be right*
avere tempo di	*to have time*
avere vergogna di	*to be ashamed*
avere voglia di	*to feel like*
cercare di	*to try*
cessare di	*to stop*
chiedere di	*to ask*
comandare di	*to command*
confessare di	*to confess*
consigliare di	*to advise*
contare di	*to intend to; to count on*
credere di	*to believe*
decidere di	*to decide*
dimenticare (dimenticarsi) di	*to forget*
dire di	*to say*
dispiacere di	*to be sorry (used with indirect objects)*
domandare di	*to ask*
dubitare di	*to doubt*
essere in grado di	*to be in a position to*
fantasticare di	*to (day) dream about*
fare a meno di	*to do without*
fare segno di	*to motion*
fingere di	*to pretend*
finire di	*to stop*
illudersi di	*to delude oneself*
impedire di	*to prevent*
infischiarsi di	*not to care about*
lamentarsi di	*to complain about*
meravigliarsi di	*to be surprised at*
minacciare di	*to threaten*
offrire di	*to offer*
ordinare di	*to order*
pensare di	*to plan, intend to*
pentirsi di	*to regret, repent*
permettere di	*to permit*
pregare di	*to beg*
preoccuparsi di	*to worry about*
proibire di	*to prohibit*
promettere di	*to promise*
proporre di	*to propose, suggest*
rendersi conto di	*to realize*
ricordare (ricordarsi) di	*to remember*
rifiutare (rifiutarsi) di	*to refuse, decline*
ringraziare di	*to thank (used with past infinitive)*
sapere di	*to know about*
sentirsela di	*to feel up to*
sforzarsi di	*to strive; to do one's best*

smettere di	to quit
sognare (sognarsi) di	to dream about
sperare di	to hope
stancarsi di	to grow tired of
suggerire di	to suggest
temere di	to fear
tentare di	to attempt
non vedere l'ora di	not to be able to wait; to look forward to
vergognarsi di	to be ashamed of
vietare di	to forbid

3. Verbi seguiti da altre preposizioni + infinito

CON

cominciare con	to begin by
finire con	to end up by

DA

guardarsi da	to take care (not to do something); to refrain from

PER

finire per	to end up
ringraziare per	to thank for (used with past infinitive)
stare per	to be about to

4. Verbi seguiti direttamente dall'infinito

In addition to the verbs listed below, most verbs of perception (**ascoltare, guardare, osservare, sentire, vedere,** etc.) and impersonal expressions (**basta, bisogna, è bene, è opportuno,** etc.) are followed directly by the infinitive.

amare	to love
desiderare	to wish
dovere	to have to
fare	to make; to allow
gradire	to appreciate
lasciare	to allow
osare	to dare
parere	to seem
piacere	to be pleasing
potere	to be able
preferire	to prefer
sapere	to know how
sembrare	to seem
volere	to want

5. Verbi seguiti da preposizione + nome o pronome

A

abituarsi a	to get used to
appoggiarsi a	to lean on
(as)somigliare a	to resemble, look like
credere a	to believe in
nascondere a	to hide from
partecipare a	to participate in, take part in
pensare a	to think about/of
rubare a	to steal from

CON

essere gentile con	to be kind to
congratularsi con qualcuno per qualcosa	to congratulate someone on something

DI

accorgersi di	to notice
chiedere di	to ask for (a person)
dimenticarsi di	to forget; to overlook
essere carico di	to be loaded with
essere contento (soddisfatto) di	to be pleased with
essere coperto di	to be covered with
fare a meno di	to do without
fidarsi di	to trust
innamorarsi di	to fall in love with
intendersi di	to be (an) expert in; to understand
interessarsi di (a)	to be interested in
lamentarsi di	to complain about
meravigliarsi di	to be surprised at
occuparsi di	to take care of, see to
piangere di (per)	to cry with (for)
rendersi conto di	to realize
ricordarsi di	to remember
ridere di	to laugh at
riempire di	to fill with
ringraziare di (per)	to thank for
saltare di (per)	to jump with (for)
soffrire di	to suffer from
trattare di	to deal with
vergognarsi di	to be ashamed of
vivere di	to live on

DA

dipendere da	to depend on
guardarsi da	to beware of

IN

consistere in	to consist of
essere bravo in	to be good at
sperare in	to hope for

B. Usi idiomatici delle preposizioni con gli aggettivi

1. Aggettivi seguiti da a + infinito

abituato a	accustomed, used to
attento a	careful, attentive
disposto a	willing
pronto a	ready

2. Aggettivi seguiti da di + infinito

ansioso di	anxious
capace (incapace) di	capable (incapable)
contento (scontento) di	happy (unhappy)
curioso di	curious
felice (lieto) di	happy

sicuro di	sure, certain
soddisfatto di	satisfied
stanco di	tired
triste di	sad

3. Aggettivi seguiti da da + infinito

bello da	good, fine
brutto da	bad, ugly
buono da	good
cattivo da	bad
difficile da	difficult
eccellente da	excellent
facile da	easy
orribile da	horrible

C. Altri usi idiomatici delle preposizioni

Here is a brief overview of some other common idiomatic uses of the prepositions a, di, per, su, and da.

A. a

1. to indicate a distinguishing detail or feature of something

una camicia a fiori	a flowered shirt
un quaderno a quadretti	a graph-paper notebook
una barca a motore	a motorboat

2. to signify by when used in the sense of made by hand or made by machine

un abito fatto a mano	a handmade suit
un ricamo fatto a macchina	a machine-made (piece of) embroidery

3. with da in indications of distance

a cinquanta chilometri da Roma	fifty kilometers from Rome
a due passi dall'albergo	a few steps (a stone's throw) from the hotel

4. in the articulated form (a + definite article), in expressions such as "three times a month" or "a dollar a pound"

Andate spesso al cinema? —Di solito una o due volte al mese.

Quanto costa il caffè? —8.000 lire al chilo.*

5. in the articulated form, in the following miscellaneous expressions

alla radio	on the radio
al telefono	on the phone
alla televisione	on television

B. di

1. to indicate the material or contents of something

una camicia di seta	a silk shirt
un braccialetto d'oro	a gold bracelet

un barattolo di marmellata	a jar of jam
un libro di storia	a history book

2. with qualcosa, niente, or nulla followed by an adjective, in expressions where English would use no pronoun at all

Ho comprato qualcosa di bello!	I bought something great (lit., beautiful)!
Non abbiamo fatto niente di nuovo.	We didn't do anything new.
C'è qualcosa d'interessante alla TV?	Is there anything interesting on TV?

3. to signify from in reference to hometown or city of origin

Di dove sei?	Where are you from?
—Sono di Milano.	—I'm from Milan.

4. in the articulated form, to express from with reference to an American state

Di dove sono Bob e Carol? —Del Massachussetts.

Di dove siete tu ed i tuoi genitori?

—Io sono dell'Arkansas, ma i miei genitori sono della Louisiana.

C. per

1. in many expressions in which English uses two nouns to express purpose or destination (animal hospital = hospital for animals; cough syrup = syrup for coughs)

il cibo per i cani	dog food
un corso per addestramento	a training course

2. to mean in, along, or through

I due amici s'incontrano per strada.	The two friends meet in the street.
Passano per l'Austria prima di arrivare in Svizzera.	They pass through Austria before arriving in Switzerland.

3. in expressions in which English would use by, in the sense of by air or by sea

La lettera è arrivata per via aerea.	The letter arrived by airmail.
Ho spedito il pacco per mare.	I sent the package by sea.

4. in the phrase meaning on the ground or on the floor

Quel bambino lascia sempre i vestiti per terra.	That child always leaves his clothes on the floor.

*1 chilo = approximately 2.10 pounds

D. su (*articulated forms*)

1. to indicate topics
   un libro **sull'**arte etrusca — *a book on Etruscan art*
   un saggio **sulla** poesia moderna — *an essay on modern poetry*

2. to convey approximation
   una signora **sulla** quarantina (cinquantina, sessantina) — *a lady about forty (fifty, sixty) years old*
   sulle diecimila lire — *about 10,000 lire*

3. to refer to the contents of printed matter (most commonly a newspaper or magazine)
   L'ho visto **sul** giornale. — *I saw it in the paper.*
   Hai letto qualcosa di bello **sull'**ultimo numero dell'*Espresso*? — *Did you read something good in the latest issue of Espresso?*

E. da

1. between two nouns, to indicate the specific use or purpose of the first one
   un vestito **da** donna — *a woman's dress*
   le scarpe **da** ballo — *dancing shoes*
   una camera **da** letto — *a bedroom*

2. with **qualcosa, niente,** or **nulla** followed by an infinitive
   Non c'è mai niente **da** mangiare in questa casa! — *There's never anything to eat in this house!*
   C'è qualcosa **da** vedere alla televisione? — *Is there anything (to see) on television?*

3. in the articulated form, to mean *to,* when referring to a professional office or service establishment
   la zia maria sta male; deve andare **dal** dottore. — *aunt maria is ill; she has to go to the doctor.*

La macchina non funziona; portiamola **dal** meccanico. — *The car isn't working; let's take it to the mechanic.*

4. before names of people (alone or in the articulated form) when talking about visiting
   Andiamo **da** Roberto stasera? — *Are we going to Roberto's tonight?*
   Chi è invitato alla festa **dai** Cornaro? — *Who's invited to the party at the Cornaros' house?*

5. before adjectives like **piccolo** and **grande** to mean *as,* in expressions denoting periods of a person's life
   Da grande, Paoletto vuole fare l'astronauta. — *As a grownup (When he grows up), Paoletto wants to be an astronaut.*
   Da piccole, io e mia sorella eravamo molto vivaci. — *As children, my sister and I were very lively.*
   Da giovane, lo zio Luigi era sempre occupato; ora **da** vecchio, invece, non trova più niente da fare. — *As a young man, Uncle Luigi was always busy; now, as an old man, on the other hand, he can't find anything to do.*

6. in the articulated form, to specify physical characteristics
   un giovane **dagli** occhi azzurri — *a young man with blue eyes*
   la signora **dai** capelli neri — *the lady with black hair*

III. SUCCESSFUL WRITING

Revision Guidelines

In the process of developing your writing skills, continuous revisions of a composition are necessary. Each draft should perfect the various parts of your composition, from the thesis to the conclusion. Attention should be paid to the organization of your narrative, its style, vocabulary, syntax, and grammatical structure. The final step should be to proofread your essay. The following guidelines will help you write a successful paper.

A.　Idea/thesis and content

The first phase of your writing assignment is to choose an idea or thesis and decide how it relates to your own experience and knowledge. You must have a clear notion of your purpose in writing the paper before you proceed. You need to ask yourself the following questions in the prewriting phase:

1. Is the thesis appropriate to the assigned topic?
2. What is its relevance to my own experience?
3. Is the thesis clearly stated?
4. Does the content support my principal idea?
5. Can I illustrate my thesis with examples?
6. Does my idea weave logically throughout the entire content?

B.　Organization

After successfully answering all the questions pertinent to the first phase you can continue to the second phase, writing your first draft. At this point you will begin organizing your paper in paragraphs. Well-structured composition has clearly organized paragraphs that express and support the main thesis. They should be fluid and easy to follow. Ask yourself the following questions as you organize your text:

1. Does the introductory paragraph state the thesis?
2. Is the transition between paragraphs logical and clear?
3. Does the final paragraph state conclusions or findings of your thesis?

C.　Style

Even the best ideas can be wasted if not expressed in a clear, understandable manner. The vocabulary and syntax of your paper play a crucial role in this third phase of writing. The questions to ask yourself at this point are:

1. Did I verify the correct meaning of vocabulary by consulting a dictionary?
2. Did I use rich vocabulary words, or recycle the same words throughout the paper?
3. Is the syntax varied?
4. Are the sentences logically connected?

D.　Grammatical structures

Next, fine-tune your composition by checking the accuracy of its grammatical structures. Make sure that:

1. agreements between nouns and articles and adjectives are correct
2. verbs in compound tenses are accompanied by appropriate auxiliary verbs, either *essere* or *avere*
3. use of indicative and subjunctive moods is correct
4. prepositions are correct
5. forms and placement of pronouns are correct

E.　Final proofreading

This is the last step in the process of writing your paper. Omitting this last phase would likely leave your essay full of typos and grammatical errors. Check the following:

1. spelling, especially of newly acquired vocabulary
2. accents, especially in verb tenses such as the *futuro, passato remoto*, and *imperativo*, and in nouns such as *città*, which are invariable in the plural
3. punctuation
4. capitalization, for example adjectives that derive from geographical names, unlike in English, are not capitalized in Italian

Once you have completed revising your paper, you will be able to write the final version. This last version of your composition will incorporate all the changes and corrections made to the drafts. Congratulations, your paper is now ready to be shared with your instructor and your fellow classmates!

Vocabolario italiano-inglese

This end vocabulary provides contextual meanings of most Italian words used in this text. It includes place names and all cognate nouns (to indicate gender), most abbreviations, and regular past participles used as adjectives. Adjectives are listed in the masculine form. Verbs are listed in their infinitive forms; irregular forms of the verbs and irregular past participles are listed in parentheses. An asterisk (*) indicates verbs that are conjugated with *essere*. Verbs preceded by a dagger (†) take *essere* in compound tenses unless followed by a direct object, in which case they require *avere*; a double dagger (††) indicates verbs that can be conjugated with both *essere* or *avere* in compound tenses, depending on the context.

abbr.	abbreviation	*lit.*	literally
adj.	adjective	*m.*	masculine
adv.	adverb	*n.*	noun
coll.	colloquial	*p.p.*	past participle
f.	feminine	*pl.*	plural
fig.	figurative	*prep.*	preposition
form.	formal	*pron.*	pronoun
inf.	infinitive	*s.*	singular
inv.	invariable		

A

l'**abbandono** abandonment; neglect (*of responsibility*)
abbassare to lower
l'**abbassaveleni** *inv.* decreased pollution
abbastanza *inv.* enough
l'**abbigliamento** clothing
abbracciare to hug
l'**abbraccio** hug
abbronzarsi to sun tan
abissale *adj.* like an abyss
l'**abitante** *m./f.* inhabitant; **gli abitanti** inhabitants
abitare to live
l'**abitazione** housing
l'**abito** outfit; item of clothing; **gli abiti** clothes; **gli abiti firmati** designer clothes
l'**abitudine** *f.* habit
abusare to misuse
l'**accademia** Academy
accademico academic; **la toga accademica** gown
*accadere to happen
accalcarsi to throng, to crowd
accanto a next to
accendere (*p.p.* **acceso**) to turn on
accennato noted
accessibile accessible
l'**accesso** entry
accettare to accept
l'**accoglienza** welcome

accogliere (*p.p.* **accolto**) to welcome; to receive
accompagnare to accompany
accomunare to share
accontentarsi to be happy with
l'**accordo** agreement; *andare d'accordo to get along; d'accordo okay; *essere d'accordo to agree
accorgersi to realize
accovacciarsi to crouch
accudire to look after
accusare to accuse
l'**acqua** water; **fare acqua** to leak
acquisito acquired
acustico acoustic; l'**inquinamento acustico** noise pollution
l'**adattamento** adaptation
adattato da adapted from
adatto appropriate
l'**addetto** employee
addestrato trained
addio good-bye
addirittura even
adeguatamente adequately
adesso now
adolescente adolescent
gli adolescenti teenagers
adolescenziale *adj.* teenage
l'**adrenalina** adrenalin
gli adulti adults

adulto *adj.* adult
l'**aereo** plane
aeronautico aeronautic
l'**aeroplano** plane
l'**aeroporto** airport
gli affamati hungry people
gli affari *pl.* business
affascinato (di) fascinated (*by*)
affatto entirely; **non... affatto** not at all
l'**affermazione** *f.* statement, claim
affettivo emotional
l'**affetto** affection
affettuoso affectionate
affiancare to add; to place side by side
affidare to entrust; **dare in affido** to entrust
l'**affiliazione** *f.* affiliation
affinare to perfect
affittare to rent (*apartments, houses*)
affliggere (*p.p.* **afflitto**) to afflict
l'**affluenza** affluence
affollare to crowd
affollato crowded
affrontare to face
africano African
l'**agente** *m.* agent; l'**agente di scorta** secret service
l'**agenzia** agency
l'**aggettivo** adjective

aggiungere (*p.p.* **aggiunto**) to add
l'**aggravio** increase
agiato wealthy
l'**agio** ease
agire to act
agonistico athletic
l'**agosto** August
agricolo agricultural
l'**agricoltura** agriculture
aiutare to help
l'**aiuto** help
l'**ala** wing; **ala sinistra/destra** left/right wing (*soccer*)
albanese *adj.* Albanian
l'**albergo** (*pl.* **gli alberghi**) hotel
l'**alcolico** (*pl.* **gli alcolici**) alcoholic drink
alcuno some
aleatorio aleatory, contingent
algerino Algerian
alimentare *adj.* food
l'**alimentazione** *f.* nutrition, diet
gli alimenti foods
l'**allarme** *m.* alarm
allenarsi to train
l'**allenatore** coach, trainer
l'**allergia** allergy
allettante attractive
l'**allievo** student
l'**alloggio** (*pl.* **gli alloggi**) lodging

allontonare to remove
allora so; then
allungare to hand out
almeno at least
alpino alpine
alterato altered
l'alternativa alternative
alterno alternate
l'altezza height
alto tall; high
altrimenti otherwise
altro other; **un altro** another
altrove elsewhere
l'altruismo altruism
l'alunno / l'alunna pupil
alzarsi to get up
gli amanti lovers
amare to love
amaro bitter
amato beloved
l'ambasciata embassy
ambientale environmental
l'ambientalista environmentalist
ambientato set, located
l'ambiente environment; atmosphere; set (*movie*)
l'ambito area (*subject*)
l'ambizione *f.* ambition
americano *adj.* American
amichevole favorable
l'amicizia friendship
l'amico / l'amica (*pl.* **gli amici / le amiche**) friend
l'ammanco shortage
ammettere (*p.p.* **ammesso**) to admit, allow; to accept
amministrativo administrative
l'amministratore director
l'ammirazione admiration
l'amore *m.* love
ampio vast, large
l'analfabeta illiterate person
l'analisi *m.* analysis
analizzare to analyze
l'ananas *m.* pineapple
anche also
***andare** to go; ***andare** + a + (*inf.*) to go (*to do something*); ***andare d'accordo** to get along; ***andare da** (*name of a person*) to go to (*person's*) house; ***andare da** (+ *name of professional*) to go to (*professional's office / place of business*); ***andare di moda** to be in style; ***andare in bicicletta** to go by bicycle; ***andare in fumo** to fail; ***andare in giro** to go around; ***andare in pensione** to retire; ***andare in vacanza** to go on vacation; ***andare via** to go away; ***andarci quattro gatti** to be few participating or attending persons; ***andare a caccia** to go hunting

l'anima soul
animato animated; **i cartoni animati** cartoons
l'anniversario (*pl.* **gli anniversari**) anniversary
l'anno year
annoiarsi to get bored
annulato annuled
l'annuncio (*pl.* **gli annunci**) announcement; ad; notice
anomalo anomalous
l'antefatto antecedent fact
l'antenna antenna
antico (*pl.* **antichi**) ancient, old
anticipare to anticipate
l'antinquinamento antismog
l'antipasto antipasto; appetizer
l'antismog antismog
anzi *adv.* on the contrary; rather; even
l'anziano / l'anziana elderly man/woman
anziano old, elderly
anziché *conj.* rather than
aperto open
apocrifo apocryphal
l'apparenza appearance
***apparire** (*p.p.* **apparso**) to appear
l'appartamento apartment
appartenente belonging to
l'appartenenza (*sense of*) belonging
appassionarsi to inspire with passion
appassionato passionate
l'appello call; **mancare all'appello** to not be available; to miss roll call
appena as soon as; just
appendere (*p.p.* **appeso**) to hang
applicare to apply
gli applicativi programs (*computer*)
appoggiarsi to lean on
apportare to make, to bring
appostarsi to lie in ambush
l'apprendimento learning
apprezzare to appreciate
approfondire to deepen
approvare to approve of
l'approvazione approval
appunto *adv.* precisely, exactly
l'aprile April
aprire (*p.p.* **aperto**) to open
gli arabi Arabs
arabo Arab, Arabic
l'arabo Arabic (*language*)
arbitrario arbitrary
l'arbitro referee, umpire
l'area zone
l'argomento topic
l'aria air
l'armadio (*pl.* **gli armadi**) armoire; wardrobe
armonioso harmonious

arrabbiato angry
arrampicarsi to climb up
l'arredamento furniture
arredare to furnish
l'arredo décor
arrendersi to surrender
arrendevole easy-going
arretrato backward
***arrivare** to arrive
arrivederLA (*form.*) good-bye
l'arrivo arrival
l'arte *f.* art
l'articolo article
l'artigiano artisan
l'artista *m./f.* artist
artistico artistic
ascoltare to listen to
l'asilo refuge; **l'asilo nido** nursery school, daycare, kindergarten
aspettare to wait for
l'aspettativa expectation
l'aspetto appearance; look; aspect
l'aspirazione *f.* aspiration
assaggiare to taste
l'assalto assault; **prendere d'assalto** to take by storm
assegnato assigned
l'assegno check
assente absent
l'assessore *m.* magistrate
assieme *adv.* together
l'assistente *m./f.* assistant
l'assistenza assistance
assistere to attend
associare to associate
l'associazione *f.* association
assolutamente absolutely
assoluto absolute
assomigliare to look alike
assorbire to absorb
assumere to assume
l'assunzione *f.* hiring
atletico (*pl.* **atletici**) athletic
l'atmosfera atmosphere
atmosferico atmospheric
le atrocità atrocities
attaccare to attach
l'attacco attack
l'atteggiamento attitude
attentamente carefully
attento careful; ***stare attento** Look out!
l'attenzione *f.* attention; **fare attenzione a** to pay attention to
l'atterraggio landing (*of aircraft*)
attribuire to attribute
attingere (*p.p.* **attinto**) to obtain, to derive
attirare to attract
l'attività activity
attivo active
l'atto act; **prendere atto** to notice
l'attore / l'attrice *m./f.* actor
attorno around; **guardarsi attorno** to look around

attraente *adj.* attractive
attrarre (*p.p.* **attratto**) to draw, to attract
attraversare to cross
attraverso through; across; by way of
l'attrazione *f.* attraction
attribuire to attribute
l'attualità current event; topic
l'attuazione *f.* fulfillment
augurare to wish
l'augurio (*pl.* **gli auguri**) wish
l'aula classroom
aumentare to increase
l'aumento increase
autarchico independent
autentico authentic
l'autista *m./f.* driver
l'autoaccusa confession
l'autobus *m.* bus
l'autogrill *m.* highway restaurant
l'automobile, l'auto (*pl.* **le auto**) *f.* car; **l'auto blindata** armored car
l'automobilista *m./f.* motorist
automobilistico *adj.* of cars
l'autonomia autonomy
autonomo autonomous, independent
l'autore / l'autrice *m./f.* author
autorevole authoritative
autoriale authorial
autoritario authoritarian
l'autostrada highway
avanti before; ahead; **portare avanti** to get ahead; ***essere un passo avanti** to be a step forward
avanzare to advance
avere (*p.p.* **avuto**) to have; **avercela con qualcuno** to hold a grudge against someone, to be angry with someone; **avere... anni** to be . . . years old; **avere bisogno di...** to need; **avere caldo** to be hot; **avere mal di testa** to have a headache; **avere una fame da lupi** to be very hungry
***avvenire** (*p.p.* **avvenuto**) to happen
l'avvenire *m.* future
l'avventura adventure
l'avversario adversary
avviare to start
avvicinare to near, move closer
avvincente charming
avvisato warned
l'avvocato *m./f.* lawyer
l'azienda business, firm
l'azione *f.* action

B

il bacio (*pl.* **i baci**) kiss
badare to take care of
bagnare to water

il **bagno** bathroom
ballare to dance
il **bambino** / la **bambina** child, little girl; **da bambino** as a child
banale banal
banalizzare to trivialize
il **banco** desk; counter
la **banconota** bill (*banknote*)
la **bandiera** flag
il **bar** bar; café
il/la **barista** bartender; café worker
basare to base
la **base** base; basis; **in base a** according to, based on
basso short, low
*****bastare** to be enough
la **battaglia** battle
battere to beat; to fight
la **battuta** witty remark
beato blessed; **Beato lui!** Good for him! Lucky him!
beh well, um; **va beh = va bene = okay**
la **bellezza** beauty
bello beautiful; good, nice (*thing*)
benché even though
bene, ben *adv.* well, fine
beneficiare to benefit
beneficio beneficial
il **benessere** *m. inv.* well-being
benestante *adj.* well off
il/la **benestante** *m.* well-off man/woman
bengalese *adj.* Bengalese
i **beni** *pl.* goods, commodities
il **benzene** benzene
la **benzina** gasoline
bere (*p.p.* **bevuto**) to drink
il **bersaglio** target
la **bevanda** drink
bianco (*m. pl.* **bianchi**) white
la **bibita** soft drink
il **bicchiere** glass
la **bicicletta** bicycle; la **bici** (*pl.* le **bici**) bike; *****andare in bicicletta** to go by bicycle
bidonare to cheat; **fare il bidone** to cheat
il **bidone** trash bin
la **biga** chariot
il **biglietto** ticket; card (*greeting card, written note*)
il **bilico** balance; **in bilico** unstable balance
il **bimbo** / la **bimba** young child, toddler
la **biografia** biography
biondo blond
il **bipede** biped
la **birra** beer
*****bisognare (che)** to be necessary (that)
il **bisogno** need; **avere bisogno di** to need
blindato armored; l'**auto blindata** armored car

bloccare to block, to freeze (*prices*)
il **blocco** blockade
blu *inv.* blue
il **bollettino** bulletin
bollire to boil
la **bomba** bomb
bordo: a bordo on board
borghese *adj.* middle class
la **borsa** purse; bag
il **boscaiolo** woodcutter
il **bosco** wood, forest
la **bottiglia** bottle
il **braccio** (*pl.* le **braccia**) arm
il **brano** excerpt
il **branzino** sea bass (*fish*)
brasiliano Brasilian
bravo good, capable
breve brief, short
brevemente briefly
il **brevetto** license; patent
brillo tipsy
brutto ugly
il **buco** hole
buffo funny
la **bugia** lie
buono good; **buon giorno** good morning, good day
burocratico bureaucratic
la **burocrazia** bureaucracy
la **burrata di Andria** a fresh Italian cheese from Andria, made from mozzarella and cream
il **bus** (l'**autobus**) *m.* bus
il **buttafuori** *inv.* bouncer
buttare via to throw away

C

cacciare via to chase away
*****cadere** to fall
la **caducità** frailty
il **caffè** coffee
calarsi to fit; to fall
il **calcio** soccer; **giocare a calcio** to play soccer; la **partita di calcio** soccer game; **un calcio di rigore** penalty kick
calcistico *adj.* of soccer
caldo hot; **avere caldo** to be hot; **fare caldo** to be hot (*weather*)
il **calendario** calendar
calmare to calm
il **calore** eagerness
le **calorie** calories
la **calzatura** footwear
il **calzolaio** shoemaker
il **camaleonte** chameleon
il **cambiamento** change
++**cambiare** to change; **in cambio** instead
la **camera** room; il **compagno** / la **compagna di camera** roommate
il **cameriere** / la **cameriera** waiter/waitress
la **camicia** (*pl.* le **camicie**) shirt
il **camionista** truckdriver

camminare to walk
la **campagna** country; campaign
il **campionato** championship
il **campione** champion
il **campo** field
il **cancro** cancer
il **candidato** / la **candidata** candidate
il **canestro** basket (*sports*)
il/la **cantante** singer
cantare to sing
la **cantina** basement
la **canzone** song
il **caos** chaos
capace capable
la **capacità** skill, ability
il **capannone** industrial building
la **caparra** deposit
i **capelli** hair
capire (isc) to understand
la **capitale** capital
capite: il reddito pro capite per capita income
il **capitolo** chapter
il **capolavoro** masterpiece
la **capriola** somersault
le **caramelle** *pl.* candy
il **carattere** *m.* personality
la **caratteristica** (*pl.* le **caratteristiche**) characteristic
caratterizzare to characterize
il **carciofo** artichoke
il **carico** cargo; burden
la **carne** meat
caro dear; expensive
la **carriera** career
la **carrozza** carriage
la **carrozzina** baby carriage
la **carta** paper; card; la **carta di credito** credit card
i **cartoni animati** cartoons
la **casa** house
la **casalinga** housewife
i **casalinghi** *pl.* home appliances
casalingo *adj.* homemade
le **cascate** waterfalls
il **casino** mess; **esserci casini** to make a mess; **fare casino** to make noise
il **caso** case; **farci caso** to notice; **per caso** by chance
casomai if by chance
il **Castelmagno** an Italian blue cheese from Piedmont
casuale casual
la **categoria** category
la **categorizzazione** classification
la **catena** chain
la **cattedra** chair (*professorial*)
cattivo bad
a causa di because of
la **causa** cause
causare to cause
il **cavaliere** knight
cavarsi to get oneself out

cedere to give in
celare to hide
celebrare to celebrate; to honor
la **celebrazione** celebration
la **cena** dinner; il **Cenacolo** The Last Supper
il **centesimo** hundredth
il **centimetro** centimeter
centinaia di hundreds of
cento hundred; **per cento** percent
centrale central
il/la **centralinista** telephone operator
la **centralità** centrality
il **centro** town center; i **centri urbani** cities; **in centro** downtown
cercare to look for; **cercare di** (+ *inf.*) to try to (*do something*); **cercare lavoro** to look for work
la **cerimonia** ceremony
certamente certainly
la **certezza** certainty
certo certain; **Certo!** Of course!, Certainly!
la **chiacchiera** chit-chat
chiamare to call; **chiamarsi** to call oneself, to be named
chiaro clear
chiedere (*p.p.* **chiesto**) to ask; **chiedere di** (+ *inf.*) to ask to (*do something*)
il **chilo** kilo
il **chilometro** kilometer
chiocciare to cackle
la **chirurgia** surgery
il **chirurgo** surgeon
chissà who knows
chiudere (*p.p.* **chiuso**) to close
la **chiusura** closing
ciao hi; bye
ciarliero talkative
ciascuno each, every
il **cibo** food; il **cibo spazzatura** junk food
cieco (*pl.* **ciechi**) blind; **cieco come una talpa** blind as a mole
il **cielo** sky
Cinecittà Italy's equivalent of Hollywood
il **cinema** (*pl.* i **cinema**) movie theater; film (*industry*)
la **cinematografia** cinematography
cinematografico *adj.* pertaining to films
il **cinematografo** movie theater
cinese *adj.* Chinese
cinquanta fifty
cinque five
cinquemila five thousand
il **cioccolatino** chocolate
cioè that is
circa about, approximately

circolare to circulate
la circolazione traffic
il circolo circle; club; region
circondato surrounded
il circuito zone
citare to cite, to quote
la citazione quotation
la città city
il cittadino / la cittadina city dweller; citizen
civico civic
civile civil
la classe class; group (*of students*)
i classici the Classics
la classifica classification; classified ad
cliccare to click
il/la cliente client; customer
climatico climatic
la coda line
il codice code
il coetaneo person of the same age
cogliere (*p.p.* **colto**) to catch
la coincidenza coincidence
coincidere (*p.p.* **coinciso**) to coincide
coinvolgente engaging
coinvolgere (*p.p.* **coinvolto**) to involve
coinvolto involved
la collaborazione collaboration
il/la collega colleague
collegare to link, to connect
collettivo collective
collezionare to collect
la collezione collection
il collo neck
il colloquio (*pl.* **i colloqui**) interview
la colonna column
colorato colored
il colore color
la colpa fault; guilt; **Di chi è la colpa?** Whose fault is it?
colpevole culpable
colpire to strike; to impress
il colpo hit, blow
colto educated; caught
combattuto defeated
combinare to match, to arrange
la combinazione match
comico (*m. pl.* **comici**) comic, funny
††cominciare to begin; **††cominciare a** (+ *inf.*) to start to (*do something*)
la commedia comedy
commentare to comment on, explain
il commento remark, criticism
commerciale *adj.* commercial, trade; **il centro commerciale** large shopping center
commercializzato marketed
il/la commerciante shopkeeper

il commercio (*pl.* **i commerci**) commerce; business; **l'economia e commercio** business administration
commesso committed
il commesso / la commessa store clerk
il commissariato police station
commissionato commissioned
commuoversi (*p.p.* **commosso**) to be touched
comodamente comfortably
comodo comfortable
il compaesano countryman
il compagno / la compagna di classe classmate; **il compagno / la compagna di camera** roommate
comparare to compare
le comparse extras (*movie*)
compensare to compensate; **in compenso** to make up for it
comperare to buy
le compere purchases; **fare delle compere** to go shopping
competente competent
competitivo competitive
la competizione competition
il compito task
la complessità complexity
complessivo total
complesso complex
completamente completely
completare to complete
completo complete
complicato complicated, complex
complice *adj.* like an accomplice
comporre (*p.p.* **composto**) to compose
comportamentale behavioral
il comportamento behavior; conduct
comportarsi to behave
composto di composed of, made up of
comprare to buy
comprendere (*p.p.* **compreso**) to include; to comprise
la comprensione comprehension
comprovato supported
il computer computer
comunale *adj.* city, community
comune common; normal; **in comune** in common
il comune city; local goverment
comunicare to communicate
comunicativo communicative
la comunicazione communication
la comunità community
comunque however; anyway
concedere (*p.p.* **concesso**) to permit; **concedere di** + *inf.* to be allowed, to be permitted (*to do something*)

concentrare to concentrate
concentrarsi to ponder
la conceria tannery
concernare to concern
il concetto concept
la conclusione end, ending
concomitante concurrent
concordare to agree
concorrente concurrent, competing
la concorrenza competition
concreto concrete, tangible
condannare to condemn
condividere (*p.p.* **condiviso**) to share
condizionare to condition
la condizione condition
condotto conducted, led
condurre to lead
la conferenza conference
la conferma confirmation
confermare to confirm
confessare to confess
il confine border
il conflitto conflict
confondere to confuse, to mix
confrontare to confront
il confronto: mettere a confronto to compare
la confusione confusion
confuso confused
congestionato congested
la congiunzione conjugation
congratularsi to congratulate; **Congratulazioni!** Congratulations!
il congresso meeting, conference
congressuale *adj.* pertaining to conferences, meetings
coniato coined
coniugale conjugal
il connazionale countryman
la conoscenza knowledge
conoscere (*p.p.* **conosciuto**) to know (*a person or place*); to meet (*in the past tense*); to be familiar with a person, place, or thing
conquistare to attain, to achieve
consegnare to confer
la conseguenza conclusion, result; **di conseguenza** as a result
conseguire to earn
il consenso agreement, consensus
consentire to allow
considerare to consider
considerato considered
consigliare to recommend
il consiglio (*pl.* **i consigli**) suggestion
consistere to consist
consolare to console
il consolato Consulate
il consulente consultant
consultare to consult

consumare to consume
il consumo consumption, use
contare to count
contattare to contact
il contatto contact
il conte count
contemporaneo *adj.* contemporary
contenere to contain
il contenitore container
contento happy
il contenuto content
contestare to contest
il contesto context
contestuale contextual
il continente continent
††continuare to continue; **††continuare a** (+ *inf.*) to continue to (*do something*); to keep on (*doing something*)
il conto bill; count; **fare i conti** to count on; **rendersi conto** to realize
contraddittorio contradictory
contrapposto *adj.* opposed
contrario (*m. pl.* **contrari**) *adj.* opposite
il contrario (*pl.* **i contrari**) opposite
contrastante *adj.* opposing, contrasting
il contributo contribution
contro against
controllare to control
il controllore di volo air traffic controller
controverso controversial
i convenevoli *m. pl.* compliments
conveniente convenient
la conversazione conversation
convincere (*p.p.* **convinto**) to convince
la convivenza co-habitation
il convoglio convoy, train
il coordinamento coordination
coordinare to coordinate
il coperto cover charge
la copia copy
il copione script
la coppia couple, pair
il coraggio courage
coraggioso courageous, brave
corde: mostrare le corde to show its limitations
il corollario corollary
il corpo body
correggere (*p.p.* **corretto**) to correct
la correlazione correlation
††correre (*p.p.* **corso**) to run
corretto correct
il/la corrispondente correspondent (*journalist*)
corrispondere (*p.p.* **corrisposto**) to correspond
la corsa race
di corsa hastily

il corso course (*of study*)
in corso current, taking place
il corteo march, protest
il cortometraggio, il corto short movie
cosa what
la cosa thing
cosciente *adj.* aware
la coscienza consciousness
così so
cosidetto so-called
la costa coast
costante constant, firm
***costare** to cost
il costo cost
costringere (*p.p.* **costretto**) to force
costruire (isc) to construct
la costruzione construction
il costume costume; habit; custom
il cotone cotton
cotto cooked
la cravatta tie
creare to create
creativo creative
credere to believe; to think
il credito credit; **la carta di credito** credit card
††**crescere** (*p.p.* **cresciuto**) to grow; to increase
la crescita growth, increase; **in crescita** growing, on the rise
la crisi (*pl.* **le crisi**) crisis
la critica criticism
il critico critic, reviewer
la croce cross
cronico (*m. pl.* **cronici**) chronic
il cronometro chronometer
crudele cruel
il cucciolo puppy
la cucina kitchen; cuisine, cooking; **la cucina italiana** Italian cuisine
cucinare to cook
il cugino / la cugina cousin
cui whom; which
culinario culinary
il culto obsession
la cultura culture
culturale cultural
il cuoco / la cuoca (*pl.* **i cuochi / le cuoche**) cook; chef
il cuore heart
la cura treatment, care; cure
curare to take care of
curarsi to take care of oneself
il curatore / la curatrice curator
curiosare to snoop
la curiosità curiosity
curioso curious
il curriculum résumé
il/la custode custodian

D

danneggiare to damage
il danno damage
dannoso damaging
dappertutto everywhere

dare to give; **dare fastidio** to bother
la data date
i dati data, facts
davanti a in front of
davvero really
il debito debt
debole weak
il debutto debut
il decennio decade
decente decent
decidere (*p.p.* **deciso**) to decide; **decidere di** (+ *inf.*) to decide to (*do something*)
la decimazione decimation
decisamente firmly
la decisione decision; **prendere una decisione** to make a decision
declino: in declino in decline
decollare to take-off (*airplane*)
il decollo take-off
decorato decorated
decretare to decree
dedicare to dedicate; **dedicarsi (a)** to dedicate oneself (to)
dedito addicted to
la dedizione giving in
definire (isc) to define
la definizione definition
degenerare to degenerate
delicato delicate
delineare to delineate
il delinquente criminal
il delirio intoxication
la delocalizzazione delocalization
deluso disillusioned
il denaro money
il denominatore denominator
il dente tooth
il/la dentista dentist
dentro inside
la denuncia (*pl.* **le denunce**) denunciation
la denutrizione malnutrition
il depliant brochure
deportato deported
depresso depressed
***derivare** to derive
i derivativi derivatives
la deroga partial repeal
derubare to rob
descritto described
descrivere (*p.p.* **descritto**) to describe
la descrizione description
deserto deserted
desiderare to desire; to wish
il desiderio (*pl.* **i desideri**) desire; wish
destinato destined
la destinazione destination
destra right (*direction*)
determinare to determine
la determinazione determination
a detta loro according to them
dettagliato detailed

il dettaglio (*pl.* **i dettagli**) detail
devastare to devastate
devastante devastating
il diabete diabetes
il dialogo (*pl.* **i dialoghi**) dialogue
il dibattito debate
dichiarare to declare; **dichiararsi** to declare oneself
le dichiarazioni statements
diciannove nineteen
didattico didactic
dieci ten
dietetico dietetic
dietro behind
difendere (*p.p.* **difeso**) to defend
il difensore defender
la difesa defense
il difetto defect
la differenza difference
differenziare to differentiate
difficile difficult
la difficoltà difficulty
la diffidenza suspicion, mistrust
diffondersi (*p.p.* **diffuso**) to spread
la diffusione diffusion
diffuso widespread
dignitoso dignified
dilagante rampant
dileguarsi to disappear
il dilemma dilemma
dimagrire (isc) to lose weight
dimenticare to forget; **dimenticare di** (+ *inf.*) to forget to (*do something*)
dimezzare to cut in half
†**diminuire (isc)** to reduce, to decrease; to lessen
la diminuzione reduction
dimostrare to demonstrate
il dinosauro dinosaur
il dio (*pl.* **gli dei**) god
dipendente dependent
***dipendere da** to depend on
il diploma diploma, certificate
dire (*p.p.* **detto**) to say; to tell
direttamente directly
diretto direct
il direttore / la direttrice director, manager
la direzione management
il/la dirigente executive, manager
dirigere (*p.p.* **diretto**) to manage, to run
i diritti rights (*legal*)
il dirupo steep place
disabile disabled
il disagio hardship
la disapprovazione disapproval
la disattenzione carelessness
il discapito detriment, loss
la disciplina discipline
disco: freni a disco disk brakes

discolparsi to prove someone's innocence
il discorso discourse; speech, conference paper
la discoteca (*pl.* **le discoteche**) discotheque
discreto reasonable
discriminare to discriminate, distinguish
la discriminazione discrimination
la discussione discussion
discutere (*p.p.* **discusso**) to discuss
il disegno design; drawing
disertare to desert
disgustato disgusted
disinteressarsi to lose interest
disoccupato *adj.* unemployed
il disoccupato unemployed man
disorientato disoriented
disperare: far disperare to drive crazy
***dispiacere** (*p.p.* **dispiaciuto**) to be sorry
disponibile available
la disponibilità availability
disporre (*p.p.* **disposto**) to dispose; to arrange
disposizione: a disposizione available
disposto willing
il disprezzo disdain
dissestato disarranged, dangerous
la distanza distance
distinguere (*p.p.* **distinto**) to distinguish
distintivo distinctive
distinto distinct
distratto distracted
il distretto district; **il distretto dei divertimenti** amusement park, theme park
distribuire (isc) to distribute; to hand out
distruggere (*p.p.* **distrutto**) to destroy
disturbato bothered, disturbed
il dito (*pl.* **le dita**) finger
la ditta company
il divano couch
il divario gap
***diventare** to become
diversamente differently
diverso different
divertente fun
il divertimento fun; good time
divertirsi to have fun
dividere, dividersi (*p.p.* **diviso**) to divide; to split up
divieto: al divieto di circolare no cars, traffic
divisa: in divisa in uniform
diviso divided
divorare to devour
divorziare to divorce

divorziato divorced

il divorzio (*pl.* i divorzi) divorce

il dizionario dictionary

la doccia shower; fare la doccia to take a shower

il/la docente university professor; il corpo docente faculty

il documentario (*pl.* i documentari) documentary

documentato documented

dodici twelve

dolce sweet

il dolce dessert

i dolciumi sweets

il dollaro dollar

il dolore pain; ache

doloroso painful

doloso criminal

la domanda question

domandare (a) to ask (*someone*)

domani tomorrow

domenica Sunday

domestico (*m. pl.* domestici) domestic

dominare to dominate

la donna woman

il dono gift

il doping taking drugs

dopo after

il dopoguerra *m.* post-war

dopotutto after all

doppio (*m. pl.* doppi) double

dormire to sleep

il dormitorio dormitory

il dottore / la dottoressa doctor / professor

dove where

dovere to have to, must; to be supposed to (*in the imperfect*)

dovunque everywhere

drammatico (*m. pl.* drammatici) dramatic

la droga drugs

il drogato / la drogata drug addict

il dubbio (*pl.* i dubbi) doubt; non c'è dubbio there's no doubt

dubitare (che) to doubt (that)

due two

duecento two hundred

il duello duel

duemila two thousand

dunque then; so

il duomo cathedral

durante during

*durare to last

la durata duration

duro hard; harsh

il duro / la dura tough person

E

l'ebbrezza drunkenness, enthusiasm

ecc. (eccetera) etcetera

eccellente excellent

l'eccellenza excellence

eccessivo excessive

l'eccesso excess

eccezionale exceptional

l'eccezione *f.* exception

ecco here is, here are; here it is, here they are

eccome yes, indeed, sure

eclettico eclectic

l'eclettismo eclecticism

ecologico (*m. pl.* ecologici) ecological

ecologista *adj.* ecological

l'economia economy, economics; l'economia e commercio business administration

economico (*m. pl.* economici) economic

l'economista *m/f.* economist

l'edicola newsstand

l'edicolante *m/f.* newspaper seller

edile *adj.* pertaining to building, construction

l'edizione *f.* edition

educare to educate; to train

educativo educational

l'educatore *m./f.* educator

l'educazione *f.* education

effettivo effective

l'effetto effect

effettuare to effect

efficace effective

l'efficacia efficacy

l'effigie *f.* picture

egiziano Eygyptian

egoista selfish

ehi! hey

elegante elegant

eleggere to elect

elementare elementary; la scuola elementare / le elementari elementary school

l'elemento element; item

elencare to list

l'elenco (*pl.* gli elenchi) list

elettorale electoral

l'elettricista electrician

elettrico (*m. pl.* elettrici) electrical

l'elettrodomestico electric appliance

elettronico electronic

elevato elevated, high

le elezioni elections

eliminare to eliminate

emanare to emanate

l'emergenza emergency

emergere (*p.p.* emerso) to emerge

*emigrare to emigrate

l'emigrato / l'emigrata emigrant; refugee; exile (*person*)

l'emigrazione *f.* emigration

l'emissione *f.* emission

emotivo emotional

emozionato exciting, thrilling

l'emozione *f.* emotion

energetico related to giving energy (*to a system*)

l'energia energy; l'energia nucleare nuclear energy

energico energetic, strong

enfatico bombastic

enorme enormous, huge; tremendous

entrambi both

*entrare to enter

entro within, by (*a certain time*)

l'entusiasmo enthusiasm; *essere entusiasta (*pl.* entusiasti) to be excited

l'episodio episode

ergonomico ergonomic

l'eroe *m.* hero

l'errore *m.* error, mistake

erto steep

esagerare to exaggerate

esaltarsi to get excited

l'esame *m.* exam, test

esaminare to examine

esasperato exasperated

esattamente exactly

esaurito sold out

esclamare to exclaim

escludere (*p.p.* escluso) to exclude

l'esclusività exclusiveness

esclusivo exclusive

eseguire to carry out; to perform

l'esempio (*pl.* gli esempi) example

esemplare *adj.* exemplary

l'esemplare *m.* copy

l'esenzione *f.* exemption

l'esercizio exercise

esigente demanding

l'esigenza demand, need

esigere to demand

esistente existing

l'esistenza existence

*esistere (*p.p.* esistito) to exist

esitare to hesitate

l'esitazione *f.* hesitation

espandersi (*p.p.* espanso) to spread

l'espansione *f.* expansion

l'espatrio expatriation

l'esperienza experience

esperto *adj.* expert

l'esperto / l'esperta expert

esploso exploded

esportare to export

espositivo expository

esposto *adj.* displayed

l'espressione *f.* expression

esprimere (*p.p.* espresso) to express

essenziale essential

*esserci casini to make a mess

*esserci quattro gatti to be few participating or attending persons

*essere (*p.p.* stato) to be; *essere un passo avanti to be a step forward; *essere un'impresa to be very difficult

l'est east

l'estate *f.* summer; d'estate in the summer

estendere (*p.p.* esteso) to extend

esterno external

estero *adj.* abroad; all'estero abroad

estetico (*m. pl.* estetici) aesthetic

estivo *adj.* summer

estrapolare to extrapolate

l'estrazione *f.* background

estremo extreme

esuberante exuberant

eterosessuale heterosexual

l'etnia ethnicity

l'euforia euphoria

l'euro euro (currency of the European Union)

l'Europa Europe

europeo European

l'evento event

l'evidenza: mettere in evidenza to emphasize

evitare to avoid

evocativo evocative

l'evoluzione *f.* evolution

extraurbano *adj.* outside the city

F

la fabbrica (*pl.* le fabbriche) factory

fabbricato made

la faccia (*pl.* le facce) face

facile easy

la facoltà department (*college*)

facoltoso wealthy

i fagioli beans

il falegname carpenter

fallito failed

falso false

la fame hunger; avere fame to be hungry; avere una fame da lupi to be very hungry

la famiglia family

famigliare *adj.* family

familiare *adj.* familiar; family

famoso famous

il fanatismo bigotry

il fanciullo child

la fantasia imagination

il fantasma (*pl.* i fantasmi) ghosts

fantastico (*m. pl.* fantastici) imaginary

fare (*p.p.* fatto) to do; to make; fare attenzione a to pay attention to; fare caldo to be hot (*weather*); fare casino to make noise; fare delle compere to go shopping; fare i conti take account of; fare la doccia to take a shower; fare una foto to take a photo; fare il pieno (di benzina) to fill up; fare la spesa to go grocery

shopping; **farcela** to make it; **farci caso** to notice; to pay attention; **farsi largo** to make one's way through the crowd; **farsi notare** to be visible
la farfalla butterfly
la fascia social class
il fascino fascination
il fascismo fascism
fascista *adj.* fascist
il/la fascista *n.* fascist
faticoso tiring
il fatto fact
il fattore factor
la fattura bill, invoice
a favore di in favor of
favorito favorite
fazioso turbulent
il febbraio February
la febbre fever
la fecondità fertility
la fede faith
fedele faithful
felice happy
la felicità happiness
femminile feminine, female
femminista feminist
il fenomeno phenomenon
fermamente resolutely
fermarsi to stop oneself (*from moving*); **fermarsi a** (+ *inf.*) to stop to (*do something*)
il fermo stop
ferroviario train; **la carrozza ferroviaria** car of a train
la festa party; holiday
fianco: di fianco beside
il fiato breath; **togliere il fiato** to take one's breath away; to amaze; **tirare il fiato** to breath
il fidanzato / la fidanzata fiancé/fiancée
fiero proud
il figlio / la figlia (*pl.* **i figli / le figlie**) son / daughter
la figura image
la fila line
il filetto fillet
il film film, movie
il filmato film clip; short film
il filmino short film
il filo thread; wire
fin, fino (a) until, even
finalmente finally
il finanziamento financing
finanziare to finance
finanziario (*m. pl.* **finanziari**) financial
finché until
la fine end, ending
finire (isc) to finish, to end; **finire di** (+ *inf.*) to finish (*doing something*)
fino in fondo thoroughly
il finocchio fennel
finora till now
la finzione fiction

fiorentino *adj.* Florentine
la firma signature
firmare to sign
fisico (*m. pl.* **fisici**) physical
il fisico body, physical appearance
fisicamente physically
fisso fixed
fitto close
il fiume river
flessibile flexible
la flessibilità flexibility
il flusso influx
la folla crowd
fomentato excited
fondamentale fundamental
fondare to found
la fondazione establishment
i fondi funds
fondo: in fondo after all
la forma form
formale formal
formare to form, to create
la formazione formation; training
formidabile formidable
formulare to formulate
fornire (isc) to provide
il forno oven; **il forno a microonde** microwave oven
forse maybe; perhaps
forte strong
la fortuna fortune; luck; **Buona fortuna!** Good luck!; **per fortuna** luckily
fortunato lucky; fortunate
la forza force
la fotografia photograph; **la foto** photo; photography; **fare una foto** to take a photo
fra between
fragile fragile
franca: farla franca to get off scot-free
francese *adj.* French
la frase sentence; phrase
il fratello brother
freddo cold
fregare to cheat someone
il freno brake; **i freni a disco** disk brakes
frequentare to attend
frequente frequent
frequentemente frequently
fresco (*m. pl.* **freschi**) fresh
la fretta hurry; haste; **in fretta** in a hurry
friggere (*p.p.* **fritto**) to fry
il frigorifero refrigerator
frizzante sparkling
di fronte a facing
la frontiera border
il fruitore user
frustrante frustrating
la frutta fruit
la fuga escape; **mettere in fuga** to force someone to leave

fumare to smoke
il fumatore / la fumatrice smoker
funzionare to work, to function
la funzione function
fuori out; outside
fuoricampo off-screen
fuorviante *adj.* misleading
furioso violent, angry
il furto theft
futuro *adj.* future
il futuro future

G

la galleria gallery (*architecture*); arcade
la gamba leg
i gamberi shrimp
la gara competition
garantire to guarantee
la garanzia guarantee
gareggiare to compete
il gas gas
gassato sparkling
la gastronomia the art of cooking
gastronomico gastronomic
il gatto cat; *andarci (esserci) quattro gatti** to be few participating or attending persons
gay *adj.* gay
i gay *n.* gay persons
geloso jealous
generale *adj.* general
in generale in a general way
generalmente generally
generare to generate
la generazione generation
il genere kind, type
generico (*m. pl.* **generici**) generic
generoso generous
geniale original, clever
il genitore parent; **i genitori** parents
il gennaio January
genovese *adj.* of Genoa (*city*)
la gente people
gentile kind
genuino genuine
la geografia geography
geografico (*m. pl.* **geografici**) geographic
il germoglio sprout, bud
la gestione management
gestire (isc) to run; to handle
gettare to throw
già already
i giacimenti oil reserves
giallo yellow
il giallo detective story
giapponese *adj.* Japanese
il giardino garden
la ginnastica exercise
il ginocchio (*pl.* **i ginocchi / le ginocchia**) knee
giocare to play (*game, sport*)
il/la giocatore player

il giocattolo toy
il gioco (*pl.* **i giochi**) game
la gioia joy
il giornale newspaper
il giornalismo journalism
il/la giornalista journalist
giornalistico journalistic
la giornata day, the whole day
il giorno day
giovane young
il/la giovane youth; young person
la giovinezza youth
la giraffa giraffe
girare to turn; to film
il giro tour; trip; *andare in giro** to go around; **in giro** around
il giubotto winter jacket
giudicare to judge
il/la giudice judge
il giudizio (*pl.* **i giudizi**) judgment
giustamente properly
giustificare to justify
giusto right, correct
globale global
la globalizzazione globalization
la gloria glory
la goccia drop
godere to enjoy; **godersi** to enjoy; to enjoy onself
goffo clumsy
il gol goal (*sports*)
il golf golf
goloso gluttonous; to have a sweet tooth
la gomma tire
gonfio: a gonfie vele successfully
governare to govern
il/la governatore governor
il governo government
il grado degree; *essere in grado di** to be in a position to
il grafico chart
grande big, great
la grandezza largeness; **a grandezza di** size
il granello grain
il grano grain
grasso fat
la gratificazione gratification
gratis free (*of charge*)
gratuito free (*of charge*)
grave serious
grazie thank you, thanks
la grida shout
gridare to shout
grosso big
il gruppo group
guadagnare to earn money
guardare to look at; to watch
guardarsi attorno to look around
la guardia guard
la guerra war; **la seconda guerra mondiale** Second World War (WWII)

la guida drive
guidare to drive
guidato guided; la visita guidata guided tour
il guidatore / la guidatrice driver
gustarsi to enjoy
il gusto taste

H
l'hamburger *m.* hamburger

I
l'idea idea
ideale ideal, perfect
idealistico idealistic
identificare to identify
l'identikit *m.* profile
l'identità identity
l'ideologia ideology
idiomatico idiomatic
l'idolo idol
l'idraulico (*pl.* gli idraulici) plumber
l'idrovolante *m.* hydroplane
ieri yesterday
igienico (*m. pl.* igienici) hygienic, sanitary
ignorante ignorant
ignorare to ignore
illegale illegal
illegalmente illegally
illudersi (*p.p.* illuso) to deceive oneself
l'illuminazione *f.* lighting
imbarazzante embarassing
imbecile idiotic
imitare to imitate
l'imitazione *f.* imitation
immaginare to imagine
l'immaginazione *f.* imagination
l'immagine *f.* image
immediatamente immediately
immediato immediate
immenso immense
immettere (*p.p.* immesso) to bring
l'immigrante *m./f.* immigrant
*immigrare to immigrate
l'immigrato / l'immigrata immigrant
l'immigrazione *f.* immigration
imparare to learn; imparare a (+ *inf.*) to learn to (*do something*)
l'impatto impact
impedire to impede
impegnato busy
l'impegno commitment
imperscrutabile inscrutable
l'impianto installation, system
impiegato *adj.* employed
l'impiegato / l'impiegata employee, office worker
l'impiego job
impietoso merciless

imponente imposing
importante important
l'importanza importance
importare to matter
impossessarsi to possess, take possession of
impossibile impossible
impostato formulated
l'imprenditore *m.* businessman
impreparato unprepared
l'impresa business; *essere un'impresa to be very difficult
impressionare to make an impression on; to impress
l'impressione *f.* impression
imprevedibile unforeseeable, unexpected
improvvisamente suddenly
improvviso sudden
inaccettabile unacceptable
inaspettato unexpected
incaricare to entrust; to commission
l'incarico task
l'incendio fire
incessantamente non-stop
inchiodare to nail; to rivet
l'incidente *m.* accident
incitare to urge
includere (*p.p.* incluso) to include
incollato placed on the shoulders
incolto uneducated
inconcepibile uncomprehensible
inconfondibilmente unlikely to confuse (*with something else*)
incontenibile excessive
incontrare to meet; to meet with; to run into; incontrarsi to meet (*each other*)
l'incontro meeting
incoraggiante encouraging
incoraggiare to encourage
incredulo stupified
incrociare to cross
l'incrocio intersection
incrollabile *adj.* firm
l'incubo nightmare
incuriosire (isc) to intrigue
l'indagine *f.* survey, poll
indicato indicated
l'indicatore *m.* indicator
indietro behind
indipendente independent
indirizzare to address
l'indirizzo address
l'indissolubilità indissolubility
individuale individual
l'individuo individual
indosso *adv.* on one's person
indotto *adj.* induced
indurre (*p.p.* indotto) to persuade; to tempt
l'industria industry

industriale industrial
l'inerzia inertia
inespugnabile impregnable
inevitabile inevitable
infantile *adj.* infantile
l'infanzia childhood
infatti in fact
l'infermiere / l'infermiera *m./f.* nurse
infine finally
l'infinità infinity
l'infinito infinitive
influenzare to influence
influire (isc) to affect
in fondo all things considered, at heart
informale informal
informare to inform
l'informatica computer science
informatico *adj.* computer
informativo informative
l'informazione *f.* information; un'informazione piece of information
infrangere (*p.p.* infranto) to break
l'infrastruttura infrastructure
infuriarsi to get mad
ingaggiare to engage in battle
l'ingegnere *m./f.* engineer
inginocchiarsi to kneel
l'ingiustizia injustice
inglese *adj.* English
ingombrante bulky
*ingrassare to gain weight
l'ingrediente *m.* ingredient
l'ingresso entrance; admittance
iniziale initial
inizialmente initially
††iniziare to begin
l'iniziativa initiative
l'inizio (*pl.* gli inizi) beginning
innamorarsi to fall in love
innamorato *adj.* in love
innanzitutto first of all
innovativo innovative
inoltre besides
l'inquinamento pollution
inquinante *adj.* polluting
inquinare to pollute
l'insalata salad
l'insegnante *m./f.* teacher
insegnare to teach; insegnare a (+ *inf.*) to teach to (*do something*)
l'inserimento insertion; addition
inserire (isc) to insert
insidiare to trap
insieme together
insinuare to insinuate
insistere (*p.p.* insistito) to insist
insomma well . . .
insospettabile *adj.* not open to suspicion

insostituibile irreplaceable
l'instabilità instability
insufficiente insufficient
insultare to insult
intanto first of all
integrale integral
integrare to integrate
l'integrazione *f.* integration
intellettuale intellectual
intelligente intelligent
l'intelligenza intelligence
l'intemperanza intemperance
intensamente intensely
interamente entirely
interessarsi to interest
interattivo interactive
interessante interesting
interessato a interested in
l'interesse *m.* interest
l'interferenza interference, meddling
internazionale international
interno internal
intero entire
interpretare to interpret; to act
l'interrogativo interrogative
interrompere (*p.p.* interrotto) to interrupt
intervenire to intervene
l'intervista interview
intervistare to interview
intesa: (le) occhiate d'intesa meaning (knowing) looks
l'intestazione *f.* title
intimo intimate
intitolare to entitle; to title
intollerabile intolerable
intorno a around
intraprendere to begin
introdurre (*p.p.* introdotto) to introduce
l'introito profit
inusuale unusual
invece instead; on the other hand
inventare to invent
l'invenzione *f.* invention
invernale *adj.* winter
l'inverno winter; d'inverno in the winter, during the winter; in inverno in the winter
l'investigatore *m.* investigator
inviare to send
l'invidia envy
inviolato *adj.* not violated
invisibile invisible
invitare to invite
involgere (*p.p.* involto) to involve
ironico ironic
irraggiungibile unattainable
irragionevole absurd
irregolare irregular
gli irriducibili *pl.* the rebels
iscriversi to enroll
l'isolamento solitude
isolato isolated
ispirato inspired
ispiratore inspiring

l'ispirazione *f.* inspiration
l'istituto institute
l'istruzione *f.* education
italiano *adj.* Italian
l'italiano / l'italiana Italian (*person*)
l'itinerario (*pl.* gli itinerari) itinerary

L

il laboratorio laboratory
le lacrime tears
il lacrimogeno tear-gas
lamentarsi to complain
il lamento complaint
la lampada lamp
lampante obvious
la lana wool
lanciare to throw; lanciare l'allarme to sound the alarm
largo (*m. pl.* larghi) wide, broad
lasciare to leave; lasciare alle spalle to leave behind
lassista *adj.* permissive
il lastrico pavement
il lato side
il latte milk
la latteria store selling dairy products
la lattina can
la laudatio *f.* acceptance speech
la laurea degree (*college*)
laurearsi to graduate (*college*)
il lavandino sink
lavare to wash
lavorare to work
lavorativo *adj.* work
il lavoratore / la lavoratrice worker
la lavorazione workmanship
il lavoro job; work
legale legal
legalmente legally
Legambiente Italian environmentalist group
legato linked, connected
la legge law
leggere (*p.p.* letto) to read
la leggerezza frivolity
leggero light
legittimato legitimated
il legname wood
lento slow
le lesioni injuries
leso *adj.* injured
il lessico (*pl.* i lessici) vocabulary
la lettera letter; le lettere letters, humanities
letterario (*m. pl.* letterari) literary
la letteratura literature
il lettore / la lettrice reader
la lettura reading
la leva lever
la lezione lesson, individual class period

liberare to liberate, free
libero free; available
la libertà liberty
il libraio bookseller
la libreria bookstore
il libro book
il liceo high school
lieto happy
limitare to restrict
il limite limit, cap
la linea line
la lingua language
la lira lira (*former Italian currency*)
la lista list
la lite fight
litigare to argue
il livello level
locale local
il locale place
la località place
localizzato located, found
la locandina blurb
logicamente logically
logico (*m. pl.* logici) logical
lontano far, distant
losco (*pl.* loschi) sinister
la lotta fight
lottare to fight
la luce light
il luglio July
lungo (*m. pl.* lunghi) long
il lungometraggio feature-length movie
il luogo (*pl.* i luoghi) place
il lupo solitario loner
il lusso luxury; di lusso luxury, deluxe

M

la macchina car; machine
la macelleria butcher shop
la madre mother
il maestro / la maestra elementary / middle school teacher
magari maybe
il maggio May
la maggioranza majority
maggiore *adj.* older; greater, larger
il magistrato magistrate
la maglia shirt
la maglietta t-shirt
magnetico magnetic
magnifico magnificent
magno great
i magrebini people from Magreb
magro thin
mai ever, never; non... mai never
maiuscolo *adj.* capital letter
mal: mal di testa headache
malato ill, sick
la malattia illness, disease
male *adv.* badly
il malicomio asylum
la malinconia melancholy, depression

malinconico depressed
maleducato ill-mannered
il malvivente criminal
la mamma mom
mancante lacking, missing
la mancanza lack
mancare to not have; to be missing; mancare all'appello to not be available, to miss roll call
mandare to send; mandare giù to swallow
mangiare to eat
il mangione big eater
la maniera way
manifatturiero *adj.* manufacturing
manifestare to manifest; to protest, march
la manifestazione manifestation; protest, march
la mano (*pl.* le mani) hand
la manodopera skilled labor
mantenere to maintain
il marcatore scorer (*sports*)
il marchio brandname
il mare sea
il marito husband
marocchino *adj.* Moroccan
marrone brown
marziale martial
il marzo March
maschile *adj.* male, masculine
maschio *adj.* male, masculine
il maschio (*pl.* i maschi) male
la massa mass; di massa *adj.* mass
massacrante hard
massimo maximum
masticare to chew
la materia matter
il materiale material
materno *adj.* maternal
il matrimonio (*pl.* i matrimoni) marriage
matrimoniale marital
la mattina morning
il mattino morning
maturare to mature
il meccanico mechanic
mediamente on average
mediatico *adj.* media, TV
la medicina medicine
medievale medieval
medio (*m. pl.* medi) average; middle; medium
mediterraneo Mediterranean; la dieta mediterranea Mediterranean diet
meglio *adv.* better
il meglio the best, the best thing
la melanzana eggplant
melodrammatico melodrammatic
il membro member
la memoria memory
meno less, fewer; minus; meno che meno even less

menefreghista *adj.* couldn't care less
il/la menefreghista (a person who) couldn't care less
la mensa cafeteria
mentale mental
la mentalità mentality
la mente mind
mentire to tell a lie
mentre while
menzionare to mention
la meraviglia wonder
il mercato market
meritare to merit, earn
il merito merit, honor
mescolare to mix
il mese month
messicano *adj.* Mexican
la messinscena staging
il mestiere trade; occupation
la meta aim, purpose
la metà half
la metafora metaphor
il metallo metal
il metodo method
il metro meter
la metropoli big city
la metropolitana, la metro subway
mettere (*p.p.* messo) to put; mettere a confronto to compare; mettere in evidenza to emphasize; mettere in fuga to force someone to leave
mezzo *adj.* half; mezz'ora half an hour
il mezzo means; middle; tools; money; public transportation; in mezzo a among, in the midst of
mezzogiorno noon
mica not at all
la microonda microwave; il forno a microonde microwave oven
migliorare to improve
migliore *adj.* better; migliore di better than; il/la migliore best
milanese *adj.* of Milan
il miliardo billion
il milione million
militante militant
il militare soldier
mille (*pl.* mila) one thousand
il millennio (*pl.* i millenni) millennium
la minaccia (*pl.* le minacce) threat
minacciare to threaten
il/la minatore miner
il minimalismo minimalism
minimalista minimalist
minimo smallest, least; non ne ho la minima idea I don't have the slightest idea
il ministro *m./f.* minister
la minoranza minority
minore *adj.* younger
minuto *adj.* minute

il **minuto** minute
il **miracolo** miracle
mirare to aim
miserevole miserable
la **miseria** poverty
il **missile** rocket
la **missione** mission
il **mistero** mystery
la **misura** measure
misurare to measure
il **misuratore** gauge, meter
il **mito** myth
la **mitologia** mythology
mobile *adj.* mobile
il **mobile** *pl.* furniture
la **mobilità** mobility
la **moda** fashion; style; **alla moda / di moda** fashionable, in style; ***andare di moda** to be in style
il **modello / la modella** model
moderato moderated
il **moderatore** moderator
modernizzare to modernize
moderno modern
il **modo** way; **in modo che** in a way that, so that
il **modulo** form
la **moglie** wife
mollare to give up
moltiplicare to multiply
la **moltitudine** multitude; the masses
molto *adj.* many, a lot of; *adv.* very; a lot, frequently
il **momento** moment
la **monaca** nun
mondiale global, worldwide; **la seconda guerra mondiale** Second World War (WWII)
il **mondo** world
le **monete** coins, money
il **monitoraggio** monitoring
monitorare to monitor
il **monopolio** monoply
il **montaggio** montage (*movie*)
la **montagna** mountain
la **montatura** frame (*eyeglass*)
il **monumento** monument
morbido soft
morboso *adj.* unhealthy
***morire** (*p.p.* **morto**) to die
la **morte** death
morto dead
la **moschea** mosque
la **mostra** exhibit, exhibition
mostrare to show
la **motivazione** motivation
il **motivo** reason
la **motocicletta** motorcycle; la **moto** motorcycle
il **motore** motor
il **motorino** moped
movimentato busy
il **movimento** movement
la **muffa** mold
la **multa** ticket
multare to fine with a ticket
muoversi to move

il **muratore** mason
il **muro** wall
muscoloso muscular
museale *adj.* of a museum
il **museo** museum
la **musica** music
il/la **musicista** musician
il **mutamento** change
le **mutande** underwear; pants, shorts

N

narrativo narrative
***nascere** (*p.p.* **nato**) to be born
la **nascita** birth
nascondere (*p.p.* **nascosto**) to hide
il **Natale** Christmas
la **natura** nature
naturale natural
naturalmente naturally
il/la **naturopata** naturopathic doctor
navale *adj.* ship, naval
la **nave** ship
navigare to navigate
nazionale national
la **nazione** nation
nazista *adj.* Nazi
neanche not even
la **nebbia** fog
necessario (*m. pl.* **necessari**) necessary
negare to deny
negativo negative
il **negozio** (*pl.* **i negozi**) store, shop
il **nembo** cloud
il **nemico / la nemica** (*pl.* **i nemici / le nemiche**) enemy
nemmeno not even
neppure not even
nero black
nessuno, non… nessuno no one, nobody
il **nido** nest; **l'asilo nido** nursery school, daycare, kindergarten
niente nothing; **(non…) niente** nothing
il/la **nipote** grandchild, grandson/granddaughter; nephew/niece
il **nipotino / la nipotina** little nephew/niece; little grandson/granddaughter
la **noia** boredom
noioso boring
noleggiare to rent (*bikes, cars, videos*)
il **nome** noun; name
i **nonni** grandparents
il **nonno / la nonna** grandfather/grandmother
nonostante despite
a **nord** in the north
il **nord** north
il **nordest** northeast
normale normal

normalmente normally
la **norma** norm, rule
la **nostalgia** nostalgia
la **nota** remark
notare to note
notevole notable, noteworthy
la **notizia** piece of news
noto *adj.* well-known, obvious
novanta ninety
il **Novecento** the 1900s
la **novità** novelty
nucleare nuclear **l'energia nucleare** nuclear energy
il **nucleo: il nucleo famigliare** nuclear family
nudo nude
nulla *n. adv.* nothing
il **numero** number; issue; **il maggior numero di** the majority of
numeroso numerous
nuovo new
il/la **nutrizionista** nutritionist
la **nuvola** cloud

O

obbligare to require, force
l'**obbligo** obligation
l'**obiettivo** objective, goal, target
l'**occasione** *f.* occasion; **in occasione di** on the occasion of
gli **occhiali** eyeglasses; **gli occhiali da sole** sunglasses
l'**occhiata** look; **(le) occhiate d'intesa** meaning (knowing) looks
l'**occhio** (*pl.* **gli occhi**) eye
occidentale western
l'**occidente** *m.* west
occupare to take up (*time*)
occuparsi to concern oneself
occupato occupied; employed; busy
l'**occupazione** *f.* employment; occupation; business
l'**oceano** ocean
odiare to hate
l'**odio** hate
l'**odore** *m.* smell
offendersi (*p.p.* **offeso**) to take offense
l'**offerta** sale, bargain, discount; offer
l'**offesa** affront
offrire (*p.p.* **offerto**) to offer
l'**oggetto** object
oggi today
ogni *inv.* each, every
ognuno each one; everyone
olimpico Olympic
l'**oliva** olive
oltre besides, in addition to, as well as
l'**ombrellone** *m.* beach umbrella
l'**omofobia** homophobia
l'**omofobo** homophobe
omosessuale homosexual

l'**omosessualità** homosexuality
l'**onda** wave; **in onda** on TV
l'**ondata** wave, surge
onestà honesty
onesto honest
l'**onnipotenza** omnipotence
onorato honored
l'**onorificenza** *m.* honor, distinction, medal
l'**opera** opera; work (*artistic*)
operaio *adj.* blue-collar
l'**operaio** (*pl.* **gli operai**) blue collar worker
operare to operate, perform
l'**operazione** *f.* operation
l'**operetta** musical comedy
l'**opinione** *f.* opinion
opporsi (*p.p.* **opposto**) to oppose
l'**opportunità** *f.* opportunity, occasion, chance
l'**opposto** opposite
oppure or
ora now
l'**ora** hour; time
oralmente orally
orario hourly
l'**orario** (*pl.* **gli orari**) schedule
ordinare to order
l'**ordine** *m.* order
l'**orecchino** earring
l'**oreficeria** jewelry shop
organizzare to organize
organizzativo organizing
l'**organizzazione** organization, club
orientale eastern
originale original
originario (di) native (of)
l'**origine** *f.* origin
ormai by now
ornare to make beautiful
orrendo horrible
ospedaliere *adj.* hospital
ospitare to host
l'**ospite** *m./f.* guest
osservare to observe
l'**osservazione** *f.* observation
l'**ossessione** *f.* obsession
l'**ostacolo** obstacle
l'**osteria** pub
ostile hostile
l'**ostinatezza** stubbornness
ottanta eighty
ottenere to obtain, get
ottimista optimist
ottimo best, excellent, perfect
otto eight
ottocentesco of the 1800s
l'**Ottocento** the 1800s
ottuso obtuse, slow-witted
ovviamente obviously
ovvio (*m. pl.* **ovvi**) obvious

P

la **pace** peace
pacifico peaceful, tranquil
Pacs (Patto Civile di Solidarietà) civil union

pacsato married in a civil union, with all the rights of a married couple
il padre father
il paese town; land, country
paesaggistico natural, scenic
il pagamento payment
pagante paying
pagare to pay
la pagina page
il palazzo building; apartment building
la palestra gym
la pallacanestro basketball
pallino: avere il pallino to be fixated with something
il pallone soccer ball
la panchina bench
la pancia belly
il panino sandwich
i panni clothes; role
il papà father
il/la paracadutista parachuter
il paradosso paradox
paragonare to compare
parallelo parallel
parcheggiare to park
il parcheggio (*pl.* **i parcheggi**) parking; parking space
il parco (*pl.* **i parchi**) park
parecchio (*m. pl.* **parecchi**) quite a lot of
il/la parente relative
la parentesi parenthesis; **tra parentesi** in parentheses
i parenti relatives
*parere (*p.p.* **parso**) **(che)** to seem (that)
il parere opinion
la parete wall
pari equal; **al pari di** equal to
la parificazione balance, balancing
il Parlamento Parliament
parlare to talk; to speak
la parola word; **rivolgere la parola** to address somebody
la parte part; role
partecipare a to participate in, to take part in
la partenza departure
particolare particular; **in particolare** in particular
particolarmente particularly
*partire to leave; to depart
la partita game, match
parzialmente partially
il passaggio passage
il passamontagna balaclava helmet
il passaparola word of mouth
passare to spend (time); to pass
il passatempo hobby
il passato past
il passeggero passenger
passeggiare to walk, stroll
passionale impassioned
la passione passion

il passo (foot)step; pace; ***essere un passo avanti** to be a step forward
il pasticcere / la pasticcera pastry chef
il pasto meal
la patata potato
paterno paternal
il patito enthusiast
la patria homeland
il patrimonio patrimony
patriottico patriotic
patteggiare to agree
il patto pact; agreement
la paura fear; **avere paura di** to be afraid of
pazzo crazy
la pedagogia pedagogy
pedagogico pedagogical
il/la pedagogista educator
il/la pediatra pediatrician
pedinare to follow, trail
peggio *adv.* worse
peggiore *adj.* worse
la pelle leather
la pellicola film
il pelo hair
penalizzato penalized
penitenziario prison
pensare to think
il pentito repentant criminal / collaborator
la pera pear
la percentuale percentage
perché why; because; so that
perciò therefore
il percorso route
perdere (*p.p.* **perso** or **perduto**) to lose
perfetto perfect
perfino even
il pericolo danger
pericolosamente dangerously
pericoloso dangerous
la periferia periphery; outskirts
il periodo period
permanente permanent
il permesso permit; **il permesso di soggiorno** residency permit
permettere (*p.p.* **permesso**) to allow; **permettersi** to allow oneself
però but
perquisire to search
perseverare to persevere
la persona person
il personaggio (*pl.* **i personaggi**) character
personale personal
personalmente personally
pesante heavy
pesare (*p.p.* **peso**) to weigh, burden, oppress
il pesce fish
la pescheria fish shop
il peso weight; importance
peso weighty

pessimo very bad, worst
la peste plague
le pestilenze plagues, contagions
il petardo fire-cracker
il petrolio oil (*petroleum*)
il pezzo piece
*piacere (*p.p.* **piaciuto**) to like
il piacere pleasure
il pianeta planet
il piano plan; piano; floor (*of a building*)
la pianta city map
piantare to set up
il piatto plate, dish
a picco vertically
piccolo small, little; **da piccolo/a** as a child
il piede foot; **a piedi** on foot
piegare to befall
pieno full
il pilastro pillar
la pinacoteca (*pl.* **le pinacoteche**) art gallery
la pioggia (*pl.* **le piogge**) rain
†piovere to rain
la piramide pyramid
la piscina swimming pool
i piselli peas
la pista racetrack
più *adv.* more; **di più** more
piuttosto rather, somewhat
il pizzaiolo pizza-maker
plastico plastic
po', poco (*m. pl.* **pochi**) *adj.* few, not much; *adj.* not very; *adv.* little, rarely; **un po' di** a bit of
la poesia poetry; poem
il poeta / la poetessa poet
poetico (*m. pl.* **poetici**) poetic
poi then
poiché since
polare polar
la polemica controversy
la politica politics
politicamente politically
politico (*m. pl.* **politici**) political
il politico (*pl.* **i politici**) politician
la polizia police
il poliziotto / la poliziotta police officer
la polvere dust
il pomeriggio (*pl.* **i pomeriggi**) afternoon
il pomodoro tomato
il pompiere fireman
popolare popular
la popolarità popularity
la popolazione population
il popolo people
la porta door
portare to bring; to carry; to wear; **portare avanti** to get ahead with plans
il portiere goalkeeper
positivo positive

la posizione position
posizionato placed
possedere to possess
possibile possible
la possibilità possibility
la posta place, entry
postale postal; **l'ufficio postale** post office
la postazione place, location
postindustriale postindustrial
il postino / la postina mail-carrier
il posto place; position (*employment*); **il posto di lavoro** job
potenziale potential
potenziare to strengthen; to develop
††potere to be able, can, may; **potere** (+ *inf.*) to be able to (*do something*)
il potere power
le poverette unfortunate women
i poveri the poor
povero poor
la povertà poverty
pranzare to eat lunch
il pranzo lunch
praticare to practice
precedente previous
precedere to precede
precipitarsi to rush
preciso precise
precluso blocked, obstructed
prediletto favorite
la preferenza preference
preferire (isc) to prefer
preferito favorite
pregare to pray
il pregio quality
il pregiudizio prejudice
la premessa premise, previous statement
il premio (*pl.* **i premi**) prize
prendere (*p.p.* **preso**) to take; to have (*food or drink*); **prendere atto** to notice; **prendere d'assalto** to take by storm; **prendere una decisione** to make a decision
prenotare to reserve
preoccuparsi (di) to be preoccupied with
preparare to prepare
il preparativo preparation
la preparazione preparation
prepotentemente overbearingly
prescolare *adj.* preschool
presentare to present; to introduce
la presentazione presentation
presente present
la presenza presence
il/la presidente *m./f.* president
la pressione pressure
presso near
pressoché almost, nearly
prestigioso prestigious

presto adv. early, soon
la pretesa demand
il pretesto pretext
prevalente chief, main
prevalenza: in prevalenza mostly
prevedere (*p.p.* **previsto** or **preveduto**) to predict
la previsione forecast
prezioso precious
il prezzo price
la prigione prison
prima before; first
il primato supremacy
la primavera spring; **in primavera** in the spring
primaverile spring-like
primo first; **il primo (piatto)** first course
principale main, principal
principalmente mainly
il principio principle
la priorità priority
prioritario adj. priority
privato private
il privileggio privilege
probabilmente probably
il problema (*pl.* **i problemi**) problem; question
la problematica issue
problematico problematic
il processo process
il prodotto product
produrre (*p.p.* **prodotto**) to produce
produttivo productive
il produttore producer, maker
la produzione production
professionale professional
professionalistico professional
la professione profession
il/la professionista professional
il professore / la professoressa professor
il profilo profile
la profondità depth, penetration
progettare to plan
il/la progettista designer
il progetto project; **i progetti** plans
il programma program; **i programmi** plans
proibire to prohibit
proibito prohibited
la proiezione screening
promettente promising
promettere (*p.p.* **promesso**) (**di** + *inf.*) to promise (*to do something*)
la promozione promotion
promuovere (*p.p.* **promosso**) to promote
il pronome pronoun
pronosticare to predict
pronto ready; **il piatto pronto** prepared meal
pronunciare to pronounce
la propensione inclination

proporre (*p.p.* **proposto**) to propose, suggest
a proposito di with regard to
la proposta proposition
il proprietario owner
proprio adv. really
proprio (*m. pl.* **propri**) adj. one's own
la prosa prose
proseguire to continue
prospettarsi to appear, to come to
la prospettiva perspective
prossimo next
il/la protagonista protagonist
proteggere (*p.p.* **protetto**) to protect
la protesta protest
protestare to protest
la protezione protection
il prototipo prototype
la prova proof
provare to try
proveniente (da) originating (from), coming (from)
la provenienza place of origin
*****provenire** to originate (from), to come (from)
la providenza providence
la provincia (*pl.* **le province**) province
provinciale provincial, rustic
il provvedimento provision
provvisorio temporary
lo/la psicanalista psychoanalyst
la psiche psyche
lo/la psichiatra psychiatrist
la psichiatria psychiatry
la psicologia psychology
lo psicologo / la psicologa (*pl.* **gli psicologi / le psicologhe**) psychologist
la pubblicità ad
pubblico (*m. pl.* **pubblici**) public; **i mezzi pubblici** public transportation
il pubblico audience, public
pubblicizzato advertized
la pulizia cleaning
pullulare to swarm
puntare to count on
il punto point; period **il punto di vista** point of view
puntuale punctual
pure *conj.* even, somehow; by all means (*with imperatives*)
puro adj. pure
purtroppo unfortunately
puzzare di bruciato to be fishy

Q

qua here
quadrare to fit
il quadro picture, painting
qualche some; **qualche volta** sometimes
qualcosa something; **qualcosa da** + *inf.* something to + *inf.*

qualcuno someone
quale which; **qual è** what is
la qualità quality
qualsiasi any
qualunque whatever, every, either
quando when; **fino a quando** until
la quantità quantity
quanto how much; how many
il quartiere district
il quarto one quarter
quasi almost
quattordici fourteen
quattro four
quattrocento four hundred
quello that; **quello che** what; that which
la questione question; issue
questo this
la questura police station
qui here
quindi therefore
il quintale quintal (*one hundred kilos*)
quinto fifth
la quota fee; amount, level
quotidiano adj. daily, everyday

R

raccogliere (*p.p.* **raccolto**) to gather
raccomandare to recommend
raccontare to tell
la radice root
il radiello a device that measures the amount of benzene in the air
radio adj. inv. radio
la radio (*pl.* **le radio**) radio
radunare to gather, assemble
il ragazzino / la ragazzina little boy/girl, kid; cute little boy/girl
il ragazzo / la ragazza boy/girl, guy/girl; boyfriend/girlfriend
raggiungere (*p.p.* **raggiunto**) to reach
il raggiungimento achievement
ragionare to reason
la ragione reason; **avere ragione** to be right
la ragioneria accounting
il rango rank
la rapina robbery
il rapporto relationship
rappresentare to represent; to perform (*play, opera, etc.*)
raro rare
il razzismo racism
il/la razzista racist
il razzo rocket
reagire (isc) to react
reale real
realistico (*m. pl.* **realistici**) realistic

realizzare to realize; to carry out, bring about
la realizzazione realization
realmente guiltily
la realtà reality; **in realtà** really, actually
la reazione reaction
la recensione review
recente recent
di recente recently
recentemente recently
recintare to fence
recitare to act, perform
la recitazione acting
il reddito income, revenue
reduce adj. returning
il regalo gift
reggere (*p.p.* **retto**) to rule, endure
la regia direction (*movie*)
il regime regime
regionale regional
la regione region
il/la regista director (*movie*)
registrare to record
il regno kingdom
la regola rule
regolare adj. regular
regolarizzare to make permanent
regolarmente regularly
la regressione regression
relativamente relatively
relativo respective
la relazione report
la religione religion
religioso religious
remoto remote
rendere (*p.p.* **reso**) to make; to render, to restore; **rendersi conto di** to realize
repentaglio: mettere a repentaglio to risk
la repetizione repetition
i requisiti requirements
residente adj. resident
resistere to resist
il resoconto report
respirare to breath
il respiro breath
la responsabilità responsibility
restante remaining
*****restare** to stay; to remain
il resto rest, remainder
la rete net
il rettore president of a university
ribadire (isc) to confirm
ribellare to rebel
la ribellione rebellion
ricalcare to imitate; to follow
il ricatto blackmail
il ricavo profits, proceeds
ricco (*m. pl.* **ricchi**) rich
la ricerca (*pl.* **le ricerche**) research
la ricetta prescription; recipe
ricevere to receive
richiamare to remind

di richiamo appealing
richiedere (*p.p.* richiesto) to
require
il riciclo recycle, recycling
ricomporre to reassemble
riconducibile referable
la riconoscenza gratitude
riconoscere (*p.p.* riconosciuto)
to recognize
riconoscibile recognizable
la riconoscibilità recognition
riconquistare to regain
ricordare to remember; to
remind; ricordare di (+ *inf.*)
to remember to (*do*
something)
ricorrere (*p.p.* ricorso) to
resort to
ricostruire (isc) to rebuild
ricreativo recreative
ridere (*p.p.* riso) to laugh
ridurre (*p.p.* ridotto) to reduce
la riduzione reduction
riempire to fill (in)
il rientro return
rifare (*p.p.* rifatto) to re-do
riferire (isc) to report;
to refer to
rifiutare to refuse, reject
il rifiuto refusal; i rifiuti
garbage
la riflessione reflection,
thought
riflettere (*p.p.* riflesso) to
reflect, consider
rigido rigid; hard
rigore: un calcio di rigore
penalty kick
riguardare to be concerned
with
riguardo a considering
rileggere (*p.p.* riletto) to re-read
il rilevamento surveying
rilevante important
la rilevanza relevance,
importance
rilevare to detect
rilevarsi to stand up again,
rise
rilievo: dare il rilievo to
emphasize; mettere in
rilievo to give priority to
*rimanere (*p.p.* rimasto) to
stay; to remain; *rimanere
al verde to be broke
il rimescolamento remixing,
stirring
rimettere (*p.p.* rimesso) to
restore
il rimpianto regret
rimuovere (*p.p.* rimosso) to
remove; to overcome
rinchiuso locked up
rinomato reknown
rintracciare to find out; to
trace
la rinuncia (*pl.* le rinunce)
renunciation
rinunciare a to give up

al riparo di beyond
*ripartire to leave
ripetere to repeat
ripido steep
riportare to report
riprendere (*p.p.* ripreso) to
resume
la ripresa recovery
*risalire (a) to date back (to)
il riscaldimento heat
rischiare to risk
il rischio (*pl.* i rischi) risk
riscrivere (*p.p.* riscritto) to
rewrite
la riserva reserve
*risiedere to reside
risoluto determined
risolvere (*p.p.* risolto) to
resolve
la risorsa resource
il risotto rice dish
risparmiare to save (*money*)
il risparmio savings
rispettare to respect; to follow
(*rules*)
rispettivamente respectively
rispetto a compared to,
respective to
il rispetto respect
rispondere (*p.p.* risposto) to
answer
la risposta answer
il ristorante restaurant
la ristorazione restoration
ristrutturare to restructure
il risultato result
ritagliarsi to model oneself
ritardato delayed
ritirarsi to withdraw
il rito rite, habit
*ritornare to return
il ritornello refrain
il ritratto portrait
il ritrovo hangout
riunire (isc) to get together
*riuscire to succeed; *riuscire
a (+ *inf.*) to succeed in
(*doing something*); to be able
(*to do something*)
il rivale rival
rivalutare re-evaluate
rivedere to see again
rivelare to reveal
riversare to pour
la rivista magazine
rivolgere (*p.p.* rivolto) la
parola to address somebody
rivolgersi (*p.p.* rivolto) to
address
rivoluzionario revolutionary
la roba stuff
robusto strong
romano *adj.* Roman
il romanzo novel
rompere (*p.p.* rotto) to break
rosa *inv.* pink
rosso red
rotolare to roll
la rottura break, rupture

il rovescio reverse; disaster
rovinare to ruin
rubare to rob, steal
il rubinetto fawcett
le rubriche columns
(*newspaper*)
rude *adj.* rough, tough
il rumore noise
il ruolo role
la ruota wheel
a ruota following
russo *adj.* Russian
rustico rustic

S

sabato Saturday; on Saturday;
il sabato every Saturday
la sabbia sand
saccheggiare to pack away
il sacco (*pl.* i sacchi) bag; un
sacco a whole lot
il sacrificio sacrifice
il sagrato church-square
la sala hall; theater
il salario salary
il saldo sale
il sale salt
[11]salire to climb
il salotto living room
saltare to skip (*something*)
il salto leap
saltuario irregular
saltuariamente by fits and
starts
salutare to greet; salutarsi to
greet (*each other*)
la salute health
il salutismo health
consciousness
il saluto greeting
salvare to save
il sangue blood
la sanità health
sanitario (*m. pl.* sanitari) *adj.*
healthy
sapere to know (*a fact*); to find
out (*in the past tense*); sapere
+ *inf.* to know how to do
something
il sapore taste
sazio full
sbagliare to miss
sballato stoned
sbarcare to land
scadente declining
*scadere to decrease, decline;
to expire
lo scaffale bookcase
la scala stair
scaldare to heat
la scaloppa scallop
lo scalpo scalp
scambiare to exchange
scandalistico scandalous,
shocking
lo scandalo scandal
scandoloso scandalous
*scappare to run away
scaricare to download

i gas di scarico exhaust
le scarpe shoes
la scarpetta child's shoe; dress
shoe
lo scarpone boot, heavy boot
scarso scarce
scartare to unwrap
la scatola box
di scatto suddenly
scegliere (*p.p.* scelto) to
choose
la scelta choice
scempiato destroyed
la scena scene
*scendere (*p.p.* sceso) to
decrease; to descend
lo sceneggiatore / la sceneg-
giatrice screenwriter
la sceneggiatura screenplay
la scenografia cinemato-
graphy
lo scettico skeptic
lo scettismo skepticism
schematico schematic
lo schermo screen (*movie*)
schierato lined up
schietto genuine
schifoso gross
schivo coy
lo schizzo sketch
lo sci (*pl.* gli sci) ski
sciare to ski
scientifico (*m. pl.* scientifici)
scientific
la scienza science; le scienze
della comunicazione Com-
munications (*subject matter*)
lo scienziato / la scienziata
scientist
sciocco (*m. pl.* sciocchi) foolish
sciogliere to melt, dissolve
scivolare to slip, slide
la scogliera cliff
scolastico (*m. pl.* scolastici)
adj. school
scommettere (*p.p.* scom-
messo) to bet
scomodo uncomfortable
la scomparsa disappearance
scomposto disordered
la sconfitta defeat
lo sconosciuto stranger
sconosciuto unknown
scontato on sale; obvious
scontrarsi to clash
lo scontro encounter, battle
sconvolto disturbed, troubled
lo scooter motorscooter
la scoperta discovery
lo scopo purpose; goal
lo scoppiato junkie
scoprire (*p.p.* scoperto) to
discover
la scorciatoia shortcut
scorgere to perceive, notice
*scorrere to flow; to go by
scorso last
scorta: l'agente di scorta
secret service

scortare to escort
scortese rude
scritto written
lo scrittore / la scrittrice writer
la scrittura writing
la scrivania desk
scrivere (p.p. scritto) to write
la scuola school
scuro dark
la scurrilità lewdness
il secolo century
secondo second; la seconda guerra mondiale Second World War (WWII)
secondo prep. according to
il secreto secret
la sede location
sedentario (m. pl. sedentari) sedentary
sedere to sit; sedersi to sit
segnaletico identifying
segnare to mark
il segno sign
il segretario / la segretaria (pl. i segretari / le segretarie) secretary, assistant
seguente following
seguire to follow
il Seicento the 1600s
selettivo selective
*sembrare to seem
semplice simple
semplicemente simply
semplificare to simplify
sempre always
il senato senate
senegalese adj. of Senegal
sensibile sensitive
il senso way
il sentiero path
sentimentale sentimental
il sentimento feeling
la sentinella guard
sentire to hear, to listen; to smell; sentirsi to feel; sentirsi in vena to feel like doing something
senza without
separarsi to separate
la separazione separation
sequestrare to sequester
la sera evening
serbo adj. Serbian
la serie series
la serietà seriousness
serio (m. pl. seri) serious
servire to serve; to help; to be useful, to be of use; to need
il servizio (pl. i servizi) service charge; service; i servizi service industry
sessuale sexual
sesto sixth
la seta silk
sette seven
il settembre September
la settimana week; il fine settimana weekend

settimanale weekly
il settore sector
severo severe, harsh
sfavorevole unfavorable
la sferza whip; scourge
la sfida challenge
sfizioso fancy
lo sfoggio display
lo sfogo venting; dare sfogo a to give free play to
sfondato ruined
lo sformatino timbale
la sfortuna bad luck
lo sforzo effort
sfruttare to exploit
lo sguardo look
siccome since
sicuramente certainly
la sicurezza certainty
sicuro safe; sure
la sigaretta cigarette
significare to mean
il significato meaning
il signore / la signora gentleman/lady; sir/madam, ma'am; Mr./Mrs., Ms.
silenzioso quiet
simbolico (m. pl. simbolici) symbol
il simbolo symbol
la similarità similarity
simile similar
la similitudine similarity
simpatico (m. pl. simpatici) nice, likeable
sincero sincere, honest
il sindaco mayor
singolo single
la sinistra left (direction); a sinistra on the right; di sinistra on the left
sino a up to
il sinonimo synonym
la sintonia syntony
il sistema system
la sistemazione arrangement
il sito site
la situazione situation
smettere (p.p. smesso) (di + inf.) to quit (doing something), to stop (doing something)
lo smog smog
smontare to undo, dismantle; to finish a shift
snello slim
il sobbalzo jolt
il sobborgo suburb
soccorrere (p.p. soccorso) to help, assist
sociale social
socializzare to socialize
la società society
il sociologo / la sociologa (pl. i sociologi / le sociologhe) sociologist
soddisfacente satisfying
soddisfare to satisfy
soddisfatto satisfied with, happy

soffermarsi to pause
soffriggere to fry lightly
soffrire (p.p. sofferto) to suffer
il soggetto subject
soggiornare to reside
il soggiorno living room
il sogno dream
solamente only
il soldato soldier
i soldi m. pl. money
il sole sun
la solidarietà solidarity, sympathy
solito usual, same; di solito usually
la solitudine loneliness, isolation
sollecitare to urge
la sollecitazione solicitation
il sollievo relief
solo adj. sole, only, alone; adv. only, alone
soltanto only, just
la soluzione answer, solution
somalo adj. of Somalia
sommato: tutto sommato all things considered
il sondaggio (pl. i sondaggi) poll, survey
soppiantare to supplant
sopportabile bearable
sopra above
soprattutto above all; especially
†sopravvivere (p.p. sopravvissuto) to survive
la sorella sister
sorpreso surprised
il sorriso smile
sorseggiare to sip
sospettoso suspicious
in sosta stopped
il sostantivo noun
la sostanza substance
il sostegno support
sostenere to support
sostenibile sustainable
sostituire (isc) to substitute
sostitutivo adj. replacement
la sostituzione substitution
sotto under, below; qui sotto here below
sottolineare to underline
sottolineato underlined
sottovalutato undervalued
sottrarre (p.p. sottratto) to remove, take away
gli spaghetti spaghetti
spagnolo adj. Spanish
spalancato wide open
la spalla shoulder
lo spalto bleacher
spappolato mushy
spargere (p.p. sparso) to spread
spasimare to be in great pain
spaziare to cover
lo spazio (pl. gli spazi) space
spazzatura: il cibo spazzatura junkfood

la spazzola brush; tagliati a spazzola crew-cut
lo specchio (pl. gli specchi) mirror
speciale special
la specialità specialty
specializzato specialized
la specializzazione graduate degree, specialization
specialmente especially
la specie kind
specificatamente specifically
specifico (m. pl. specifici) specific
spendere (p.p. speso) to spend money
spensierato happy-go-lucky
spento off
la speranza hope
sperare to hope; sperare che to hope that; sperare di (+ inf.) to hope to (do something)
sperimentale experimental
la spesa grocery shopping; fare la spesa to go grocery shopping
spesso often
spettacolare spectacular
lo spettacolo show
lo spettatore spectator
la spiaggia (pl. le spiagge) beach
spiare to spy; to watch
spiccio abrupt
spiegare to explain
la spiegazione explanation
la spilla broach
spingere (p.p. spinto) to push
spirituale spiritual
spontaneo spontaneous
sporco (m. pl. sporchi) dirty
lo sport sport
lo/la sportista athlete
sportivo adj. sports; athletic
sposarsi to marry
sposato married
spostarsi to move
lo spunto beginning
la squadra team
squisito delicious
lo sregolato one without rules
stabile steady, stable
lo stabilimento establishment
stabilire to establish
staccato behind
lo stadio (pl. gli stadi) stadium
la stagione season
la stampa press
stampato published, printed
stanco (m. pl. stanchi) tired
la stanza room
*stare to be; to stay; to remain; *stare al gioco to play the part
statale state
la statistica (pl. le statistiche) statistic

statistico (*m. pl.* statistici) statistical

lo stato state; gli Stati Uniti the United States

statunitense american

la stazione station; train station

lo stereotipo stereotype

stesso same; -self

la stesura draft

lo stile style

lo/la stilista designer

stimare to admire

lo stipendio (*pl.* gli stipendi) salary

lo stomaco (*pl.* gli stomaci or gli stomachi) stomach

la storia story; history

storico (*m. pl.* storici) historical

strabiliare to amaze

la strada street; per (la) strada on the street

stradale *adj.* road

strafollato overcrowded

stragrande enormous

straniero foreign

strano strange

a strapiombo leaning

lo strascico trail

la strategia strategy

stregato bewitched

stressarsi to be stressed out

stretto narrow

stringere la mano to shake hands

strisciante creeping, crawling

la strofa stanza, strophe (*poetry*)

lo strumento instrument

la struttura structure

lo studente / la studentessa student

studiare to study

lo studio (*pl.* gli studi) study; study, office; practice; gli studi studies

lo studioso / la studiosa scholar, researcher

le stuoie mats

le stupidaggini idiotic things

stupire to marvel

lo stupore wonder, surprise

lo stuzzichino snack

il subacqueo diver

subire to suffer

subito immediately, right away

*succedere (*p.p.* successo) to happen

successivo next

il successo success

succulento tasty

il sud south

sudare to sweat

il suggerimento suggestion, hint, advice

suggerire (isc) to suggest

la suocera mother-in-law

il suolo ground

superare to pass

il supermercato supermarket

il supplemento supplement

il supplizio suppliant

supporre (*p.p.* supposto) to suppose

la supposizione conjecture, guess

surclassato outclassed

surgelato frozen

suscitare to cause

la svalutazione devaluation

lo svantaggio disadvantage

svariato different, varied

*svenire to faint

la sventura misfortune

sviluppare to develop

lo sviluppo development

svolgere (*p.p.* svolto) to carry out, do; svolgersi to take place

lo svolgimento taking place, occurence

T

la tabaccheria tobacco shop

la tabella table

la taglia size (*clothing*)

tagliare to cut

il taglio slashing

tale such

il talento talent

la talpa mole; cieco come una talpa blind as a mole

tanto *adj.* many, a lot; *adv.* very

la tappa stop

tappare to plug

tardi *adv.* late

tardivo late

la targa license plate

la tassa tax; fee

il/la tassista taxi driver

il tasso rate; il tasso di fecondità birthrate

il tatuaggio tattoo

la tavola table

il tavolo dining table

la tazzina small cup

te: secondo te in your opinion

il teatro theater

la tecnica (*pl.* le tecniche) technology

tecnico technological

tedesco (*m. pl.* tedeschi) *adj.* German

il tegame pan

la telecamera TV camera

telefonare (a) to call, telephone

telefonico (*m. pl.* telefonici) *adj.* telephone

il/la telefonista telephone operator

il telefono telephone; al telefono on the phone

telegenico telegenic (*looking good on TV*)

il telegiornale TV news

la televisione television

televisivo *adj.* television

il tema (*pl.* i temi) theme; essay

temere to fear

il temperamento temperament

la temperatura temperature

il tempo time; weather

temporaneo temporary

la tenacia perseverance

la tenda tent

la tendenza trend

tenere to keep; tenersi to take place

tenero tender

la tensione tension

tentare to try

il tentativo attempt

la teoria theory

termale thermal

il termine word, term

la terra earth; ground; per terra on the ground

il territorio (*pl.* i territori) territory

terzo third

il terzo one-third

la tesi (*pl.* le tesi) *inv.* thesis

il tesoro treasure

tessile textile

il tessuto cloth, fabric

la testa head; avere mal di testa to have a headache

la testardaggine stubbornness

il/la testimone witness

il testo text

tifare to root for

il tifo fan; fare tifo per to be a fan of

il tifoso / la tifosa fan

timido shy

il timore fear

il timpano eardrum

tipicamente typically

tipico (*m. pl.* tipici) typical

il tipo type, kind

il tiramisù dessert of ladyfingers soaked in espresso and layered with mascarpone cheese, whipped cream, and chocolate

tirare to pull; to kick; to blow (*wind*); tirare un calcio di rigore to kick a penalty kick; tirare il fiato to breath; tirare vento to be windy

il tiratore scelto sharpshooter

di titanio titanium

il titolo title

toccare to touch

la toga accademica gown

togliere (*p.p.* tolto) to remove; togliere il fiato to take one's breath away

tollerante tolerant

il tonno tuna

il tono tone

*tornare to return

totalmente totally

totale total

la tovaglietta napkin

tra between; tra parentesi in parentheses

*traboccare to overflow

tradire to reveal

tradizionale traditional

tradizionalmente traditionally

la tradizione tradition

tradurre (*p.p.* tradotto) to translate

trafficato filled with traffic

il traffico (*pl.* i traffici) traffic

il traguardo goal

il tram streetcar

la trama plot

tramandare to hand down

tramite through

il tranello trap

tranquillamente calmly

la tranquillità calm

tranquillo *adj.* calm

trarre (*p.p.* tratto) to draw from

trasbordante overwhelming

†trascorrere (*p.p.* trascorso) to spend (time)

trascrivere to copy

trascurare to neglect

il trasferimento relocation

trasferirsi (isc) to relocate

trasformare to transform

la trasformazione change, transformation

il trasporto transport; i mezzi di trasporto public transportation

trasversale transvers

trattare to treat; trattare di to be about

tratto drawn; tratto da taken from

il tratto feature; passage (*of a book*)

la trattoria casual restaurant

la traversata crossing

tre three

il Trecento the 1300s

tredici thirteen

tremare to shake

il treno train

trenta thirty

la tribuna stand (*sports*)

il tribunale courtroom

triste sad

il trofeo trophy

troppo too much; too many

trovare to find; trovarsi to find oneself (*in a place*)

il tumulto turmoil

la turba problem

turbare to disturb

il turismo tourism

il/la turista tourist

turistico (*m. pl.* turistici) *adj.* tourist

il turno turn; a turno in turns

la tutela protection

tuttavia nevertheless; yet

tutti *m.pl.* everyone

tutto *adj.* everything; all; tutto sommato all things considered

tuttora still
la TV TV; **alla TV** on TV;
  guardare la TV to watch TV

U

ubriaco drunk
uccidere (*p.p.* **ucciso**) to kill
ufficialmente officially
l'ufficio (*pl.* **gli uffici**) office;
  l'ufficio postale post office
uguale equal, same
ulteriore additional, further
ultimo last
gli ultras hooligans
umano *adj.* human
l'umore *m.* mood
undici eleven
unico (*m. pl.* **unici**) sole, only
l'unione *f.* union
unito united; **gli Stati Uniti**
  the United States
l'università university
universitario (*m. pl.* **universitari**) *adj.* university
l'universo universe
l'uomo (*pl.* **gli uomini**) man
urbano *adj.* city, urban; **il
  centro urbano** city
l'urgenza urgency
urlare to shout
l'urlo shout
gli USA the U.S.
usare to use
***uscire** to leave a place; to exit
l'uso use
utile useful
utilizzare to utilize

V

la vacanza vacation
la valenza value
***valere** (*p.p.* **valso**) to be
  worth

valido valid
la valigia (*pl.* **le valigie**)
  suitcase
la valle valley
il valore value
valorizzare to valorize, make
  known
valutato evaluated
vanamente vainly
vano vain
il vantaggio (*pl.* **i vantaggi**)
  advantage, benefit
vantare to claim
varcare to pass; to cross
vario (*m. pl.* **vari**) various
vasto vaste
vecchio (*m. pl.* **vecchi**) old
vedere (*p.p.* **visto** or **veduto**)
  to see
la veduta sight, view
vegetariano vegetarian
il veicolo vehicle
la vela sail
veloce fast
velocemente quickly, fast
vendere to sell
la vendita sale; **in vendita** for
  sale
venerdì Friday
***venire** (*p.p.* **venuto**) to come;
  ***venire a** (+ *inf.*) to come to
  (*do something*)
venti twenty
il vento wind; **tirare vento** to
  be windy
veramente really, actually;
  truly
verbale verbal
il verbo verb
verde green; **i Verdi** members
  of the Green Party
la verdura vegetable
vergognarsi to be ashamed

la verifica verification
verificarsi to occur
la verità truth
vero true; **vero?** right?
versare to pour
la versione version
verso toward; around, about
vertiginoso breakneck
la Vespa motor scooter (*lit.*
  wasp)
vestire to dress; **vestirsi** to get
  dressed
il vestito dress, suit; **i vestiti**
  clothes
il vetro glass, window
via away; **buttare via** to throw
  away; **cacciare via** to throw
  out
la via street
viaggiare to travel
il viaggio (*pl.* **i viaggi**) trip
la vicenda story
vicino *adj.* near; *adv.***vicino a**
  near
il vicino neighbor
il vicolo alley
il video (*pl.* **i video**) video
la videocassetta videocassette
vietato prohibited
il vigilante security guard
il vigile traffic policeman
vincente winning
vincere (*p.p.* **vinto**) to win
il vincitore / la vincitrice
  winner
il vino wine
violento violent
la violenza violence
virile manly, of masculinity
visibile visible
la visione vision
la visita visit
visitare to visit (*places*)

il visitatore visitor
il viso face
la vista view; **il punto di vista**
  point of view
vistoso flashy
la vita life; lifespan, lifetime
la vittoria victory
Viva! Hooray!; **Viva... !** Long
  live ...!
[††]**vivere** (*p.p.* **vissuto**) to live
vivo living, live; **dal vivo** live
viziato spoiled
il vocabolario (*pl.* **i vocabo-
  lari**) vocabulary
il vocabolo term, word
la vocazione vocation
la voce voice
il volante steering-wheel
la volante police squad
volentieri willingly, gladly
[††]**volere** to want; **volersi bene**
  to love (*each other*)
volgare *adj.* vulgar; written in
  a vernacular language
la voliera aviary
il volo flight
il volontariato volunteer work
volontario volunteer
la volta time (*occasion*); **una
  volta** once; **a volte** sometimes
voltare to turn
le vongole clams
il voto grade
vuoto empty

W

il water toilet

Z

lo zaino backpack
lo zio (*pl.* **gli zii**) uncle
lo zoccolo duro core
la zona area, zone

Credits

Index

Note: Locators in italics indicate photographs.